Praxis Konkret:

Berufsstart Consulting

■ COMMUNICATION – THE PATH TO SUCCESS

Kommunikation und Interaktion mit unseren Klienten und im Team – immer verbunden mit exzellentem Fachwissen – sind für uns die Haupterfolgsfaktoren in der internationalen Top Management-Beratung.

Wenn Kommunikationsfähigkeit – auch international – Ihre Stärke ist und Sie mindestens die folgenden drei Kriterien erfüllen, dann bewerben Sie sich als Berater/in bei uns:

- Prädikatsexamen einer renommierten Universität, eventuell ergänzt um den MBA oder Promotion; Ingenieur-, Naturwissenschaften möglichst mit wirtschaftswissenschaftlichem Aufbaustudium
- drei anspruchsvolle, sehr gut bewertete Praktika in namhaften Unternehmen, wenigstens eines davon im Ausland
- sehr gutes Englisch und möglichst Kenntnisse einer weiteren Fremdsprache

Bei mindestens einem dieser Kriterien – oder auch darüber hinaus – sollten Sie wirkliche Spitzenleistung erbracht haben. – Haben Sie? Dann richten Sie Ihre Bewerbung an Viola Summer in unserem Human Resource Department.

ROLAND BERGER & PARTNER

International Management Consultants

Arabellastraße 33 · 81925 München · Telefon 089/92 23-568 · Telefax 089/92 23-400

Barcelona - Berlin - Brüssel - Budapest - Buenos Aires - Bukarest - Düsseldorf - Frankfurt/Main - Hamburg - Hannover - Helsinki - Hongkong - Kiew - Lissabon
London - Madrid - Mailand - Moskau - München - Paris - Peking - Prag - Rom - São Paulo - Shanghai - Stockholm - Stuttgart - Tel Aviv - Tokio - Washington - Wien

Vorwort

Unternehmensberatungen bieten für Wirtschaftswissenschaftler ein spannendes Arbeitsfeld, und so ist es kaum verwunderlich, daß sich in einer FORUM-Umfrage auf dem 7. Deutschen Absolventen-Kongress unter den fünf erstgenannten für Hochschulabsolventen attraktivsten Arbeitgebern alleine drei Unternehmensberatungen befinden. Und im ersten Drittel der 120 genannten beliebtesten Unternehmen finden sich alle großen Unternehmensberatungen mit Rang und Namen.

Doch nicht nur Diplom-Kaufleute werden als Consultants gesucht. Auch für Ingenieure, Naturwissenschaftler oder Absolventen von – auf den ersten Blick – sehr exotischen Studiengängen bieten Beratungen interessante Karriereperspektiven. So befindet sich unter den Autoren dieses Buches auch ein Theologe, der den Ein- und Aufstieg im Consulting geschafft hat.

„Berufsstart Consulting" bietet für alle Studienrichtungen einen interessanten Einblick in eine faszinierende Branche – geschrieben von Autoren, die wissen, wovon sie reden: Unternehmensberater, die in bekannten Firmen arbeiten oder sich selbständig gemacht haben, geben Ihnen Tips aus erster Hand. Abgerundet wird das Werk durch die aktuellen Stelleninserate, auf die Sie sich hier und jetzt bewerben können. Beziehen Sie sich dabei auf dieses Buch. Ausführliche Informationen zu den einzelnen Unternehmen finden sich in den grünen Seiten am Ende des Buches. Nutzen Sie Ihre Chance und verwenden Sie diese Informationen für Ihre Bewerbung.

Viel Erfolg wünschen Ihnen dabei

Alexandra Kemp
Redaktion

Julia Rotmann
Marketing

MCN
MANAGEMENT CONSULTING NETWORK

MCN bietet hervorragend qualifizierten Diplom-Kaufleuten und Diplom-Wirtschaftsingenieuren einen erstklassigen Karrierestart als

ASSOCIATE CONSULTANTS

Wir erwarten Persönlichkeiten, die andere mit Überzeugungskraft und Sympathie für ihre Ideen gewinnen können. Sie besitzen strategischen Weitblick verbunden mit exzellentem analytischem Denkvermögen und ergebnisorientiertem Pragmatismus. Sie handeln unternehmerisch und sind in der Lage, komplexe Zusammenhänge schnell zu durchdringen und auf den Punkt zu bringen. Fundiertes Fach- und Methodenwissen in den Bereichen Marketing und Strategie, hohe Einsatzbereitschaft und qualifizierte Praxiserfahrungen setzen wir voraus, idealerweise ergänzt durch Promotion oder M.B.A.

Wir bieten Ihnen von Anfang an die einmalige Herausforderung, Großes in Bewegung zu setzen — interdisziplinär und als Teil eines hochkarätigen Teams. Und darüber hinaus individuelle Entwicklungsmöglichkeiten mit ausgezeichneten Karrierechancen.

MCN ist eine junge Unternehmensberatung, die sich auf langjährige internationale Industrie- und Consultingerfahrung und die Exzellenz ihrer Mitarbeiter stützt. Wir beraten das Management führender Industrie- und Dienstleistungsunternehmen bei komplexen Aufgabenstellungen in Marketing und Vertrieb. Dazu entwickeln wir marktorientierte Lösungen, die wir gemeinsam mit unseren Klienten umsetzen.

Wir sind in den vergangenen Jahren sehr erfolgreich gewachsen und halten konsequent an unserem hohen Qualitätsmaßstab fest — in der Beratung unserer Klienten wie bei der Auswahl unserer Mitarbeiter.

Fühlen Sie sich herausgefordert ? Dann senden Sie uns bitte Ihre aussagekräftige Bewerbung.

MCN
Management Consulting Network
Dipl.-Kfm. Claudia E. Landmann
Ferdinandsplatz 18
61348 Bad Homburg v.d.H.
Tel. (06172) 9030-0

Geleitwort

Unternehmensberatung hat zum Ziel, die Leistungs- und Wettbewerbsfähigkeit eines Unternehmens zu verbessern. Die Gründe für die Inanspruchnahme von Beratung seitens der Unternehmen resultieren aus den Erfahrungsdefiziten in einem speziellen Bereich (66%), dem Wunsch nach externer Objektivität (49%), dem Bedarf, Neues aus anderen Unternehmen lernen zu wollen (48%) und aus dem Wunsch nach neuen Ideen (46%). Das ergab eine Studie in 1995 auf Basis von 1.600 Firmenbefragungen. Über 40.000 Berater in über 9.000 Consultingunternehmen erhielten fast 130.000 Mandate mit einem Gesamtvolumen von 14,1 Milliarden Mark, wobei die Nachfrage nach externem Rat vor dem Hintergrund zunehmender Problem-Komplexität in der Wirtschaft während der letzten Jahre stets um jährlich über zehn Prozent gestiegen ist.

Consulting boomt also und fragt im privaten Dienstleistungssektor hinter der EDV-Branche den meisten Nachwuchs nach. Dazu zählt man heute aber nur Absolventen mit einem glänzenden akademischen Abschluß und einer extremen Einsatz-, Lern- und Spezialisierungsbereitschaft – denn schließlich kennt die heutige Unternehmensberatung über 300 Tätigkeitsbereiche oder -schwerpunkte. Die Anforderungen an den Berater-Nachwuchs sind also hoch, was nicht verwundert, da die Qualität der Mitarbeiter das Kapital jeder Unternehmensberatung darstellt, deren Klienten von ihr ständig innovative Leistungen erwarten. Dieses Buch mit seinen Beiträgen wird Ihnen das Consulting-Metier noch transparenter machen: die Anforderungen, den Alltag, die Chancen, den Facettenreichtum und ganz sicher auch die Faszination des Berufes. „Berufsstart Consulting" bedeutet, daß die großen Unternehmensberatungen im deutschen Markt jährlich Nachwuchs im Verhältnis 1:3 zu ihren bestehenden Beraterzahlen einstellen. Die Branche würde sich freuen, wenn Sie als Leser dieses Buches bald dazugehören.

Wilfried Domke,
Geschäftsführer des Bundesverbandes
Deutscher Unternehmensberater BDU e.V., Bonn

Management Consultant

Fragen und Antworten

Als Management Consultant erarbeiten Sie für die Leitung internationaler Unternehmen wegweisende Antworten auf komplexe Fragen. Sie orientieren sich schnell in neuen Zusammenhängen und denken voraus. Meßbare Ergebnisse sind das Kennzeichen Ihrer Arbeit.

Sie stellen die richtigen Fragen und hören gut zu. Sie entwickeln kreative und pragmatische Strategien für die Praxis. Dies setzt persönliche Reife und eine ausgezeichnete akademische Ausbildung voraus.

Booz·Allen & Hamilton ist eine weltweit führende Unternehmensberatung. Wir arbeiten mit über 6000 Mitarbeitern in 21 Ländern.

Mit dem Erfolg für unsere Klienten setzen wir Zeichen.

Wenn Sie Interesse an einer Mitarbeit haben, schreiben Sie bitte an Angelika Sonnenschein.

Booz·Allen & Hamilton GmbH
Königsallee 106
40215 Düsseldorf

BOOZ·ALLEN & HAMILTON

Inserentenverzeichnis

	Seite
ANDERSEN CONSULTING Unternehmensberatung GmbH	U4
ARTHUR ANDERSEN Managementberatung GmbH	12
Bain & Company Germany, Inc.	10
Booz Allen & Hamilton GmbH	6
Bossard Consultants GmbH	16
C&L Unternehmensberatung GmbH	U2
CTcon – Consulting & Training im Controlling GmbH	27
Droege & Comp. Internationale Unternehmer-Beratung GmbH	31
Gemini Consulting GmbH	33
FRASER Gesellschaft für Unternehmensberatung mbH	29
IDS Prof. Scheer Gesellschaft für integrierte Datenverarbeitungssysteme mbH	25
McKinsey & Company, Inc.	U3
MCN Management Consulting Network	4
Mummert + Partner Unternehmensberatung AG	21
OrgaTreu Unternehmensberatung GmbH	8
Pohl Consulting & Associates	14
Price Waterhouse Unternehmensberatung GmbH	23
Roland Berger & Partner GmbH	2
Schitag Ernst & Young Unternehmensberatung GmbH	19

Die Chance für Ihren beruflichen Aufstieg...

OrgaTreu Unternehmensberatung

Wir sind die Unternehmensberatung der **WEDIT**-Gruppe, die zu den führenden deutschen Wirtschaftsprüfungs- und Beratungsgesellschaften gehört. Über unseren Verbund mit **Deloitte Touche Tohmatsu International** haben wir weltweit über 56.000 Mitarbeiter in mehr als 150 Ländern.

Zum weiteren Ausbau unserer Aktivitäten in der Organisationsberatung im **Geschäftsbereich Banken und Versicherungen** suchen wir regelmäßig

Hochschulabsolventen

für den Einstieg in die Unternehmensberatung.

Sie haben Ihr Studium in **Wirtschaftswissenschaften**, **Wirtschaftsinformatik**, **Wirtschaftsmathematik** oder als **Wirtschaftsingenieur** mit überdurchschnittlichem Erfolg abgeschlossen und planen Ihren Berufseinstieg in der Unternehmensberatung. Organisationstalent, herausragende analytische Fähigkeiten, Kreativität, Eigeninitiative, Zielstrebigkeit und Kontaktfreude sind Persönlichkeitsmerkmale, die Sie auszeichnen. Sie haben Spaß daran, im Team zu arbeiten, sind flexibel und mobil. Idealerweise konnten Sie bereits vor bzw. während Ihres Studiums erste Einblicke in den **Banken-** bzw. **Versicherungssektor** gewinnen.

Falls Sie diese Fähigkeiten aufweisen und Verantwortung nicht scheuen, bieten wir Ihnen die Möglichkeit einer außergewöhnlichen Karriere in einem wachsenden Unternehmen. Es erwartet Sie bei leistungsorientierter Entlohnung eine abwechslungsreiche und verantwortungsvolle Tätigkeit mit vielfältigen Beratungsaufgaben in einem jungen hochmotivierten Team.

Mitglied von **Deloitte Touche Tohmatsu International**

Auf ein persönliches Gespräch mit Ihnen freuen wir uns. Bitte richten Sie Ihre Bewerbung zu Händen Frau Löser an folgende Adresse:

OrgaTreu
Unternehmensberatung GmbH
Schumannstraße 27
D - 60325 Frankfurt/Main

Inhalt

Vorwort	3
Geleitwort	5
Inserentenverzeichnis	7
Impressum	18

1. Man lernt nie aus:
Unternehmensberater beschreiben ihren Arbeitsalltag

1.1 Mehr als Alltag — 20
Caroline von Kretschmann, Bossard Consulting

1.2 Von Träumen, die wahr werden — 34
Wolfgang Pasewald/ Matthias Kunst, Gemini Consulting

1.3 Kein Tag wie der andere — 44
Michael Thiess, Roland Berger & Partner

2. Nicht nur Retter in der Not:
Der Consultant und sein Beruf

2.1 "Beratung" oder "Consulting"? — 49
Rainer Wagner, SIPA Unternehmer Beratung GmbH

2.2 Faszination und Frustration:
Vor- und Nachteile des Berufes — 53
Jürgen Dormann, Michel-Institut
für Unternehmensberatung GmbH

2.3 Imageprobleme von Consultants — 55
Dr. Holger Sepp/ R. Schneider,
FRASER Unternehmensberatung

PEOPLE DISTINGUISH THE WAY WE WORK.

Bain & Company

**International Management Consultants –
Partners for Performance**
Thomas-Wimmer-Ring 3
80539 München

Wenn Sie mehr über Ihre Karriere bei uns wissen möchten, rufen Sie Brigitte Wiedeck unter 0 89 - 2 90 11-110 an.

Atlanta
Beijing
Boston
Brussels
Chicago
Dallas
Geneva
Hong Kong
London
Los Angeles
Madrid
Milan
Moscow
Munich
Paris
Rome
San Jose (Costa R
San Francisco
Seoul
Singapore
Sydney
Tokyo
Toronto
Warsaw

Bain & Compa

2.4 Wo werden Consultants gebraucht?   60
Rainer Wagner, SIPA Unternehmer Beratung GmbH

3. Der "ideale" Consultant
Die Anforderungen

3.1 Gibt es ein typisches Anforderungsprofil?   71
Dr. Wolfgang Schirra, Knight Wendling Consulting GmbH

3.2 Persönliche Voraussetzungen   72
Hans Schlipat, Knight Wendling Consulting GmbH

3.3 Fachliche Voraussetzungen   78
Peter Euringer, Knight Wendling Consulting GmbH

4. Der erste professionelle Schritt
Wie kritisch Sie mit Stellenangeboten umgehen sollten

4.1 Welche Firma darf's denn sein? –   83
Das Überangebot an Beratungsdienstleistungen
Jürgen Dormann, Michel-Institut
für Unternehmensberatung GmbH

4.2 Was ist bei der Wahl des Arbeitgebers entscheidend?   91
Susanne Schwemer, MC Marketing Corporation AG

4.3 Entwicklungsmöglichkeiten vorab klären   95
Susanne Schwemer, MC Marketing Corporation AG

5. Wichtige Insiderinfos:
So wählen große Beratungsfirmen ihre Bewerber aus

ARTHUR ANDERSEN
MANAGEMENT BERATUNG

Business Improvement

Das permanente Thema „Business Improvement" zur Schaffung einer überlegenen Wettbewerbsposition für unsere Klienten hat bei uns viele Namen: Strategische Neupositionierung, Change Management, Verbesserung von Kundenzufriedenheit, Steigerung des Unternehmenswertes. Die eingesetzten Methoden, Verfahren und Technologien nutzen die Expertise von Andersen Worldwide. Wir beraten bedeutende nationale und internationale Unternehmen in der Gestaltung der *„Finance Organization of the Future"*, im strategischen Management, im Markt- und Innovationsmanagement sowie im Controlling.

Eines der ambitioniertesten Karriereziele:
Top Management Berater/in

Unsere Kernzielgruppe weiß, welchen Anforderungen sie sich in dieser Funktion bei der Arthur Andersen Managementberatung stellt: Neben einem hervorragenden Studium der Wirtschaftswissenschaften, des Wirtschaftsingenieurwesens oder der Wirtschaftsinformatik werden exzellente analytische und konzeptionelle Fähigkeiten erwartet. Dazu Einsatzbereitschaft, Initiative, Kreativität, unternehmerisches Gespür, Integrität und überzeugendes Auftreten.

Interessenten bitten wir um Zusendung vollständiger Unterlagen unter Angabe des bevorzugten Büros – Eschborn/Frankfurt, Hamburg, Stuttgart, Düsseldorf – an Frau Barbara Duvaud.

ARTHUR ANDERSEN
Managementberatung GmbH
Mergenthalerallee 10–12
65760 Eschborn/Frankfurt a.M.
Telefon: 0 6196/9 96-189

5.1 "Kundenfreundliches Recruiting" — 103
Dr. Ulrich Hemel, The Boston Consulting Group

5.2 Hohe Meßlatte — 113
Jörg Bordt, Gemini Consulting

5.3 Individuelles Recruiting — 124
Dr. W. Christian Helkenberg, Roland Berger & Partner

6. Berufseinstieg:
Wege zum Unternehmensberater

6.1 Die ersten 100 Tage — 137
Otto Graf, A.T. Kearney GmbH

6.2 Die richtige Entscheidung — 141
Henriette Quade, DGM Deutsche Gesellschaft für Mittelstandsberatung mbH

6.3 Nach dem Examen als Assistant, Fellow oder Consultant — 145
Volker Wittberg, intra Unternehmensberatung GmbH

6.4 Mit MBA oder Promotion bessere Einstiegschancen? — 153
Michael Böttger, Arthur D. Little International

6.5 Vom Spezialisten zum Generalisten: Wie wichtig ist die Erfahrung aus anderen Berufszweigen? — 157
Ulrich Kurth, Kurth Consulting GmbH

6.6 Trainingsmethoden für Einsteiger und Quer-Einsteiger — 164
Dr. Sven Ullrich, ift-Institut für Trainings- und Unternehmensberatung

POHL CONSULTING & ASSOCIATES

POHL CONSULTING & ASSOCIATES ist eine rasch expandierende, internationale Beratungsgesellschaft für *innovative Unternehmensstrategie, Implementierung, Privatisierung* und *Mergers & Acquisitions* mit Büros in München, Paris, Tokio, Boston, Budapest und Warschau. Das internationale Team der ersten Stunde besteht aus ehemaligen Consultants einer führenden Management Consulting-Group.

Zu unseren Klienten gehören einige der erfolgreichsten internationalen Konzerne Europas und der USA, mit denen wir auf langfristiger Basis zusammenarbeiten, die Kommission der EU, Weltbank, Bundesregierung, die Europäische Bank sowie Regierungen und Unternehmen in den Reformstaaten Osteuropas. Wir wickeln unsere Projekte fast ausschließlich im Ausland bzw. in einem internationalen Umfeld ab.

Für den weiteren Ausbau unserer Büros suchen wir

ASSOCIATE CONSULTANTS

die außergewöhnliche Ansprüche an ihre persönliche und intellektuelle Leistungsfähigkeit stellen, um in Teams mitzuwirken, welche mit unseren Klienten nicht nur Unternehmensstrategien entwickeln, sondern auch implementieren; z.B. in neuen Sortimenten, Unterstützung bei der Einführung innovativer Produktlösungen, beim Aufbau neuer Geschäftseinheiten, Bearbeitung neuer Märkte, Einführung neuer Controlling Instrumente, veränderten F&E-, Produktions- und Verkaufsstrukturen oder der Suche, strategischen Bewertung und Integration von Akquisitionen bzw. Joint-Ventures sowie Privatisierungen.

Für diese Herausforderung sollten Sie mitbringen:

- einen hervorragenden Hochschulabschluß als Ingenieur, Wirtschafts- oder Naturwissenschaftler mit Interesse an betriebswirtschaftlichen Zusammenhängen,

- fließende Englisch- und möglichst gute Kenntnisse einer weiteren Fremdsprache,

- möglichst erste Erfahrungen in Form von Praktika.

Wir bieten Ihnen dafür enorme Entwicklungsmöglichkeiten, echte Herausforderungen in einem sehr internationalen Rahmen, die Möglichkeit, Ihre analytischen, konzeptionellen und Management-Fähigkeiten zu fördern und ein entsprechendes Gehalt. Wir sichern strengste Vertraulichkeit zu. Bitte nehmen Sie Kontakt mit uns auf:

POHL CONSULTING & ASSOCIATES,
Bonner Str. 26, D - 80804 München
Tel.: ++ 49 (89) 36 98 16, Fax.: ++ 49 (89) 36 64 18

7. Karriereetappen
Wie wird man Chef in einer Unternehmensberatung

7.1 Der Weg nach oben   173
Rolf-Magnus Weddigen, Bain & Company

7.2 So kam ich ans Ziel   181
Walter Hagemeier, Roland Berger & Partner GmbH

7.3 Eine spätberufene Profession   188
Dr. Hans Benölken, Dr. Benölken + Partner GmbH

7.4 Vom Consultant zum Partner   194
Prof. Dr. Klaus Deckert, intra-Unternehmensberatung GmbH

7.5 Wieviel verdienen Unternehmensberater?   199
Thomas Römer, von Stockhausen Consulting GmbH

7.6 Up or out   204
Andreas Schneider-Frisse, DIC Deutsche Industrie Consult

8. Ein Job ohne Langeweile
Die vielfältigen Beratungsgebiete

8.1 Lernen durch Herausforderung   213
Ulrich Hoppe, Hoppe Unternehmensberatung

8.2 Die Beratungszweige in Zahlen   221
Ulrich Hoppe, Hoppe Unternehmensberatung

8.3 Jedes Projekt eine neue Herausforderung...   225
Claudia E. Landmann, MCN
Management Consulting Network

How to become a Bossard Consultant

Unsere Beraterinnen und Berater haben ihren eigenen Kopf. In der Einstellung zu ihrem Beruf sind sie sich einig. Als Top-Management-Berater wollen sie private und öffentliche Unternehmen an die Spitze bringen. Sie sind überzeugte Teamarbeiter. Sie respektieren die besonderen Kenntnisse und Erfahrungen ihrer Klienten und Kollegen. Kommunikation heißt für sie vor allem auch zuhören. Wesentlich ist für sie die erfolgreiche Umsetzung ihrer Empfehlungen. Mit Spaß an der Arbeit leisten sie täglich vollen Einsatz vor Ort. Deshalb erwarten wir von unseren Kollegen mehr als einen exzellenten Hochschulabschluß.

Barcelona
Berlin
Boston
Brussels
Bucharest
Cologne
Gothenburg
Helsinki
London
Lund
Lyon
Madrid
Milan
Moscow
Munich
Oslo
Paris
Riga
Rome
Saint-Petersburg
Stockholm
Tallinn
Tokyo
Vilnius
Warsaw
Zurich

> Frau Anita Kunkel
Schackstraße 2
80539 München

Telefon (089) 381 59 8-0
Fax (089) 381 59 8-99

BOSSARD CONSULTANTS

8.4 Berufsstart Consulting im Controlling   **231**
Prof. Dr. Jürgen Weber, WHU Koblenz/
Dr. Christian Bungenstock, CTcon Consulting & Training
im Controlling, Vallendar

Autorenverzeichnis   239

Grüne Seiten: Firmeninformationen   257

Impressum:

Redaktion:	Alexandra Kemp
Marketing:	Julia Rotmann
Druck:	Presse-Druck- und Verlags GmbH, Augsburg
Verlag:	DSV Studenten Verlag GmbH
	Engelaustrasse 15
	CH-9010 St. Gallen
	Tel.: 0041/71/244 12 12
Vertrieb:	FORUM Verlag GmbH
	Bleicherstraße 20
	D-78467 Konstanz
	Tel.: 07531/98 25 0

KOMPETENZ macht erfolgreich

Starten Sie Ihre Karriere - bei einer der großen Unternehmensberatungsgesellschaften in Deutschland! Unsere Kunden, Unternehmen jeder Branche, Größe, Rechtsform und unser breites Spektrum an Beratungsleistungen bieten Raum für eine ganz individuelle Karriereplanung.

UNTERNEHMENSBERATER

Steigen Sie bei uns ein - wir freuen uns auf überdurchschnittlich qualifizierte Mitarbeiterinnen und Mitarbeiter mit abgeschlossenem wirtschaftswissenschaftlichem Studium! Auf Ihrem Weg zum Unternehmensberater begleiten wir Sie mit einem vielseitigen und abwechslungsreichen Ausbildungsprogramm. Selbstverständlich werden Sie schon in dieser Phase voll in unsere Arbeit beim Kunden einbezogen.

Sichern Sie sich eine erfolgreiche Zukunft - die erworbenen Kenntnisse, Ihr persönliches Engagement und eine Ihren Zielen entsprechende Fortbildung eröffnen Ihnen die Chance auf eine anspruchsvolle und spannende berufliche Laufbahn.

Starten Sie - am besten noch heute: Mit der Anforderung Ihrer

INFO-DISKETTE unter
Tel. 0711/9885-877, Fax 0711/9885-239

ᴥ SCHITAG ERNST & YOUNG
Unternehmensberatung GmbH
Personalwesen · Mittlerer Pfad 15 · 70499 Stuttgart

1. Man lernt nie aus:
Unternehmensberater beschreiben ihren Arbeitsalltag

Bei vielen Hochschulabsolventen steht der Beruf des Unternehmensberaters ganz oben auf der Liste der „Traumjobs". Was macht den Reiz dieses Berufes aus? Eine mögliche Antwort könnte die aufregende und abwechslungsreiche Projektarbeit sein, die die folgenden Autoren teils aus der Sicht eines jungen Unternehmensberaters teils aus dem Blickwinkel eines erfahrenen Partners beschreiben.

1.1 Mehr als Alltag

Caroline von Kretschmann, Consultant bei Bossard Consultants, München

Das Thema „Unternehmensberater beschreiben ihren Arbeitsalltag" erweist sich als nicht so einfach, wie man vermuten könnte. Dies ist darin begründet, daß in der Regel nur die wenigsten Dinge der Arbeit in einer international agierenden Unternehmensberatung alltäglich sind. Die Tatsache, daß man jeden Tag mit neuen und ganz unterschiedlichen Problemstellungen und Situationen konfrontiert ist, trägt aber gerade zum Reiz des Beraterberufs bei. Trotz der Komplexität und Vielfältigkeit unseres Berufes möchte ich versuchen, einen persönlichen Erfahrungsbericht über die Arbeit eines Unternehmensberaters bei Bossard Consutants zu geben.

Dies nicht zuletzt deshalb, um die bei vielen bestehende Unkenntnis über den Aufgabenbereich eines Beraters zu beseitigen und um zum Teil immer noch kursierende Vorurteile über das Beraterdasein zu entkräften. Darüber hinaus soll eine zumindest teilweise Überprüfung von individuellen Erwartungshaltungen ermöglicht werden.

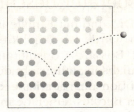

WIR SIND EINE ERFOLGREICHE UNTERNEHMENSBERATUNG
mit einem universalen Aufgabenspektrum, das von der Analyse über das strategische Konzept bis hin zur Umsetzung durch fachkompetente Mitarbeiter reicht. An vielen namhaften europäischen Standorten betreuen wir renommierte Kunden aus Bankwesen, Versicherung, Handel und Industrie sowie öffentliche Auftraggeber.

Für wachsende Aufgaben suchen wir **junge Damen und Herren mit Hochschulabschluß** in den Wirtschaftswissenschaften, in Informatik, Mathematik oder in einem Wirtschaftsingenieur-Studiengang für unsere Bereiche **Unternehmensberatung / IV-Beratung.**

Wenn Sie bereits erste praktische Erfahrungen sammeln konnten und ein qualifiziertes Training-on-the-job mit interessanten Aufstiegsperspektiven suchen, sollten wir uns kennenlernen.

Senden Sie noch heute Ihre vollständigen Bewerbungsunterlagen an:
Mummert + Partner Unternehmensberatung AG,
z.H. Frau Meetz, Hans-Henny-Jahnn-Weg 9, 22085 Hamburg.

Mummert + Partner

Ursprünglich hatte ich – natürlich rein theoretisch – geplant, am Ende meines achtsemestrigen BWL-Studiums in St. Gallen und im Alter von 26 Jahren drei bis vier Jahre zu promovieren, um in dieser Zeit zu heiraten, zwei Kinder in die Welt zu setzen und mit 30 als „Frau Dr." und mit Familie ins Berufsleben zu starten. Dieses Vorhaben wurde jäh durchkreuzt, als ich bei einem Recruiting Event auf Bossard Consultants aufmerksam wurde. Obwohl ich gleich zu Anfang offen signalisierte, daß ich eigentlich nicht bei Bossard Consultants anfangen, sondern erst promovieren wolle, lud man mich zu einer Gesprächsrunde nach München ein. Da Bossard Consultants in meinem Abschlußjahrgang als eine der attraktivsten Unternehmensberatungen gehandelt wurde, habe ich die Einladung in das Münchner Office wahrgenommen, zumal ich diese Gespräche zur Vorbereitung auf weitere Bewerbungsgespräche nutzen wollte. Aus der mir zugesandten Broschüre und aus Zeitungsartikeln erfuhr ich, daß Bossard Consultants eine Topmanagement-Beratung mit globaler Präsenz ist. Mit über 26 Büros in 19 Ländern zählt die Bossard Gruppe zu den größten europäischen Unternehmensberatungen. Der deutsche Ableger der Bossard Gruppe wurde 1991 nicht von der in Frankreich als Marktführer agierenden Muttergesellschaft gegründet, sondern als spin-off von drei Freunden, die zuvor bei anderen Unternehmensberatungen tätig waren.

Verbundenheit

Nach sechs Gesprächen mit Beratern, Projektleitern und Partnern in einer kollegialen, ja freundschaftlichen Atmosphäre, die überall zu spüren war, hatte ich mich spontan in diese Firma verliebt. Keine der zahlreichen anderen Beratungsfirmen, bei denen ich mich auf Anraten von Bossard Consultants noch bewarb – „um diese auch kennenzulernen und vergleichen zu können" – konnten bei mir ein ähnliches Gefühl hervorrufen. Bei keiner war ich so wie bei Bossard Consultants davon überzeugt, daß es möglich war, höchste Ansprüche an die Qualität der Arbeit zu verbinden mit einer auf Vertrauen, Respekt und Spaß basierenden Umgangsform. Auch die Tatsache, daß es bis dahin keine andere „Beraterin" in Deutschland gab, konnte mich davon abhalten, mein Glück bei dieser Firma zu versuchen.

Hochschulabsolventen für die Unternehmensberatung

Price Waterhouse zählt zu den führenden Unternehmensberatungen der Welt. Mit Kompetenz und innovativen Lösungen führen wir Projekte für renommierte Kunden erfolgreich durch. Wissen und Erfahrungen, professionelles Projektmanagement und PC-gestützte Methoden verbunden mit der konsequenten Anwendung von Business Process Re-engineering bei der Implementierung von Standardsoftware begründen unseren Erfolg. Sie stellen hohe Ansprüche an Ihren Berufseinstieg und suchen die Herausforderung.

Ihr Profil umfaßt:
- einen sehr guten Hochschulabschluß in Wirtschaftswissenschaften, Wirtschaftsingenieurwesen/-informatik
- umfangreiche Praxiserfahrung in Form von Praktika oder Projekten
- eventuell erste Erfahrungen mit der Implementierung von Software

Ihre Stärken sind:
- analytisches und konzeptionelles Denken verbunden mit Kreativität
- Eigeninitiative

Wir erwarten von Ihnen:
- eine gefestigte, ausgeglichene, zielorientierte und teamfähige Persönlichkeit
- gute Kenntnisse der englischen und möglichst einer weiteren Fremdsprache
- uneingeschränkte Mobilität

Wir bieten Ihnen:
- projektbezogenen Kundenkontakt
- junge, internationale Beraterteams
- Training-on-the-Job verbunden mit gezielten Schulungen im Bereich Business Process Re-engineering und der folgenden Implementierung der passenden Standardsoftware, wie z. B. SAP R/3 oder Oracle

Wenn Sie sich angesprochen fühlen, würden wir uns freuen, Sie kennenzulernen.

Richten Sie Ihre Bewerbung unter Angabe Ihres Wunschstandortes (Düsseldorf oder Frankfurt) und des möglichen Eintrittstermines bitte an:

Price Waterhouse Unternehmensberatung GmbH
Gervinusstraße 17, 60322 Frankfurt,
Tel.: 069/15204-184, Frau Sander

Price Waterhouse
Unternehmensberatung GmbH

Start in eine neue Welt

Natürlich hatte auch ich Vorstellungen von den Aufgaben und Tätigkeiten, die mich erwarten sollten. Ich stellte fest, daß diese je nach Funktion, die man inne hat, stark variieren können. Ich fing nach meinem Examen Anfang 1995 im Münchner Office in der Funktion eines sogenannten „Junior Consultant" an. München war bei meinem Eintritt neben Berlin einer von zwei Standorten. Inzwischen sind noch zwei weitere Büros in Köln und Frankfurt hinzugekommen. Innerhalb der jeweiligen Funktionsstufen muß man zwischen Projektarbeiten, sonstigen Aufgaben und Weiterbildungstätigkeiten unterscheiden. Anders als bei anderen Unternehmensberatungen wurde ich nicht zunächst in einem mehrwöchigen Kompaktprogramm in wirtschaftswissenschaftlichen Fragen geschult. Bei Bossard Consultants gibt es punktuelle nationale und internationale Trainings, die mit der internen Infrastruktur vertraut machen und wesentliche Tools wie etwa Problemlösungsmethoden und Präsentationstechniken vermitteln. Ich absolvierte während meines ersten Jahres ein einwöchiges Trainingsprogramm in Paris sowie drei zweitägige Schulungsveranstaltungen in München, Berlin und Köln.

Der Hauptteil der Beratertätigkeit besteht jedoch in der Projektarbeit, die meistens durch die Vorbereitungs-, eine Diagnose-, eine Konzept- und eine Umsetzungsphase gekennzeichnet ist. Gleich am ersten Tag wurde ich einem internationalen Projektteam zugewiesen – oder „gestaffed", wie es auf „Beraterneudeutsch" heißt. Für den Wischtücher-Bereich eines international tätigen Großkonzerns sollte europaweit eine Marktstudie durchgeführt werden. Meine Aufgabe bestand bei diesem Projekt vor allem darin, auf Basis von Datenerhebungen unserer internen Research-Abteilung und zahlreichen Interviews sowohl mit Groß- und Einzelhandelskunden unseres Klienten als auch mit Endabnehmern eine Analyse der Kundenbedürfnisse durchzuführen. Die Synthese der Ergebnisse aus allen europäischen Studien wurde damals von Frankreich aus koordiniert. Als ich gleich nach zwei Monaten die deutschen Ergebnisse in Paris präsentieren sollte, habe ich ganz schön geschluckt. Doch obwohl ich mir damals im wahrsten Sinne des Wortes vorkam, als hätte man

Der Weg zum Erfolg

Die IDS Prof. Scheer GmbH ist als Beratungs- und Softwarehaus aus dem von Professor Scheer geleiteten Institut für Wirtschaftsinformatik (IWi) an der Universität des Saarlandes hervorgegangen und hat es geschafft, in wenigen Jahren mit herausragenden Software-Lösungen im Bereich Logistikleitstände und auf dem Gebiet des Business Process Reengineering mit dem ARIS-Toolset Marktführer zu werden.

Unseren Kunden bieten wir eine umfassende Lösung für die Planung, Steuerung und Durchführung von Geschäftsprozessen. Von der Modellierung und Dokumentation der Prozesse über deren kostenmäßigen Bewertung bis hin zu Workflowmanagement und branchenspezifischen Standardlösungen unterstützen unsere Produkte diese ganzheitliche Architektur.

Für den Ausbau unserer Beratungsaktivitäten mit den Schwerpunkten branchenspezifische Geschäftsprozeßoptimierung, SAP R/3-Einführung und Einführung unserer Produkte suchen wir

Dipl.-Kaufleute, Dipl.-Betriebswirte, Dipl.-Wirtschaftsinformatiker, Dipl.-Wirtschaftsingenieure, Dipl.-Mathematiker oder Hochschulabsolventen ähnlicher Disziplinen.

Ihr Tätigkeitsbereich umfaßt alle Aktivitäten von der Analyse bis zur Optimierung betriebswirtschaftlicher Geschäftsprozesse in Reengineering-Projekten unserer Kunden, zu denen große, renommierte Unternehmen vieler Branchen auf dem deutschen und internationalen Markt gehören.

Sie erwartet ein junges Team mit innovativen Ideen. In unserem stetig wachsenden Unternehmen mit breiter Internationalisierung öffnen sich Ihnen hervorragende Entwicklungsmöglichkeiten.

Unsere Ansprüche sind hoch: Sie haben einen ausgezeichneten Hochschulabschluß und bereits während des Studiums praktische Erfahrungen gesammelt.

Unsere interdisziplinären Teams arbeiten in den Branchenbereichen

- Prozeß- und stückorientierte Fertigung
- Energieversorgung, Transport- und Logistikunternehmen
- Öffentliche Verwaltung
- Gesundheitswesen
- Finanzen
- Telekommunikation

IDS Prof. Scheer
Gesellschaft für integrierte
Datenverarbeitungs-
systeme mbH
Postfach 10 15 34
D-66015 Saarbrücken
Telefon 06 81 / 99 21-151
Fax 06 81 / 99 21-101
email: ids@ids-scheer.de

**Wir setzen auf Beratung mit hoher Qualität.
Fühlen Sie sich herausgefordert?**

mich ins kalte Wasser geworfen, hatte ich jederzeit das Gefühl, ich hätte einen Rettungsring im Schlepptau. Dieser Rettungsring bestand für mich in den Beratern meines Teams. Im Sinne eines „Learning by doing" wurde ich je nach Problemstellung in die notwendigen Lösungsschritte eingewiesen. Aufkommende Fragen wurden mir geduldig erklärt, mögliche Probleme gemeinsam behoben und notwendige Hintergrundinformationen von erfahrenen Beratern hinzugefügt. Oft fühlte ich mich wie im Studium, wenn Gruppenarbeiten mit guten Studienfreunden durchzuführen waren. Mein zweites Projekt war eine kurze Diagnosestudie des Vertriebs eines deutschen Wellpappeherstellers. Obwohl das Projekt nur etwa vier Wochen dauerte, konnte ich sehr viel dabei lernen, da ich sowohl einen Einblick in die Wellpappebranche erhielt und mich mit Fragen der Vertriebsorganisation beschäftigte als auch mit neuen Teamkollegen zusammenarbeitete. Die Gerüchte von der „steilen Lernkurfe" in der Beratung schienen sich zu bewahrheiten.

Breites Einsatzfeld

Nach einem zweimonatigen Projekt bei einem internationalen Nutzfahrzeughersteller, für den wir eine Customer Orientation Study durchführten, bin ich jetzt seit fast sieben Monaten – mittlerweile als Consultant – im Transportation-Bereich tätig. Im Anschluß an ein eher kostenrechnerisch orientiertes Projektmodul, bei dem ich vor allem auf Basis von klienteninternen Controlling-Unterlagen Infrastrukturkosten identifizieren und abgrenzen mußte, konnte ich bei einem Flughafen an einer unternehmensübergreifenden Geschäftsprozessoptimierung mitwirken und diesen nachfolgend bei der generellen strategischen Neuausrichtung unterstützen. Insbesondere das letzte Thema war sehr interessant, da zum einen die Wertschöpfung eines Flughafens überaus komplex ist, zum anderen eine strategische Neuausrichtung mit der ihr zugrunde liegenden strategischen Lagebeurteilung und der Erarbeitung strategischer Optionen ein breites Feld der Beratungstätigkeit abdeckt. Meine Projekttätigkeiten im ersten Jahr bei Bossard Consultants können nicht verallgemeinert werden. Jeder Berater hat ein ganz individuelles Projektportfolio, bei denen sowohl die jeweiligen Branchen als auch die Bera-

Consulting & Training im Controlling

R U THE 1 ?

Ein wirtschaftswissenschaftliches Studium haben Sie mit hervorragendem Ergebnis absolviert. Vielleicht haben Sie es durch ein zweites Studium, einen MBA oder eine Promotion ergänzt. Während oder nach Ihrer akademischen Ausbildung haben Sie Ihre Leistungsfähigkeit in der Praxis unter Beweis gestellt. Controlling ist Ihnen nicht fremd.

Herausragende analytische Fähigkeiten, Einsatzbereitschaft und ausgeprägte Teamfähigkeit sind Ihnen häufig bescheinigt worden. Soll das alles sein?

Unternehmerisches Denken prägt Sie - es wurde viel zu selten gefordert. Die Stationen Ihrer Karriere in der Hierarchie kennen Sie - die festen Wartezeiten auch. Kreative Ansätze haben Sie propagiert - doch „so ist es noch nie gemacht worden". Worauf warten Sie?

Wenn Sie am Ausbau eines dynamischen und zielorientierten Unternehmens mitwirken wollen, das Kompetenz, partnerschaftliches Verhalten, schöpferische Arbeit und den Willen zum Erfolg aller als seine Werte achtet, möchten wir mit Ihnen sprechen. Für unser Team suchen wir

UNTERNEHMENSBERATER

Zu unseren Klienten zählen einige der bedeutendsten Unternehmen Deutschlands. Wir arbeiten mit höchsten Ansprüchen an die wissenschaftliche Fundierung und an die praktische Umsetzung klientenspezifischer Lösungen. Im Geschäftsbereich Beratung konzipieren und implementieren wir leistungsfähige Controllingsysteme, restrukturieren Prozesse und steigern die Effizienz in Führung und Ausführung. Organisationsentwicklung ist unser gemeinsames Ziel.

CTcon - Consulting & Training im Controlling GmbH, Weitersburger Weg 10, 56179 Vallendar bei Koblenz. Ihr Ansprechpartner ist Herr Dr. Christian Bungenstock, Telefon (0261) 96 274-50.

tungsschwerpunkte, die Internationalisierungsgrade und die jeweilige Projektdauer stark variieren können. Bossard Consultants versteht sich als Generalist im Top-Management-Segment der Unternehmensberatungen. Unsere Projektinhalte sind ungefähr zu gleichen Teilen auf Strategie-, Organisations- und Operations-Themen aufgeteilt. Strategieprojekte umfassen beispielsweise die Ausarbeitung von Markteintritts- und Diversifikationsstrategien. Organisationsprojekte beziehen sich auf Reengineerings- und Prozeßoptimierungsthemen oder auf die Einführung einer neuen Holdingstruktur. Unter die operationalen Projekte bei Bossard Consultants fallen die Einführung von Lean-Management und Total-Qualitiy-Programmen, die Reduzierung von Verwaltungskosten durch eine Leistungsstrukturanalyse oder das Management von Vertriebskanälen.

Jeder Projektinhalt ist auf seine Art herausfordernd. Selbst weitgehend standardisierte Methoden wie die Geschäftsprozeßanalyse und die Leistungsstrukturanalyse, Umsatzsteigerungs- oder Capital-Efficiency-Programme müssen immer auf den individuellen Fall angepaßt und spezifisch durchgeführt werden. Die Projektkonzipierung variiert dabei in Abhängigkeit der jeweils betroffenen Branche. Der Umsatz von Bossard Consultants wird zu gut 40 Prozent in der Industrie, zu 35 Prozent im Dienstleistungsbereich und zu 25 Prozent im öffentlichen Sektor generiert. Für den einzelnen Berater bedeutet der Einsatz in unterschiedlichen Branchen, mit unterschiedlichen Projektinhalten und unterschiedlichen Teamkonstellationen eine ständige Herausforderung.

Nicht nur Leben aus dem Koffer

Üblicherweise arbeiten wir sehr eng mit dem Klienten zusammen. Da Bossard Consultants der Umsetzungsphase einen hohen Stellenwert einräumt, kann durch die Zusammenführung von Beratern und Mitarbeitern des Klienten in einem sogenannten „Kernteam" ein Teamgeist geschaffen werden, der für die erfolgreiche Umsetzung von Projekten notwendig ist. Nicht zuletzt aufgrund dieser engen Zusammenarbeit sind wir generell vier Tage in der Woche vor Ort beim Kunden. Wir fliegen Montag früh

Herausforderungen annehmen
Gemeinsam wachsen
Neue Wege gehen

FRASER

Wer wir sind:

- eine der führenden Unternehmensberatungen in Deutschland
- seit über 30 Jahren Partner der deutschen Wirtschaft
- selbständig und unabhängig
- rund 100 Berater
- wir denken ganzheitlich
- der Erfolg des Kunden zählt.

Wen wir suchen:

- ausgezeichnete akademische Ausbildung
- erste Praxiserfahrungen
- kommunikative Fähigkeiten
- ein hohes Maß an Sozialkompetenz, nachgewiesen durch außeruniversitäre Aktivitäten.

Nehmen Sie unsere Herausforderung an:

FRASER Gesellschaft für Unternehmensberatung mbH
Zindelstraße 12 · 45128 Essen
Tel.: (02 01) 17 55-0 · Fax: (02 01) 23 46 68

zum Kunden und kommen Donnerstag abend wieder zurück. Freitags wurde bei uns der „casual office-day" eingeführt, an dem Anzug und Kostüm mit Jeans und Pulli getauscht werden. Schon relativ schnell lernt man den Luxus der eigenen vier Wände zu schätzen, wenn nämlich die anfänglich spannende Fliegerei und das Wohnen in Hotelzimmern ihren Reiz verloren haben. Neben den Projekttätigkeiten kann man sich als Berater noch einer Vielzahl interner Aufgaben widmen. Unter anderem können dies die Entwicklung von Tools oder internen Trainingsunterlagen oder das Verfassen von Publikationen sein.

Eine meiner derzeitigen Nebentätigkeiten besteht darin, mit einem Kollegen ein dreitägiges Seminar für die etwa 80 Mitarbeiter von Bossard Consultants zu organisieren. Darüber hinaus bin ich seit gut zwei Monaten in den Recruiting-Prozeß eingebunden. Hier geht es vor allem um das erste Screening von Lebensläufen und das Begleiten von erfahrenen Beratern bei Vorstellungsgesprächen. In Zukunft werde ich eine Funktion als sogenannter „Unibotschafter" für St. Gallen wahrnehmen. Meine Aufgabe wird hier in der Mitwirkung bei der Organisation von Recruiting-Veranstaltungen bestehen. Diese Tätigkeit wird dadurch erleichtert, daß ich zur Zeit gerade parallel meine Doktorandenseminare in St. Gallen absolviere und somit am Puls des Geschehens bin. Bisher konnte ich die Termine in St. Gallen sehr gut mit meinen Projektverpflichtungen abstimmen und fand auch immer ein offenes Ohr bei meinem Projektleiter. Für das eigentliche Verfassen der Dissertation werde ich mir 1997 ein paar Monate frei nehmen. Dabei hoffe ich auf das neue Unterstützungsprogramm von Bossard Consultants für Doktoranden.

Für mich persönlich haben sich fast alle Erwartungen, die ich an Consulting generell und an Bossard Consultants im besonderen gestellt habe, erfüllt. Ich muß mich mit anspruchsvollen, oft herausfordernden Aufgaben und Problemstellungen auseinandersetzen. Diese werden im direkten Umgang mit dem Kunden und somit mit einer Vielzahl im höchsten Maße differenzierter und unterschiedlicher Menschen erarbeitet, was nicht nur analytische und fachliche Fähigkeiten erfordert, sondern auch die eigene soziale und kommunikative Kompetenz immer wieder auf die

DROEGE & COMP.

Umsetzung ist unser Erfolg „to boldly go..."

Unternehmer-Beratung

Wir sind eine unabhängige und partnerschaftlich organisierte Berater-Gruppe mit einem unternehmerischen und umsetzungsorientierten Konzept. Droege & Comp. gehört zu den Wegbereitern der umsetzungsorientierten Unternehmensberatung in Deutschland und zählt mit ca. 100 Mitarbeitern, darunter mehr als 75 Top-Management-Berater, aus Sicht der Entscheider zum „relevant set" in der klassischen Unternehmensberatung. Unser Ansatz ist die Entwicklung maßgeschneiderter Konzepte und die erfolgreiche Umsetzung der Maßnahmenvorschläge im Rahmen eines straffen und zügigen Projektmanagements. Schwerpunkte unserer ganzheitlichen Beratungstätigkeit liegen in den Bereichen Corporate Fitness-Effizienzverbesserung, Unternehmensorganisation, Restrukturierung, Strategie-Management, Markt und Verkauf, sowie Informationstechnologie.

Wir wollen die Leistungs- und Wettbewerbsfähigkeit unserer Klienten wirksam verbessern und diese durch eine konsequente Vorwärtsorientierung für die Zukunft mobilisieren. Unser unternehmerisches Bestreben ist auf die Erschließung der Wertsteigerungspotentiale für den Unternehmer, die Optimierung des Kundennutzens sowie die Etablierung des Unternehmertums im Unternehmen gerichtet.

Die Arbeit von Droege & Comp. beruht auf der Erkenntnis, daß die Qualität der Beratung unmittelbar mit der Umsetzung der Ergebnisse verbunden ist und daß ein Projekt erst mit der Bewährung von Lösungen in der Praxis abgeschlossen ist – Beratung heißt Umsetzung. Unser Umsetzungsgedanke basiert auf einer flexiblen, unternehmerischen Projektgestaltung, erstreckt sich dabei über den gesamten Beratungsprozeß, beginnend beim jeweiligen Problemverstehen und vermeidet damit standardisierte Beratungslösungen für individuelle Problemstellungen. Zur Realisierung eines hohen Kundennutzens sind wir seit Gründung branchenorientiert organisiert.

Zur Durchsetzung dieses Gedankens ist ein umsetzungsorientierter Berater-Typ gefordert, der sich durch unkonventionelle, zuverlässige und verantwortungsvolle Arbeit sowie durch operative Nähe zum Geschäft und zum Kunden auszeichnet.

In diesem Sinne möchten wir unser Team um hochqualifizierte

Top-Management-Berater

verstärken.

Wir denken dabei an hervorragend ausgebildete Universitätsabsolventen mit Prädikatsexamen aus den Fachbereichen

- **Wirtschaftswissenschaften,**
- **Ingenieurwesen,**
- **Informatik,**
- **Naturwissenschaften,**
- **Sozialwissenschaften** oder
- **Geisteswissenschaften,**

die ihr Hochschulstudium durch eine Promotion oder durch MBA ergänzt haben.

Wenn Sie darüber hinaus sehr gute analytische Fähigkeiten, Dynamik, Einsatzbereitschaft sowie ausgeprägte Teamfähigkeit besitzen, bringen Sie gute Voraussetzungen für die anspruchsvolle und abwechslungsreiche Tätigkeit in unserer Berater-Gruppe mit.

Sie werden im Rahmen unserer Beratungsarbeit interessante Aufgaben für das Top-Management namhafter Unternehmen lösen und können von erprobten Methoden strategischer und operativer Führung profitieren.

Bitte senden Sie Ihre schriftliche Bewerbung an:
Droege & Comp.
Internationale Unternehmer-Beratung GmbH
Frau Dipl.-Kff. K. Kämpchen
Kaiserswerther Markt 16
40489 Düsseldorf
Ref. Nr. 1000

Probe stellt. Der Einblick in viele verschiedene Branchen hat sich als weitere Spannungskomponente herausgestellt. Insbesondere die Teamarbeit mit hochkompetenten und dynamischen Beraterkollegen auf einer zum Großteil freundschaftlicher Ebene, bei der jeder für den anderen einsteht, habe ich bisher sehr genossen. Für mich ist nicht zuletzt diese Komponente entscheidend für die erfolgreiche Tätigkeit in diesem Beruf. Es ist weitgehend bekannt, daß die Beratertätigkeit einen relativ hohen individuellen Arbeitseinsatz fordert. Gerade in diesem Bereich kann sich eine Consultingfirma kaum differenzieren. Wenn ich mich nach harten Wochen – die selten vorkommen, aber dann bis zu 80 oder 90 Arbeitsstunden dauern – immer noch auf meine Teamkollegen freue, weiß ich, daß ich die richtige Firma gewählt habe.

Chancen für Eigeninitiative

Während noch nicht festgefahrene Strukturen eines jungen und stark wachsenden Beratungsunternehmens, wie es Bossard Consultants ist, auf der einen Seite die Möglichkeit bieten, sehr früh sehr viel eigene Ideen einzubringen, Verantwortung zu übernehmen und die Entwicklung der Firma aktiv mitzugestalten und zu prägen, sind damit allerdings auch Nachteile verbunden. Eine nicht in gleichem Maße standardisierte Ablauforganisation wie bei großen Beratungsunternehmen und zum Teil noch nicht ähnlich verankerte Guidelines und Verhaltensregeln können bei dem einen oder anderen Unsicherheiten hervorrufen. Ohne die nötige Eigeninitiative und Zielorientierung sowie einer gewissen unternehmerischen Grundhaltung wird man sich in einer solchen Firma schwer wohl fühlen. Als weitere Herausforderung erweist sich bei Bossard Consultants mit einem weit über dem Branchendurchschnitt liegenden Wachstum die Bewahrung der spezifischen „Bossard-Kultur" durch eine Konsolidierung des Erreichten und eine erfolgreiche Eingliederung neuer Kollegen. Auch hier sind die integrativen Fähigkeiten jedes einzelnen Mitarbeiters gefragt. Nach gut einem Jahr in München werde ich nun nach Frankfurt ziehen, um dort beim Aufbau unseres neuen Büros mitzuhelfen. Ich freue mich auf meine weiterhin nicht alltäglichen Arbeitstage.

> „We only excel in what we enjoy"
> Gemini Team Member

Mit mehr als 1.400 Beratern und 20 Büros auf fünf Kontinenten, darunter Frankfurt, New York, Paris und Tokio, gehört Gemini Consulting zu den größten Top-Management Beratungsunternehmen der Welt. Mit unserem einzigartigen und umfassenden Leistungsangebot beraten wir führende Unternehmen und unterstützen diese bei der Sicherung und dem nachhaltigen Ausbau ihrer Wettbewerbsposition. In enger Zusammenarbeit mit unseren Kunden entwickeln wir nicht nur strategische, marktorientierte Handlungsempfehlungen und Maßnahmenpläne, sondern sorgen auch für deren Implementierung.

Für unsere von Wachstum gekennzeichneten Industriebereiche – Chemie/Umwelt, Telekommunikation/Computer, Medien/Verlage, Konsumgüter (Hersteller/Handel), Banken/Versicherungen, Öffentliche Verwaltung/Behörden – suchen wir engagierte und innovative Consultants.

Wenn Sie neben einem hervorragenden Hochschulabschluß - möglichst ergänzt durch MBA oder Promotion – schon während des Studiums durch Praktika und Auslandsaufenthalte bewiesen haben, daß Sie Überdurchschnittliches leisten wollen und sehr gutes Englisch sowie gegebenenfalls eine weitere europäische Fremdsprache beherrschen, dann sollten Sie mit uns Kontakt aufnehmen. Wir bieten Ihnen ein abwechslungsreiches Umfeld mit viel Raum für Eigeninitiative und ausgezeichneten, leistungsbezogenen Entwicklungsperspektiven in einem internationalen Unternehmen.

Ihre Bewerbung senden Sie bitte an: Gemini Consulting GmbH, Renate Froeschke, Du Pont-Str. 4, 61352 Bad Homburg, oder rufen Sie direkt an: 06172 - 485 438.

Hochschulabsolventen

Als Consulant in internationalen Teams sehen Sie Ihre Arbeit nicht nur im Erstellen von Analysen und Berichten, sondern im Lösen der vielschichtigen Aufgaben der Kunden vor Ort. Kurz: „Do-how" statt nur „Know-how". Dazu benötigen Sie nicht nur analytisches Denken, sondern auch hohe soziale Kompetenz. Im Rahmen einer vielseitigen „on the job" Ausbildung, unterstützt durch gezielte Trainingsmaßnahmen, werden Sie in komplexe Beratungsaufgaben hineinwachsen und dabei von erfahrenen Consultants unterstützt werden.

Gemini Consulting. Worldwide Leader in Business Transformation.sm

GEMINI

1.2 Von Träumen, die wahr werden

Wolfgang Pasewald/ Matthias Kunst, Gemini Consulting

Schon weit nach Mitternacht, und Berater Michael kommt gerade erst nach Hause. Das waren wohl seine intensivsten Stunden mit dem Kliententeam, ein berauschender Abend. Denn heute hat das achtköpfige Gemini-Team mit rund 80 Mitarbeitern eines Klienten die enormen Erfolge im Wandel des Unternehmens gefeiert. Alle hatten zehn Monate zusammengearbeitet und für das Unternehmen eine Ertragsverbesserung von 80 Millionen ermöglicht – Mark für Mark belegbar. Die Abschlußfeier war gar nicht billig, aber alle sind überzeugt davon, daß die Leistung des Teams nicht hoch genug honoriert werden kann.

Die Aufgabe ist klar:
Ein Weg aus der Misere muß her!

Doch lassen Sie uns von vorne beginnen: Vor einem Jahr flog Michael mit Don, einem Gemini-Transformation-Leader – Transformation ist der komplette Wandel von Unternehmen, der nicht nur deren Marktposition und Effizienz entscheidend verbessert, sondern auch durch eine visionäre Umgestaltung und die Veränderung der Denkweise von Management und Mitarbeitern die Beratung revolutioniert – zum Klienten, wo ihm vom Vorstand die Misere erklärt wurde: Die Gewinne schwanden, und das Management sowie die Mitarbeiter ließen sich nicht mehr durch Strategien und Sitzungen zu drastischen Änderungen bewegen. Gemini berief einen Workshop mit Vorstand und Middle-Management ein. Michael und Don wechselten sich in der Moderation der Diskussion ab und stellten genau die Fragen, die ins Schwarze trafen. Der Vorstand war verdutzt. Ein 27jähriger steuerte die Sitzung mit seinem sonst kaum kontrollierbaren Führungsteam souverän. Das Ziel der Sitzung war, gemeinsam ein Projektdesign für die erste Phase der Transformation zu erarbeiten. Die Mischung aus Transformationserfahrung der Berater und klientenspezifischem Wissen über das eigene Unternehmen ermöglichten diesen Schritt. Das Ergebnis war ein spezifisches Projektdesign, das nicht nur die rationale Seite berücksichtigte, sondern auch den Menschen. Und obwohl in den Köpfen des Führungsteams schon die verschiedensten konkreten Vorstellungen zum Vorgehen bestanden, hatten die Sitzungsteilnehmer nicht nur Einigkeit erzielt, sondern einen gemeinsamen Aufbruch bewirkt.

Michael rollte die Flipcharts ein, Don die Folien, und sie flogen zurück in eines der Gemini-Büros. Dort übernahm der junge Berater die schriftliche Zusammenfassung der Workshopergebnisse, wobei ihn kreative Desk-Top-Publisher unterstützten. Das Paket wurde per Kurier zum Vorstandsvorsitzenden geschickt, der direkt nach Erhalt mit dem Projekt beginnen wollte.

Das Start-Meeting

Am Montag der darauffolgenden Woche gab Don seinem Beraterteam ein ausführliches Training über die spezifische Industrie-Branche, die aktuelle Organisation und Situation des Klienten und den Projektverlauf. Ein Start-Meeting, das über die Vorstellung des Projektdesigns und des Beraterteams auch eine Schulung der Klienten in den wichtigsten Transformationswerkzeugen und in der Zusammmenarbeit umfaßte, wurde geplant. Am Dienstag wurde die Vorbereitung eines Start-Meetings auf die acht Berater verteilt, die mit ihren Notebooks das notwendige Schulungsmaterial vom Server zogen und auf den Klienten abstimmten. Claude und Ulrike taten das von zu Hause aus, denn wo keine Teamarbeit erforderlich ist, kann man auch am Schreibtisch seiner eigenen Wohnung wirken.

Michael und seine Kollegen trafen am Donnerstag morgen das Kliententeam in einem Konferenzhotel. Losgelöst vom Tagesgeschäft konnte man dort den Kunden am schnellsten in die Welt der Business Transformation einführen. Wie alle seine Kollegen präsentierte Michael das, was er selbst vorbereitet hatte, und moderierte eine Übung mit den Klienten, die Kreativität und Teamgeist gleichermaßen aufbaute.

Die Teilnehmer hatten die Aufgabe, ein rohes Ei mit einfachen Materialien wie Zeitungspapier, einem zwei Meter langen Faden und etwas Klebstoff unversehrt aus einem Fenster im zweiten Stock in den Vorgarten des Hotels zu befördern. Mit viel Spaß und unterschiedlichem Erfolg transportierten die Teams aus erfahrenen Top- und Middle-Managern die rohen Eier auf den Rasen. Alle waren sich einig: Sie hatten auf einfache Art viel über Teamgeist, Vorbereitung und über die einzelnen Persönlichkeiten gelernt. Michael hatte sein Ziel erreicht.

Am Freitag nachmittag flog das Gemini-Team in alle Himmelsrichtungen wieder ab, denn wenn man ohnehin bei Unternehmen in den verschiedensten Städten Deutschlands oder in anderen europäischen Ländern arbeitet, spielt der Wohnort keine Rolle. Für den Heimflug am Wochenende ist ja gesorgt. Michael wohnt in Frankfurt, Ulrike in München, Björn in Hamburg, Claude in Amsterdam, Dirk in Baden-Baden, Viola in Starnberg, Stefan in Wien und Don in Paris.

In Hamburg werden am Montag um 10 Uhr 30 nochmals der detaillierte Wochenplan mit dem Projektleiter abgesprochen und Ideen eingebaut, die man am Wochenende beim Tennis oder auf dem Mountain-bike hatte. Die Motivation ist riesig, denn eine der ohnehin schon weltbesten Firmen weiter zu verbessern, ist eine unternehmerische Herausforderung und sicherlich für Kunden und auch Berater eine Möglichkeit, ihre Fähigkeiten weiter auszufeilen.

Vorbereitung auf Hochtouren

Michael hatte die Aufgabe, das Team zur weiteren Verbesserung der Marktorientierung des Unternehmens über die nächsten Monate hinweg zu leiten. Er packte seine Unterlagen zusammen und traf sich mit seinem Counterpart auf Kundenseite, Herrn

Petersen, der gerade seine Tagesgeschäftsaufgaben an seinen Vertreter übergeben hatte. Sollte doch auch er full-time am Wandel des Unternehmens mitarbeiten. Die beiden hatten sich auf dem Start-Meeting auf Anhieb verstanden und fühlten sich nach der Diskussion von Zielen und Vorgehensweisen als echte „Change-Partners". Sie hatten als Ziel vereinbart, den Wettbewerbsvorsprung des Konzerns um drei Jahre auszubauen. Acht weitere Mitarbeiter aus Marketing, Verkauf, Customer Service und F + E wurden als ihr Team für diese Aufgabe ausgewählt – insgesamt 145 Jahre Branchenerfahrung.

Im neunten Stock des Büroturms bezogen sie gemeinsam einen Konferenzraum mit zwei Flipcharts, einem Overhead-Projektor und einem traumhaften Blick über Hamburg. Ein großer Teil des Stockwerkes war den anderen fünf Teams gewidmet – alle nahe beieinander, um eine gute Zusammenarbeit zu ermöglichen. In allen Räumen begann man gleichzeitig, den Zeitplan und die Aufgaben auf die Teams beziehungsweise Personen zu verteilen. Michael stand am Flipchart und moderierte. Die Ideen sprudelten, und keiner konnte mehr abwarten, mit der eigentlichen Arbeit zu beginnen. Manche hatten Marktinterviews durchzuführen, andere sollten Kollegen befragen, und die Prozeßabläufe mußten analysiert werden. Michael fuhr sein Powerbook hoch und druckte Interviewentwürfe und andere Hilfsmittel aus. Das Team verteilte sich an die Telefone zur Terminvereinbarung beziehungsweise packte Papierrollen, Marker und Papiersymbole für die Prozeßanalyse zusammen.

Wo sind die Schwächen, wo die Stärken?

Insgesamt sollten in den nächsten zwei Wochen zwölf Kernprozesse analysiert werden. Das Team begann mit der Neuprodukteinführung, bei der Michael zunächst die Hauptrolle übernahm. Schnell würden dann die Klienten gelernt haben, eigenständig solche Studien durchzuführen. Die 2 Meter breite und 7,50 Meter lange Packpapierrolle wurde an eine Wand in der Marketing-Abteilung aufgehängt und von den Produktmanagern und anderen involvierten Mitarbeitern mit Symbolen für Arbeitsschritte versehen. Wieder einmal halfen die richtigen Fragen, den Prozeß umfassend zu charakterisieren. Nach zweieinhalb Stunden war der Ablauf erkennbar, und weitere Personen wurden zur Validierung hinzugezogen. Nach einigen Änderungen stand die Istzustandsbeschreibung des Produkteinführungsprozesses. Die Beteiligten konnten sich kaum mehr zurückhalten, Kritik daran zu üben.

Michael wußte, wie wichtig es war, zunächst die Stärken herauszuarbeiten und dann erst auf Verbesserungen einzugehen. Denn grundsätzlich gilt es, Stärken in das neue Konzept zu übernehmen. Dann wieder die richtigen Fragen: Wie lange dauert dieser Schritt? Wieviele Ideen werden hier generiert? Wieviele Ideen werden später zu Projekten beziehungsweise Produkten? Wer trifft diese Entscheidung? Und so weiter. Schnell ist der abgebildete Prozeß mit grünen Post-It-Zetteln für Stärken und mit roten für Verbesserungspotentiale übersät. Aber in den nächsten Tagen wird dieser Prozeß noch in einigen Abteilungen begutachtet und diskutiert werden, bevor die Erkenntnisse dann ausgewertet werden können. Michael schafft es, mit dieser einfachen Methode alle Beteiligten davon zu überzeugen, etwas verändern zu wollen und vermeidet damit, daß das Gemini-Projekt, wie frühere Konzepte, in den Schubladen verschwindet.

Regelmäßig tauschen alle Teams ihre Erfahrungen und Erkenntnisse aus, um ein vollständiges Bild zu erhalten. Nach eineinhalb Wochen ist das Stockwerk wie verändert. Überall hängen Prozeß-Papers und Flipcharts an den Wänden. Die Regale füllen sich mit Materialien, erste Interviewergebnisse laufen aus den Druckern, und Interessierte aus dem ganzen Gebäude studieren auf den Gängen den „Istzustand": „Warum haben wir das eigentlich bisher so umständlich gemacht?" „Ich wußte nie, daß 67 Prozent unserer Kunden an unserer Produktentwicklung beteiligt werden wollen!"

Die Präsentation

Noch vier Tage bis zur ersten Lenkungsausschußsitzung. Hier sollen Meilensteine für die Projektarbeit und grundlegende Entscheidungen für die Unternehmenstransformation unter den wachsamen Augen des Vorstandsvorsitzenden gefällt werden. Michael hat für sein Team bereits einen Entwurf für die Präsentation vorbereitet und diskutiert ihn gerade mit seinen Kollgen. Per Videokonferenz sind die Teammitglieder in den anderen europäischen Niederlassungen angebunden. Die Aufgaben werden untereinander aufgeteilt, und Michael gibt Tips, wie die Erkenntnisse darzustellen sind, welche Leistungsindikatoren untersucht werden und welche Benchmarks berechnet werden sollen. Sein Team ist begeistert von seinem Wissen und sitzt mit hochgekrempelten Ärmeln vor Papier beziehungsweise PC.

Michael und die anderen Berater treffen sich unterdessen in ihrem Hotel nahe der Alster und bereiten schon die übernächsten Schritte vor. Brainstormings, Diskussionen, Erfahrungsberichte, Problemlösungstechniken und viele andere Methoden kommen zur Anwendung. Klare Hypothesen zeichnen sich jetzt schon ab.

Generalprobe

In den nächsten Tagen hilft der junge Berater seinem Team bei der Fertigstellung der Präsentation. Die Rollen werden verteilt und vor dem Team noch einmal ein „Dry Run" geprobt. Diese Präsentation wird die Zukunft des Unternehmens dramatisch verändern. Um 20 Uhr am Tage vor dem „großen Auftritt" geht jeder nach Hause, und Michael denkt noch im Taxi an Mitch, den Junganwalt aus John Crishams „The Firm", der nicht vor drei Uhr morgens aus dem Büro kam.

Die Gemini-Berater und die Kernprojektmitglieder treffen sich deutlich vor dem Beginn der Präsentation im Sitzungssaal und bereiten alles vor: Funktioniert der Overhead-Projektor? Stehen die Flipcharts so, daß jeder sie sehen können wird? Ist die Bestuhlung so aufgestellt, daß eine offene Kommunikation mit dem Auditorium möglich wird? Die Lenkungsausschußmitglieder trudeln einzeln ein, und wie immer kommt der Vorstandsvorsitzende als Letzter, aber pünktlich. Vor der eigentlichen Präsentation waren alle Erwartungen der Lenkungsausschußmitglieder gesammelt worden. Kann dann noch etwas schiefgehen? Alle Anwesenden waren zudem bereits in die Analysen eingebunden. Sie haben die Verbesserungsmöglichkeiten in ihren eigenen Bereichen nicht nur akzeptiert, sondern sind bereits voll mobilisiert, den Wandel voranzutreiben. Dennoch hatte Michael von seinen bisherigen Kunden gehört, warum frühere Projekte, die mit anderen Beratungen gemacht wurden, nur unzureichend umgesetzt wurden. Einer der Gründe war, daß keine Einigkeit der Führung demonstriert wurde und eventuelle Restzweifel nicht beseitigt werden konnten. Und als Berater wollte er nicht nur schlaue Konzepte machen, sondern auch die Früchte des Erfolgs sehen, seinen Klienten die Beratungsinvestition wert und in Zukunft auch der bevorzugte Consultingpartner sein.

Lampenfieber

Bis Michael nach vorne ging, um zu präsentieren, war noch alles glatt gegangen. Er war etwas nervös, aber er wußte, daß er Wichtiges zu sagen hatte und eine klare Argumentation führen konnte. Die ersten fünf Charts nahmen die Manager noch mit zufriedenen Mienen auf. Dann kamen vermehrt Fragen, die er jedoch sicher beantworten konnte. Aber er war sich nicht gewiß, ob diejenigen, die in den letzten Tagen noch voll hinter dem Konzept standen, über Nacht ihre Meinung geändert hatten.

Nachdem er alle gravierenden Veränderungserfordernisse vorgestellt hatte, spürte er tiefe Betroffenheit bei den Teilnehmern dieser Sitzung. Jetzt ging es darum, die Umsetzungsschritte zu zementieren. Alle Lenkungsausschußmitglieder kamen hierzu an die holzgetäfelte Seitenwand des Saales, wo ein acht Meter langer Umsetzungsplan hing. Noch nie hatten die Anwesenden so deutlich gesehen, was zu tun ist, um die angestrebten Verbesserungen umzusetzen. Alles war klar beschrieben: die Ausgangssituation, die Ziele, die Projektgruppen, der Ablauf, der Zeitplan, die Schnittstellen, die erforderlichen Ressourcen – einfach alles bis hin zu den Ergebnissen. Michael und das ganze Team hatten es nach vier Stunden geschafft, ein klares „Go" zu bekommen.

Alle hätten am liebsten noch diese Nacht angefangen. Verabschiedung von den Vorständen, warme Händedrücke, Anerkennung, ein Gefühl von Partnerschaft. Und trotzdem hatte Michael eines seiner Ziele noch nicht erreicht. Es gab Kollegen, die „Standing Ovations" vom Klienten bekommen hatten, was nicht zu häufig vorkommt. Aber man wird ja noch träumen dürfen.

Nach einem delikaten Abendessen mit allen Kollegen in einem alten Gewölbekeller formierten sich bereits am nächsten Tage die Teams. Von jetzt ab wurde verstärkt „hemdsärmlig" gearbeitet. Das Kliententeam wurde vergrößert, um eine stärkere Multiplikation im Unternehmen zu erzielen, wieder einmal Trainings und sogenannte „Team Building", um die neuen Mitarbeiter sowohl fachlich als auch sozial in die Teamarbeit einzubeziehen.

Lohn für harte Arbeit

Kritisch für die Umsetzung war es, alle Betroffenen zu mobilisieren und die psychologische Komponente des üblichen Widerstands gegen den Wandel zu beherrschen. Das bedeutet zum Beispiel auch ein hohes Maß an Involvierung der Mitarbeiter. Die neuen Prozesse beispielsweise wurden hierzu mit allen Betroffenen durchgegangen und Details für den jeweiligen Bereich angepaßt. Das Feedback der Belegschaft war großartig. Aber auch Informationsveranstaltungen unterschiedlichster Art wurden abgehalten, wobei besonderer Wert darauf gelegt wurde, Diskussionen und Fragen zu ermöglichen. Nicht nur Berater, sondern auch die Informations- und Kommunikationsmanager, also speziell trainierte Mitarbeiter, verbreiteten offen die Details der Veränderungen und mobilisierten die Mitarbeiter.

14tägig folgten die Lenkungsausschußsitzungen aufeinander, und jedesmal konnten Michael und seine Kollegen mehr und mehr Erfolge präsentieren. Eingesparte Kosten, zusätzliche Umsätze, zufriedenere Kunden, erhöhte Profitabilität der Produkte und so weiter. Alles genau nach Plan. Konnte ein Klient noch zufriedener sein? Aus Beratern und Klienten wurden Partner. Aus Partnern wurden Freunde.

Nach vier Monaten saß die Beraterin Viola mal wieder mit dem Chefcontroller zusammen, und sie addierten die erzielten Projektergebnisse. Wieder und wieder rechneten sie es durch. Beide wollten ganz sicher sein. Ja, es stimmte. Die ehrgeizigen vereinbarten Projektziele waren erreicht. Und das noch lange vor Projektende!

Wieder ein Lenkungsausschußmeeting. Niemals standen die Projektmitglieder so locker beieinander, bevor die Präsentationen anfingen, denn es ist ein gutes Gefühl, „Unmögliches" wahr gemacht zu haben. Die Vorstände waren begeistert. Das Team war euphorisch. Aber es gab immer noch nächste Schritte. Der Wandel war noch nicht abgeschlossen.

Weiter gestaltete das Team um, trainierte Mitarbeiter auf die neuen Prozesse, schuf neue Instrumente und ... Nach insgesamt acht Monaten Umsetzung kam der Tag. Der Fertigstellungsbericht vor dem Lenkungsausschuß. Auch Michael präsentierte wieder. Seine Zuhörer kannten und schätzten ihn. Präsentationsteil um Präsentationsteil baute sich mehr Euphorie auf. Nur die Miene des Vorsitzenden hatte sich heute noch nicht verzogen. Was hatten wir vergessen? Nachdem alle fertig waren, stand er auf. Seine Miene war immer noch starr, er hob die Hände und klatschte langsam, mehr Klatscher kamen hinzu, und es wurde schneller und schneller geklatscht. Michael hatte nicht geahnt, daß Erfolg so gut tut. Der Sitzungssaal hatte das noch nicht erlebt. Er war tief gerührt.

Fazit: Wieder jede Menge dazugelernt

Der junge Berater reflektierte noch einmal am Freitag, seinem Sonderurlaub, und fand, daß er wieder einmal in weniger als einem Jahr mehr hinzugelernt hatte als so mancher in einem ganzen Berufsleben. Und das, wo er bereits vorher fit war.

Besonders wurde sein Wissen diesmal von Don, dem Projektleiter, und durch Dirk vom Produktionsteam angereichert. Aber auch von allen anderen hatte er durch die interdisziplinären Teams gelernt. Sein Mentor sagt immer, daß er nach neun Jahren Beratungserfahrung immer noch mit der gleichen Rate Neues hinzulerne.

Nach einem dreiwöchigen Urlaub, Trekking in Nepal und Sonnen auf Koh Samui, erhält Michael seine Aufträge für die nächsten Monate. Zunächst wird er in Florida auf einem einwöchigen Gemini-Meeting die neuesten Branchentrends erfahren, neue Kontakte knüpfen und in Workshops neue Methoden lernen. Dann wird er zwei Wochen lang auf einem Projekt in Chicago von Kollegen tiefergehend in den neuesten Methoden in der Integration von Business- und System-Transformation trainiert werden.

Bezüglich seines nächsten Projektes steht er vor der Wahl, für ein Unternehmen in London oder in Zürich arbeiten zu können. Er wird sich für London entscheiden. Bei diesem Projekt wird er jüngere Berater führen und natürlich mit ausbilden. Wieder einmal eine Arbeit, die genau in seinen persönlichen Entwicklungsplan paßt, denn zusammen mit seinem Mentor hat er einen persönlichen Entwicklungsplan für sich entworfen, der ihn innerhalb des nächsten Jahres bis zum Projektleiter bringen wird. Die Transformation großer Unternehmen wird für ihn das Selbstverständliche werden, aber auch er träumt noch davon, ganze Industrien zu revolutionieren.

1.3 Kein Tag wie der andere

Michael Thiess, Roland Berger & Partner

Der Wandel im Beratungsgeschäft hat auch den Berufsalltag des Beraters verändert. Er erstellt nicht mehr nur Analysen und erarbeitet Empfehlungen, sondern begleitet zumeist auch ihre Umsetzung im Unternehmen, und zwar von Beginn an - sei es in Sanierungs- und Restrukturierungsprojekten oder in Projekten im Bereich Strategie, Produkt- und Vertriebsinnovation. Der Berater wird damit vor andere Herausforderungen als früher gestellt: Er erarbeitet in enger Zusammenarbeit („interaktiv") mit dem Klienten Problemlösungs-Konzepte, hilft bei ihrer Implementierung, steuert komplexe Teams und muß dazu nicht zuletzt persönliche Beziehungen und Akzeptanz bei den Mitarbeitern aufbauen. Insgesamt ist der Berater damit nicht nur als fach- und branchenerfahrener Experte gefragt, sondern auch als Coach und Moderator für das Kliententeam.

Vom „Junior" zum Consultant

Ständige Abwechslung prägt den Arbeitsalltag eines Beraters und läßt weder Langeweile noch Routine aufkommen; daher sieht letztlich auch kein Tag wie der andere aus. Immer wieder neue Aufgabenstellungen bei Klienten mit unterschiedlichsten Unternehmenskulturen erfordern vom Berater ein Höchstmaß an Flexibilität, Einfühlungsvermögen, sozialer Kompetenz und Selbstorganisation. Hochschulabsolventen, die direkt nach ihrem Abschluß in die Beratung einsteigen, fangen als Juniorberater an. In dieser ersten Phase des Berufslebens werden die „Juniors" schrittweise in die Arbeit eines Unternehmensberaters eingeführt und landen so nach den theoretischen Höhenflügen in Universitäten und Business Schools relativ sanft auf dem Boden der Realität. Sie werden zumeist in ein bis zwei Beratungsprojekte miteingebunden und wirken zudem an der Erstellung interner

Studien und Publikationen mit. Zusätzlich wird ihnen in systematischen Schulungen das Einmaleins des Beraterhandwerks vermittelt, zu dem neben den wichtigsten Analysetechniken vor allem auch das Training in Präsentations- und Moderationstechnik gehört.

Die Beraterteams selbst setzen sich aus Mitarbeitern mit ganz verschiedenem akademischen Background zusammen - Ingenieuren, Kaufleuten, Wirtschafts- und Naturwissenschaftlern, Juristen. Mit ihren unterschiedlichen Erfahrungen ergänzen sie sich im Team und können sich so flexibel auf die verschiedenen Anforderungen eines Projektes einstellen. Zudem bewegen sich die Berater häufig in einem internationalen Kontext. Dabei geht es zumeist um die Lösung internationaler Aufgabenstellungen, wie zum Beispiel den Markteintritt eines Unternehmens in China oder die Restrukturierung seines europäischen Vertriebsnetzes. Folglich arbeiten die Berater eng mit Kollegen aus den internationalen Büros zusammen. Die Kooperation mit Menschen aus verschiedenen Kulturen und mit unterschiedlicher Mentalität macht die Beratungsarbeit spannend, aber auch sehr komplex.

Projektvorbereitung

Ein Projekt läuft in mehreren Phasen ab: Im internen Kick-off-Meeting diskutiert das gesamte Projektteam unter der Führung des Projektleiters (und meist auch des verantwortlichen Partners) die Vorgehensweise innerhalb der Projektabschnitte sowie die einzelnen Analyseschritte. Die Ergebnisse werden in einem Analyseplan zusammengefaßt und die Verantwortlichkeiten für die verschiedenen Aufgaben festgehalten. Zeit, Kosten und Qualität sind die wichtigsten Maximen für alle Dienstleister und besonders für Unternehmensberater, da hier ständig unter hohem Erwartungsdruck gearbeitet wird. Wenn ein Klient schnell wissen möchte, wie die Berater sein Problem angehen wollen, so muß das Team binnen kürzester Zeit eine sinnvolle Vorgehensweise finden. Da ist es dann leicht möglich, daß ein Kick-off-Meeting auch bis spät in die Nacht dauert.

Leben aus dem Koffer

Die Ergebnisse dieses Meetings werden dann in Form eines konkreten Arbeitsplanes mit dem Klienten diskutiert, und nach eventuellen Änderungen kann die eigentliche Projektarbeit beginnen. Spätestens jetzt verläßt der Berater sein Büro und beginnt vor Ort gemeinsam mit einem Teammitglied von Seiten des Klienten seine Arbeit an einem Teilaspekt des Projektes. Über Wochen hinweg lebt er nun aus dem Koffer, denn auch die meisten der internen Teammeetings (Berater unter sich) finden im Projektbüro beim Klienten statt, das in der Regel extra für die Berater eingerichtet wird.

Mit Hilfe von Markt-Recherchen und Interviews erarbeitet der Berater eine breite Datengrundlage; teilweise sind dazu auch Reisen ins Ausland notwendig. Zur Unterstützung schaltet er aber auch Marktforschungsinstitute und das eigene Research Center ein, so daß die Daten immer in Zusammenarbeit mit den jeweiligen Branchenexperten ermittelt werden. Auch während dieser Phase finden immer wieder Abstimmungsgespräche innerhalb des Teams, mit den Mitarbeitern des Klienten oder dem Lenkungsausschuß des Projektes statt; erste Ergebnisse werden von allen Seiten beleuchtet und überprüft. Diese Gespräche sind oft informell, Wissen und Meinung des Beraters sind gefragt. Er muß sich dabei mit wechselnden Gesprächspartnern und Sichtweisen auseinandersetzen und bei verschiedenen Interessenlagen auch taktisch überlegt argumentieren.

Auf alles vorbereitet sein

Leicht kann es im Laufe eines Projektes zu unvorhergesehenen Ereignissen kommen: Mitarbeiter des Klienten werden ausgetauscht, Unternehmensteile werden verkauft, der Aufsichtsrat möchte kurzfristig über die Zwischenergebnisse informiert werden, Präsentationstermine werden vorverlegt und werfen die gesamte Planung über den Haufen. Hier zeigt sich dann, wie flexibel und belastbar die Teammitglieder sind. Besonders in solchen Phasen ist es die Aufgabe des Projektleiters, gerade auch die jüngeren Teammitglieder in ihrer Arbeit zu koordinieren und dafür zu sorgen, daß die Qualität der Arbeit gewährleistet bleibt.

Die Aufgaben und damit der Arbeitstag eines Junior Consultant sehen naturgemäß anders aus als die eines Projektleiters oder Partners. Zu den Hauptaufgaben von Managern und Partnern gehören - neben der Projektleitung - die Führung der Mitarbeiter, die Pflege von Kundenkontakten, Akquisition und Repräsentation und nicht zuletzt auch die Entwicklung neuer Beratungsansätze.

Kein „Schema F"

Doch eines haben alle Berater gemein: Von den Junior Consultants bis hin zu den Partnern müssen sich alle Mitarbeiter einer Unternehmensberatung auf die Bedürfnisse ihrer Klienten einstellen. Schwerwiegende Probleme können nicht mit Standardlösungen bewältigt werden; nur wenn die Berater ihre Spezialkenntnisse und ihr Methodenwissen immer wieder mit kreativen Ideen verbinden, können sie maßgeschneiderte Lösungen für ihre Klienten erarbeiten. Das bedeutet sowohl Herausforderung als auch Chance und macht den Reiz dieses Berufes aus.

2. Nicht nur Retter in der Not:
Der Consultant und sein Beruf

Rainer Wagner, SIPA Unternehmer Beratung GmbH, Saarbrücken

Beratung ist ein ganz besonderes Kulturmerkmal unserer Zeit. Berti Vogts hat 10 Millionen deutsche Fußballfans, die ihm nahelegen, wie er die deutsche Nationalmannschaft aufstellen soll. Die Fünf Weisen empfehlen der Bundesregierung ihren wirtschaftspolitischen Kurs, Stabsabteilungen legen dem Top–Management ihre Einsichten dar, Psychologen sagen Eltern, was mit ihren Kindern zu tun sei, und 40.000 bis 50.000 Unternehmensberater eilen durch die deutschen Lande, um Rat zu erteilen und Tat zu veranlassen. Vom theoriebenetzten Hochschulabsolventen bis zum 60jährigen Management–Praktiker tummeln sich die verschiedensten Berater–Typen und Beratungsformen in einem Markt, wie er heterogener kaum sein könnte und sich, wie wir gleich sehen werden, verschiedensten Definitionen und Betrachtungsebenen erschließt.

2.1 „Beratung" oder „Consulting"?

Legen wir uns erst einmal definitorisch fest: Beratung bedeutet allgemein die fachlich, methodisch und/oder wissenschaftlich fundierte Klärung und Beeinflussung organisationalen Geschehens, menschlichen Verhaltens und betrieblicher Erkenntnisfähigkeit mit dem Ziel der Behandlung und Prophylaxe von Fehlentwicklungen und/oder der besseren Nutzung von Chancen und Möglichkeiten. Sie wird zur Unternehmensberatung, wenn es sich um eine umfassende Behandlung einer komplexen betrieblichen und/oder betriebswirtschaftlichen Problemstellung handelt. Wir sagen, daß die isolierte Betrachtung von Fachproblemen mit untergeordneter Bedeutung nicht Gegenstand einer Unternehmensberatung sein kann und Beratungen in juristischen, steuerlichen, technischen und psychologischen Sachfragen keine Unternehmensberatungen im eigentlichen Sinne sind – was nicht ausschließt, daß diese Gesichtspunkte durchaus Komponenten der interdisziplinär angelegten Unternehmensberatung sein können.

Aus Sicht des Klienten

Aus der anglo-amerikanischen Sprachwelt haben wir den Begriff des Management Consulting übernommen und ihn, was nicht ganz richtig ist, zum Synonym für die Unternehmensberatung gemacht. Management Consulting grenzt die Zielgruppe beziehungsweise den primären Adressaten einer Unternehmensberatung ein und legt nahe, daß nur das Management eines Unternehmens und nicht die ausführende Ebene mit der Beratung erreicht werden soll. Mit dem Wort Consulting werden die Kunden der Beratung stärker in den Vordergrund gestellt. Während Begriffswelt und Sichtweise des Wortes Beratung eindeutig den Berater in den Mittelpunkt stellen und den Blick vom Berater auf das Klientensystem richten, impliziert der Begriff Consulting, daß hier ein Klientensystem eine Konsultation einholt, sich ein Berater als Dienstleister verpflichtet und somit den Prozeß der Leistungserbringung mehr aus der Sicht des Auftraggebers formuliert.

Warum sind Berater erfolgreich?

Diese Beraterlastigkeit der Interaktion zwischen Klienten und Beratersystem hat über lange Zeit ihren Niederschlag in den Ansätzen zur Begründung von Beratungserfolg oder –mißerfolg gefunden. So gab und gibt es die sogenannte Eigenschaftserklärung, die sich auf spezielle Eigenschaften des Beraters wie Sachverstand, analytisches Denkvermögen und Erfahrung mit ähnlichen Problemstellungen stützt. Es gibt die Organisationserklärung, in der die externe Stellung und die damit verbundene Objektivität und Neutralität sowie die größere kritische Distanz (keine Betriebsblindheit) des Beraters hervorgehoben werden oder die Informationserklärung und der Hinweis auf die quantitativ höhere und qualitativ bessere Informationsversorgung der Entscheidungsträger durch den Berater.

Diese vermeintlich mächtige Stellung des Ratgebers und die eher passive Rolle des Ratempfängers ist historisch durch Berufsstände wie Therapeuten, Rechtsanwälte und Ärzte geprägt und in ihrer Übertragung auf die Unternehmensberatung Ursache und Quelle vieler fehlgeschlagener Beratungsleistungen.

Was sind die Inhalte von Consulting?

Man kann den Gegenstand der Untermensberatung inhaltlich beschreiben (Marketing, Controlling etc.), als Problem formulieren (Absatzrückgang, Liquiditätsengpaß etc.) oder Struktur und Auftrag des Managements als Beschreibungsebene wählen. Hier empfiehlt sich der Rückgriff auf die drei Dimensionen des St. Gallener Management-Konzeptes, wie sie Knut Bleicher 1993 formuliert hat:

Das **normative Management** bezieht sich auf die Beschäftigung mit den generellen Zielen der Unternehmung, mit ihren Prinzipien, Normen und Strategien, die darauf ausgerichtet sind, die Lebens- und Entwicklungsfähigkeit zu sichern. Es geht um die Identifikation von Nutzenpotentialen und um die konstitutive Rolle des Unternehmens im Umfeld der Gesellschaft und Wirtschaft. Hier liegt der Beitrag für Identität und Sinnstiftung.

Das **strategische Management** zielt auf den Aufbau, die Pflege und die Ausbeutung von Erfolgspositionen. Ressourcenallokation, die grundsätzliche Auslegung von Strukturen und Systemen sowie die Ausrichtung der Aktivitäten geschehen auf dieser Ebene.

Das **operative Management** ist ökonomisches Führungshandeln mit einer Ausrichtung auf leistungs-, finanz- und informationswirtschaftliche Prozesse. Das tägliche Führungsverhalten formuliert Aufgaben, sorgt für deren Umsetzung und prüft die Qualität.

Unternehmensberatung kann sich nun auf jede dieser Dimensionen im einzelnen, auf zwei oder alle drei beziehen. Klassische Fachberatung bis hin zu Trainings ist sicher auf der operativen Dimension angesiedelt, das Management Consulting im obenerwähnten Sinne ist eher in der strategischen Dimension lokalisiert, die Auseinandersetzung mit Organisationskultur und Führungsgrundsätzen bewegt sich vielmehr auf der normativen Ebene, und Organisationsentwicklungsprozesse erheben den Anspruch, auf allen drei Ebenen präsent zu sein. Ein besonders diffiziles und interessantes Beratungsthema ist Passung und Stimmigkeit der drei Dimensionen miteinander beziehungsweise die Herstellung einer verbesserten Wechselwirkung zwischen den unterschiedlichen Betrachtungsebenen.

2.2 Faszination und Frustration: Vor- und Nachteile des Berufes

Jürgen Dormann, Michel-Institut für Unternehmensberatung GmbH, Rattelsdorf

Die „klassische Beratung" findet beim Kunden statt, wo immer dieser auch sitzt. Also ist der Berater ein Reisender, einer der aus dem Koffer lebt, einer der die Heimat nur am Wochenende erlebt. Kann man da überhaupt einen Lebenspartner haben, eine Familie gründen? Und was ist mit den Vereinsaktivitäten? Fragen über Fragen! Klar, man ist (meistens) in den großen Metropolen, fährt ICE 1. Klasse oder fliegt Business-Class. Der Consultant kann mit dem eigenen oder dem Firmenwagen fahren – alles gratis. Außerdem die guten Hotels: Großzügige Räume mit TV und Minibar. Vielleicht gibt es auch ein Schwimmbad oder eine Sauna. Aber jeden Abend? Vielleicht auch noch allein? Wofür sollte man diesen Job also tun?

Der Berater sieht viele „normale Unternehmen" und bekommt dabei einen Eindruck über die mehr oder weniger verkrusteten Strukturen. Er lernt junge, vor Tatendrang strotzende Mitarbeiter kennen, begegnet aber auch anderen, bei denen an die Stelle des Tatendrangs bereits Frust und Verzweiflung, Sarkasmus und Ironie oder ganz einfach Gleichgültigkeit getreten sind. Bei Projektlaufzeiten von bis zu zwei Jahren kann der Berater diese Entwicklung gut nachvollziehen. Doch ihm steht immer noch ein Türchen offen: das nächste Projekt, eine neue Aufgabe, ein neues Unternehmen, ein neues Umfeld, eine andere Stadt. Das sind die Gründe, warum ich alle Unannehmlichkeiten nun schon ein paar Jahre in Kauf nehme, auch wenn der nächste Sonntagabend kommt, an dem ich meinen Job wieder mal verfluchen werde. Was muß man für ein Mensch sein für diesen Job? Es ist nicht verkehrt, in jungen Jahren einzusteigen, denn der Schritt aus einem „geregelten Leben" heraus fällt sicherlich viel, viel schwerer. Das Privatleben sollte zumindest keinen übergeordneten Stellenwert haben, deshalb wird auch viel Toleranz und Selbständigkeit vom (Ehe-)Partner verlangt. Ansonsten sind das notwendige Maß an Selbstvertrauen gepaart mit Aufrichtigkeit und Zuverlässigkeit sicherlich bessere Tugenden als Überheblichkeit und Arroganz. Aber das gilt ja überall im Leben.

Die richtige Entscheidung

Was ist bei einem Berufsstart zu bedenken? Auf einem Riesenmarkt mit einigen schwarzen Schafen sollte man sich zunächst einmal den Überblick verschaffen und sorgfältig prüfen, mit wem man es zu tun hat. Ebenso ist es vorteilhaft, seine eigenen Stärken und Interessen herauszufinden, um damit auch die Auswahl zu erleichtern. Zudem ist es wichtig, daß man sich über die unterschiedlichen Rollen eines Beraters zunächst klar werden muß, um sich unangenehme Erfahrungen nach dem Einstieg zu ersparen. Nicht immer ist der Berater als Kreativer, als Ideenbringer gefragt. Häufig wissen Entscheidungsträger in Unternehmen ganz genau, in welche Richtung sie wollen und wie sie das erreichen können. Sie kaufen den Berater nur als Alibi ein, um die Veränderungswünsche im Unternehmen entsprechend durchsetzen zu können. Berater werden auch mal als reine Kapazitätsverstärkung eingekauft, wenn im Unternehmen bereits Einigung über die Veränderung besteht, dafür aber zu wenig eigene Ressourcen zur Verfügung stehen. Dies sind Rollen, bei denen der eigentliche Beratungsanspruch erfahrungsgemäß etwas auf der Strecke bleibt.

Schließlich ist zu empfehlen, das Gewissen und die eigene Einstellung vor einem Einstieg ins Consulting sorgfältig zu prüfen. Unternehmen sehen das durchaus nicht unkritisch. Es ist schwer, für einen „Frontwechsel" nach zwei bis drei Jahren passende Argumente zu finden. Meist werden ein oder zwei Jahre Beratungserfahrung von den Personalleitern nicht mit Berufserfahrung gleichgesetzt. Man steht wieder auf einer Stufe mit „Neulingen". Allerdings kann es nach langjähriger, erfolgreicher Praxis auch schon mal ein Vorstandsposten werden, dann vielleicht sogar in einem – aus der Beratertätigkeit bekannten – Kundenunternehmen.

2.3 Das Image von Consultants

Roman Schneider, Dr. Holger M. Sepp, beide FRASER Gesellschaft für Unternehmensberatung mbH

Der Beruf des Unternehmensberaters übt auf viele Hochschulabsolventen eine ganz besondere Faszination aus. Gleichzeitig haben Unternehmensberater in der Öffentlichkeit oftmals ein schlechtes Image. Wodurch läßt sich diese Diskrepanz hinsichtlich der Beurteilung der Berufssparte der Management-Consultants erklären? Von einem Imageproblem kann dann die Rede sein, wenn eine fehlende Übereinstimmung zwischen einem angestrebten Idealbild und dem Realbild konstatiert werden muß. Diese unterschiedlichen Zustände lassen sich häufig auf Differenzen zwischen einer Outside- und einer Inside-Perspektive zurückführen. Die Outside-Perspektive wird von außenstehenden Personengruppen vertreten, die den Beruf des Unternehmensberaters lediglich vom Hörensagen kennen. Allein beratene Klienten und die Berater selbst kennen aufgrund ihrer Erfahrungen die Inside-Perspektive.

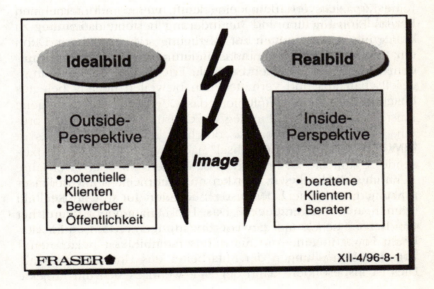

Gemeint ist damit, daß außenstehende Personenkreise oftmals ein Idealbild des Unternehmensberaters haben. Dieses kann sich von dem Realbild – welches die Inside-Perspektive erlaubt – unterscheiden.

Aus der Outside Perspektive heraus ergeben sich für die Öffentlichkeit im allgemeinen, insbesondere aber bei potentiellen Klienten sowie Bewerbern, bestimmte Vorstellungen über Aufgaben, Vorgehenskonzepte, Ziele oder Ergebnisse von Unternehmensberatern und deren Projekten. Diese Vorstellungen müssen keineswegs übereinstimmen. Lediglich die Inside-Perspektive vermittelt ein Bild der tatsächlichen Aufgaben, Methoden, Ziele und Ergebnisse.

Die Öffentlichkeit im allgemeinen ist in den seltensten Fällen in der Lage, das Realbild der Inside-Perspektive bewerten zu können. Das Image des Unternehmensberaters in der Öffentlichkeit resultiert demnach aus der Diskrepanz zwischen einem erwünschten Ideal- sowie einem vermuteten Realbild. Diese Wünsche und Vermutungen rechtfertigen das oftmals negative Image des Unternehmensberaters allerdings nicht.

Das Ziel von Unternehmensberatern muß es sein, Ideal- und Realbild von Klienten und Mitarbeitern zur Übereinstimmung zu bringen oder diese zumindest möglichst weit anzunähern. Denn unzufriedene Mitarbeiter, insbesondere aber unzufriedene Kunden, wirken sich hemmend auf die Erfolgsstory der Beratungsgesellschaft aus und vermitteln ein bisweilen negativ belegtes Image in der Öffentlichkeit.

Erwartungshaltungen

Welche Möglichkeiten werden nun beispielsweise von Fraser praktiziert, um eine Übereinstimmung von Ideal- und Realbild beim Kunden zu erzeugen? Das Top-Management beauftragt den Berater und knüpft gewisse Erwartungen an dessen Einsatz. Diese Erwartungen – im Sinne des Idealbildes – weichen oft von den Vorstellungen der Mitarbeiter des Unternehmens ab. Dies ist insbesondere dann der Fall, wenn es sich um Projekte handelt, die sich mit Fragen der Strategie oder der Effektivitäts- und Effizienzsteigerung in Strukturen sowie Prozessen beschäftigen.

Aus diesem Grunde haben Fraser-Berater ein bestimmtes Verständnis der Problemlösung. Heute reicht es nicht mehr aus, ein ausschließlich sachorientierter, starker Problemlöser zu sein. Solche „kalten Engel" haben viel zu dem oft zitierten Image der Unternehmensberater beigetragen. Vielmehr sieht Fraser es als erforderlich an, neben einer starken Problemlösung ebenfalls eine personenorientierte Vorgehensweise zu berücksichtigen. Ein solches Vorgehen geht auf die spezifischen Erfordernisse beim Kunden ein.

Denn für Fraser zählt der Erfolg des Kunden. Dieser wird nur gemeinsam mit ihm erreicht, im Rahmen einer partnerschaftlichen Projektbearbeitung. Unsere Berater sollen sich als „Coach" und nicht als ausschließlich sachorientierte Problemlöser verstehen.

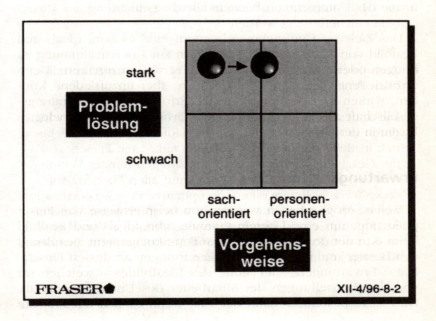

Hohe Anforderungen

Die Projektdurchführung in Form des Klienten-Coachings mit einem permanenten Ergebnisabgleich stellt in allen Phasen eines Projektes hohe Anforderungen. Gleichzeitig ermöglicht Fraser diese Vorgehensweise oftmals eine Verkürzung der Projektdauer sowie eine Einbindung der relevanten Stakeholder des Klienten in die Lösungsfindung.

In der konkreten Projektarbeit sieht dies folgendermaßen aus:

- Frühzeitiger Einbezug von Mitarbeitervertretern

  Bei allen Projekten, die in irgendeiner Form in existierende Strukturen und/oder Prozesse eines Unternehmens eingreifen, werden bereits vor Projektstart neben den Führungskräften ebenfalls Mitarbeitervertreter über Zielsetzung und Vorgehensweise des Projektes informiert und mit diesem abgestimmt. Dadurch soll auch bei aus personalpolitisch problematischen Aufgabenstellungen die Unterstützung, oder zumindest die Einbindung der Mitarbeiter sichergestellt werden.

- Zusammenarbeit vom Klienten mit Fraser in unterschiedlichen Projektgremien

  Die angestrebte gemeinschaftliche Projektbearbeitung wird durch Projektgremien auf unterschiedlichen Hierarchieebenen institutionalisiert. Das bedeutet auf Seiten Frasers von der Geschäftsführung bis zum zuständigen Berater Verantwortung für das Wohl des Kunden auf allen Ebenen. Auf diese Weise soll zum einen die operative Projektkoordination verbessert werden. Zum anderen werden Projektmeilensteine, Ergebnisse und bisherige sowie zukünftige Vorgehensweisen mit dem Management und Mitarbeitervertretern des Klienten kontinuierlich abgestimmt.

- Verhalten des einzelnen Beraters

Darüber hinaus muß aber auch der einzelne Berater seinen Teil dazu beitragen, um die angestrebte Übereinstimmung von Ideal- und Realbild zu erzielen. Um das Auftreten als Coach sicherstellen zu können, verlangt Fraser von seinen Consultants ein hohes Maß an Sozialkompetenz und kommunikativen Fähigkeiten. Denn allein die fachliche Qualifikatione reicht für eine Problemlösung nicht aus. Das bedeutet für den einzelnen Berater, daß er sich im Verhalten und Auftreten an den jeweiligen Klienten respektive seinen Ansprechpartnern in einzelnen Projektphasen anpassen muß. So ist je nach Zielgruppe ein differnziertes Verhalten gefordert: in der Industrie anders als im Öffentlichen Sektor, bei Großunternehmen anders als im Mittelstand, beim Top-Management anders als auf mittleren Führungsebenen oder gegenüber den Mitarbeitern.

Die beschriebene Form des Klientencoachings erlaubt es Fraser weitestgehend, eine Übereinstimmung von Ideal- und Realbild beim Kunden zu erzeugen. Dadurch wird es Consultants möglich, ein positives Image beim Kleinten herbeizuführen.

2.4 Wo werden Consultants gebraucht?

Rainer Wagner, SIPA Unternehmer Beratung GmbH

Das zu beratende Unternehmen (Klientensystem) und der/die Berater (Beratersystem) bilden für die Dauer eines Beratungsprojektes gemeinsam das Beratungssystem. Die Qualität und Intensität dieses temporären Systems ist bedingt durch die Art und Reichweite des Auftrages ebenso wie durch Spezifika der Beraterrollen und der Klientypologie. Im Regelfall gibt es während der Projektlaufzeit innerhalb eines Beratungssystems drei verschiede Ebenen, die jeweils vertikal und horizontal zusammenarbeiten.

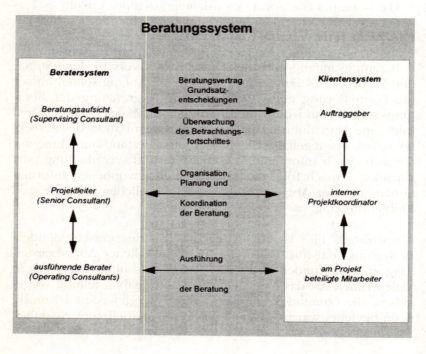

.Beim Klienten ist es der Auftraggeber, im Regelfall repräsentiert durch Geschäftsführung oder Vorstand, der mit einem rollenvergleichbaren Supervisor auf seiten des Beratersystems den Vertrag abschließt, Grundsatzentscheidungen trifft und den Beratungsfortschritt überwacht. Auf der zweiten Ebene findet die Organisation, Planung und Koordination der Beratung statt.

Hier stehen sich ein unternehmensinterner Projektkoordinator und Projektleiter gegenüber, das heißt, sie steuern gemeinsam alle Beratungsaktivitäten im Alltag. Ausführung und Umsetzung geschehen auf der dritten Ebene durch die am Projekt beteiligten Mitarbeiter und ausführenden Berater. Es ist fast schon eine Binsenweisheit, daß der Erfolg einer Beratung sehr stark von dem professionellen und intakten Zusammenwirken innerhalb des so beschriebenen Beratungssystems abhängig ist, und je nach Größe und Umfang eines Beratungsprojektes sind die Rollendifferenzierung und der Informations– und Ideenfluß entscheidend für den Erfolg oder Mißerfolg einer Beratung.

Prozeß mit vielen Stufen

Beratungsumfang und -tiefe beschreiben verschiedene Stufen und Phasen eines Beratungsprozesses. Am Anfang sollten immer die Formulierung eines Problems, die Abgrenzung der Beratungsaufgabe und die Vereinbarung von Zielen stehen. Dem folgt eine Durchführungsplanung und Organisation des Projektes selbst, im Regelfall schließt sich eine Bestandsaufnahme an, die sich durch Informationsbeschaffung und -verarbeitung auszeichnet. Danach folgt die Analyse aller gewonnenen Informationen und der Abgleich mit der ursprünglichen Aufgabe und Problemstellung.

Spätestens hier ist von gelegentlich „kriegsentscheidender" Bedeutung, daß die Passung von ursprünglicher Aufgabenstellung zu vorgefundenem Problem nochmals überprüft wird, in vielen Fällen hat das Management eine Aufgabenstellung vorgegeben, die (zumindest implizit) schon von gewissen Lösungsideen begleitet war und die vielleicht nur partiell zum eigentlich vorgefundenen Problem paßt. Hier ist auch eine erste wesentliche „Soll-Bruchstelle", wenn es nicht gelingen sollte, zwischen der geänderten Sichtweise des Problems und den vorgegebenen Aufgaben und Zielen einen neuen Kontrakt herzustellen.

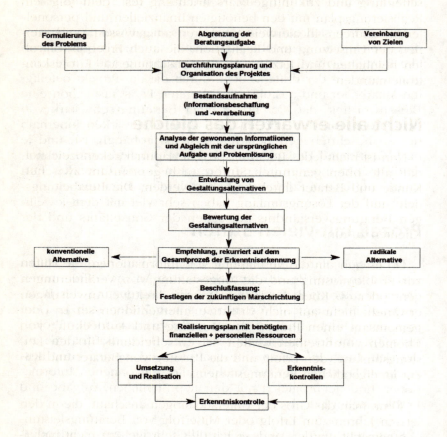

Im Normalfall folgt auf die Analyse die Entwicklung von Gestaltungsalternativen, denen sich vorzugsweise mit den koordinierenden Gremien des Beratungssystems deren Bewertung anschließt und der letztlich eine Empfehlung folgt, die auf den Gesamtprozeß der Erkenntniserkennung zurückgeht und sich idealerweise auf zwei Alternativen erstreckt (die wir gerne in konventionell und radikal unterteilen).

In der eigentlichen Beschlußfassung legt das Management vorzugsweise in Übereinstimmung mit den Beratern die Entscheidung und zukünftige Marschrichtung fest, dem folgt ein Realisierungsplan mit den benötigten finanziellen und personellen Ressourcen, idealerweise verankert an gewissen Meilensteinen der Umsetzung und Realisation, die auch Ergebniskontrollen beinhalten und letztlich in eine abschließende Erfolgskontrolle münden.

Nicht alle erwarten das gleiche

Nun ist nicht jedes Beratungsprojekt dadurch gekennzeichnet, daß alle oben genannten Stufen auch gemeinsam zwischen Kunde und Berater durchgearbeitet werden. Die Bearbeitungstiefe und der Lösungsumfang haben sehr viel mit dem jeweiligen Beratungsverständnis auf seiten der Consultants und der Klienten zu tun.

Ob es nun um die Vermittlung von Informationen, die Hilfen zur Problemlösung und die Mitgestaltung von Veränderungen geht oder ob Klient und/oder Berater direktive Anweisungen erwarten, mehr auf nicht direktive Interventionen setzen oder gemeinsam einen Prozeß der Deutung und Aufdeckung von Themen vorantreiben wollen, ist entscheidend für den Leistungsumfang, den Erfolg und die Passung von Berater und Klient im eigentlichen Beratungssystem.

Wenn man das Gros der Untersuchungen anschaut, die in den letzten Jahren zum Erfolg oder Mißerfolg von Beratungsleistungen gemacht worden sind, so hat dies sehr viel mit nicht hinreichend verdeutlichten gegenseitigen Erwartungshaltungen, Beratungsrollen und -stilen sowie impliziten Erwartungshaltungen auf seiten der Klienten zu tun.

Jeder Klient ist anders

Klient ist noch lange nicht Klient, und Erfolg oder Mißerfolg einer Beratung sind auch davon abhängig, wie sehr Berater und Klienten sich über den Prozeß der Rollenbildung im Klientensystem Klarheit verschaffen können. Fleischmann hat in einer Dissertation 1984 eine Kliententypologie vorgelegt, die als Typen–Beschreibung zum einen auf den Problem– oder Leidensdruck im Klientensystem und zum anderen auf die Bereitschaft zum Lernen und zur Veränderung zurückgeht.

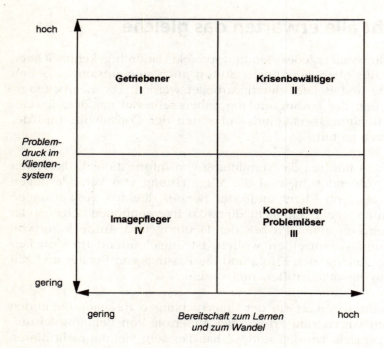

Wer als Berater bei Typ I landet, wird sich wundern, daß trotz unmittelbarer Betroffenheit durch ein akutes Problem die Bereitschaft zur Zusammenarbeit mit dem Berater relativ gering ist. Die Suche nach einer raschen Lösung geht nicht einher mit einer nennenswerten Bereitschaft, sich von innen heraus zu verändern und veränderten Gegebenheiten durch Anpassung Rechnung zu tragen. Die „Wasch' mir den Pelz, aber mach' mich nicht naß"-Einstellung sieht den Berater als den Alleinverantwortlichen oder Schuldigen („Wofür bezahle ich Sie denn?").

Der Krisenbewältiger als Typ II ist die (gesuchte und gewünschte) Herausforderung an den (guten) Berater mit einem hohen Maß an gemeinsamer Verantwortlichkeit und Kooperation. Das Beratungssystem ist hier in hohem Maße ganzheitlich und offen zwischen den beiden Ausgangssystemen.

Typ III ist eigentlich die ideale Rahmenbedingung für Organisationsentwicklungsprojekte, bei denen mit langer Zeitperspektive und meist auch stark wertegeleitet die Notwendigkeit zur Veränderung angenommen werden kann.

Der Typ IV beschränkt sich meist auf die Ablieferung von Gutachten möglichst renommierter Beratungsgesellschaften. Dies hat häufiger mit politischen Absichten von Führungs- und Aufsichtsgremien zu tun, hier wird im wesentlichen „Papier bewegt".

Was paßt zusammen?

Was liegt näher, als zwischen der Beraterrolle, dargestellt durch die Art der Beratung und das Verhalten, und der Kliententypologie, dargestellt durch den Problemdruck und die Lernbereitschaft, eine Beziehung herzustellen? Diese gedankliche Übung sei dem Leser selbst überlassen. Aus einer Untersuchung von Werner Hoffmann geht jedoch hervor, daß bei Klententyp I vorrangig der Problemlöser (63 Prozent) und zweitrangig der Informationslieferant (37 Prozent) gefordert war. Bei Klententyp II war auch der Problemlöser (63 Prozent) und als nächstes der Informationslieferant (19 Prozent) gesucht. Auch bei Klententyp III lag der Problemlöser (51 Prozent) vorne, gefolgt von dem

Prozeßpromotor (21 Prozent). Bei Klententyp IV dominierte der Informationslieferant (83 Prozent).

Wie auch immer die Wirklichkeit aussieht, entscheidend dürfte sein, daß Aufgabe und Zielsetzung der Beratung, die vorwiegend gepflegte oder angestrebte Beraterrolle und die implizite und/oder explizite Erwartungshaltung des Klienten durchdacht, geklärt und vereinbart sein sollten, um wesentliche Rahmenbedingungen für einen Erfolg der Beratung abzusichern. Wenn wir Beratung als die aktive und gestaltende Begleitung von Veränderungsprozessen verstehen, dann lassen sich drei wesentliche Situationen mit jeweils spezifischen Interventionsformen unterscheiden. Wir haben zum einen die Sanierung. Hier geht es darum, eine krisenhafte Situation zu bewältigen und kurzfristig die Überlebensfähigkeit der Organisation zu sichern. Ganz anders gelagert ist eine Optimierung, die verspricht, Verbesserungspotentiale bei bestehenden Strukturen und Werkzeugen auszuschöpfen.

Dies läßt sich wiederum abgrenzen von einem turn around, der sich zum Ziel gesetzt hat, mit einem Quantensprung eine Innovation und einen qualitativ neuen Zustand zu schaffen und sich auch deutlich von bisherigem Handeln oder Organisationsformen abzusetzen.

Wie finde ich „meinen" Berater?

Ein Gewerbe, das praktisch keine Zulassungsbeschränkungen hat, bietet sich natürlich an für Geschäftspraktiken jeglicher Art. In einem Markt mit so vielen tausend unterschiedlichen und verschieden qualifizierten Anbietern ist es für viele Beratungssuchende schwer, den für sie passenden Partner zu finden. Daher sind die beiden Kriterien allgemeiner und spezifischer Bekanntheitsgrad für die Entscheidungsfindung bei der Vergabe von Beratungsaufträgen in den letzten Jahren entscheidend geworden. Allgemeiner Bekanntheitsgrad bezieht sich auf die großen, meist auch international Vertretenen der Beratungsbranche, die in den letzten Jahren überproportionale Zuwächse hatten.

Größe, Internationalität und viele Publikatonen schaffen das Vertrauen, mit seinem Beratungsbedarf nicht ganz falsch liegen zu können. Spezifischer Bekanntheitsgrad bezieht sich auf kleinere Beratungsfirmen, die durch gute Leistungen, also quasi mit Referenzen, weiterempfohlen werden oder sich in einem eng umgrenzten Fachgebiet einen Namen gemacht haben. Für die Zukunft wird es verstärkt darum gehen, mit externer beratender Unterstützung die Arbeits– und Innovationsfähigkeit von Unternehmen zu entwickeln, herzustellen, zu verbessern und/oder zu sichern und dies bei wettbewerbsfähigen Kosten.

Wenn man Beratung als eine Disziplin versteht, in der Erfolg sehr stark von Erfahrung im Umgang mit Menschen und Systemen einerseits und ausgeprägten methodischen Fähigkeiten des Strukturierens und Analysierens von Konstellationen und Sachverhalten andererseits bestimmt ist, wird nachvollziehbar, daß der schnelle Wachstumsprozeß der Branche und einzelner Gesellschaften nicht nur förderlich auf die Qualität der angebotenen Leistungen sein konnte. Nachdem nun Klienten verstärkt entdecken, daß sie ohne Implementierung der gewonnenen Erkenntnisse eigentlich viel zu wenig für ihr Geld bekommen, wird immer offenkundiger, daß viele Berater und Beratungsgesellschaften mit ihrem Know how, Erkenntnisse in organisationales Handeln zu transformieren, noch in den Kinderschuhen stecken.

Der Start ins Consulting

Beratung ist ein ambulantes Gewerbe. Wer eine Organisation, ein Unternehmen verstehen will, muß bereit sein, aus dem Koffer zu leben, sich auch immer wieder neuen Menschen, Situationen zu stellen und damit leben können, daß nicht alle seine Ideen und Vorschläge für gut und richtig befunden oder gar in die Tat umgesetzt werden. Dem Berufsanfänger bietet die Beratung viele Möglichkeiten, fachlich und inhaltlich zu lernen und seine Persönlichkeit zu entwickeln. Je nach Philosophie und Ausrichtung der Beratungsgesellschaft wird auch und gerade die soziale Intelligenz gefordert und gefördert, und die sichtbaren

Grenzen der eigenen Reichweite und des Wissens aus Erfahrung schaffen die nötige Demut im Umgang mit denen, die es zu beraten gilt.

Worauf es ankommt

Der Berufseinstieg als Berater ist dann besonders erfolgversprechend, wenn einige Voraussetzungen und Rahmenbedingungen gewährleistet sind: Das Beratungsunternehmen sollte sich einer erkennbaren Philosophie und Ausrichtung verschrieben haben, bei der Qualität und Kundenorientierung eindeutigen Vorrang vor Wachstum haben.

Ein erfahrener Beratungsprofi sollte als Pate für die intellektuelle, fachliche und persönliche Sozialisation in Organisation und Berufsleben zur Verfügung stehen und die notwendige Zeit auch einbringen. Ein Berufskollege mit ähnlicher Ausgangslage, was Berufs- und Lebensalter anbelangt, ist auch stets hilfreich, um den eigenen Stand und das Entwicklungstempo für sich selbst zu definieren.

Der frischgebackene Hochschulabsolvent – insbesondere Wirtschaftswissenschaftler – hat das Unternehmensgeschehen bisher aus der Sicht von Leitung und Geschäftsführung studiert. Er bewegt sich flüssig in den Begriffswelten von Portfolio, Controlling, Cashflow und Strategie und wird dennoch drei bis fünf Jahre brauchen, bis er die Ordnungskriterien unternehmerischen und betriebswirtschaftlichen Handelns mit Erfahrung, innerem Kontext und Wertigkeit so weit ausgefüllt hat, daß er seine Begriffswelt mit einer Erfahrungswelt verbinden kann.

Wer ein bis zwei Jahre Zeit hat, bevor er Umsatz schreiben kann oder muß, wird hinterher für den Kunden, für seine Beratungsgesellschaft und für sich um so wertvoller sein. Unbeschadet des eigenen Bestrebens, möglichst schnell wirksam zu werden, ist frühzeitige Umsatzerwartung auch immer die Begrenzung auf weniger bedeutsame und herausfordernde Themen.

Beraten heißt dienen

Beratung ist eine moderne und zukunftsweisende Berufsform mit einem breiten Spannungsbogen zwischen Autonomie und Dienstleistung. Der Berater ist weder ein Lieferant von Analysen und Handlungsempfehlungen, noch gewappnet mit einem elitären Selbstverständnis, weil er Angst hat, die soziale Auseinandersetzung mit den Führungskräften des Klientensystems sonst nicht zu bestehen. Beraten heißt, sich auf die Kunst der Einflußnahme zu beschränken, anstatt der Lust auf Machtausübung zu fröhnen.

Ausgeklügelte job–rotation–Programme in Großkonzernen bieten vergleichbare Möglichkeiten des so unterschiedlichen und qualifizierten Einblicks in verschiedenste Branchen, Firmen und Funktionen wie die Unternehmensberatung. Drum prüfe, wer einen unstillbaren Drang zum Machen in sich spürt, eine Aufgabe gerne bis in alle Tiefen auslotet, sein Selbstwertgefühl mit einem hohen Maß an umsetzender Eigenverantwortung verknüpft und immer schon Product Manager oder Controller werden wollte, ob es wirklich Sinn macht, Berater zu werden.

3. Der „ideale" Unternehmensberater

Fähige Talente gesucht

Soviel Vielfalt in der Consulting-Branche herrscht, soviel Qualifikationen muß ein Unternehmensberater mitbringen. Der Mix der eigenen Persönlichkeit ist dabei entscheidend. Manches ist Talent, vieles läßt sich jedoch während eines zielgerichteten Studiums aneignen.

3.1 Gibt es ein typisches Anforderungsprofil?

Dr. Wolfgang Schirra, Knight Wendling Consulting GmbH, Düsseldorf

Um uns einer ersten Antwort auf diese Frage zu nähern, ist es ratsam, das Themenfeld aus verschiedenen Blickwinkeln beispielhaft zu beleuchten: aus der Sicht der Consulting-Anbieter, der Klienten, der möglichen Rollen und der Herkunft der Consultants. Kaum ein Berufsbild ist so facettenreich.

In Deutschland gibt es über 9.000 Consulting-Unternehmen. Am Markt bezeichnen sich als Consultants beispielsweise Anlagen-, Immobilien- und Personalberater, Marktforscher, beratende Ingenieure und die klassischen Managementberater. Ihre Klienten reichen von Großunternehmen über den Mittelstand und die öffentliche Verwaltung bis hin zu Privathaushalten. Dabei können zum Beispiel die industriellen Auftraggeber Aufsichtsräte, Unternehmensvorstände oder das mittlere Management sein. Die Nachfrage umfaßt Hilfe bei strategischen Ausrichtungsfragen bis hin zur fachlichen Unterstützung im Tagesgeschäft. Vom Consultant werden dabei unterschiedlichste Rollen erwartet: Analytiker,

Ideenbringer, Gutachter, Moderator oder sogar Manager auf Zeit. Dabei drängt es sehr unterschiedliche Gruppen ins Consulting: Berufseinsteiger, die sich vom Consulting eine Karriere auf der Überholspur versprechen, Professoren, die hierin eine interessante Verbindung von Theorie und Praxis sehen, oder auch Aussteiger aus dem Management, die für sich eine Herausforderung auf neuen Wegen suchen, und den „geborenen" Berater, der seinen Werdegang als „Berufung" versteht.

Angesichts dieser Vielfalt wird deutlich, daß es ein einziges Anforderungsprofil nicht geben kann. Aber es gibt einen gemeinsamen Nenner: Consultants müssen fachlich und persönlich ihren Klienten einiges zu bieten haben, sonst stehen sie am Ende mit einer schlechten Reputation und ohne Aufträge da.

3.2 Persönliche Voraussetzungen

Hans Schlipat, Knight Wendling Consulting GmbH, Düsseldorf

Träumen auch Sie von der schnellen Karriere und dem „großen" Geld? Anything goes: Ein 28jähriger „sprengt die Bank" (Baring Brothers). Ein Mittdreißiger führt das derzeitig weltweit bedeutendste Software-Unternehmen (Microsoft). Ein Endzwanziger wird Vorstandsvorsitzender eines namhaften Sportartikelanbieters (Puma).

Wie ein Rohdiamant

Nur einige Beispiele für junge, zumindest temporär erfolgreiche „Durchstarter". Schon im Lateinunterricht haben wir von Seneca gelernt: „Nur der wird ein guter Krieger, der in seiner Jugend grün und blau geschlagen wurde".Persönlichkeiten werden durch reale Aufgabenstellungen in der „richtigen Welt" geformt, nicht im Klassenraum oder am grünen Tisch oder in einer Stabsabteilung. Frühe Karrieren – in der Regel verbunden mit erheblicher Verantwortungsübernahme – sind eine Chance, möglichst viele Facetten eines Rohdiamanten zu schleifen. Wer diese Chance bekommt, sie als solche begreift und nutzt, erhält temporär unschätzbare Wettbewerbsvorteile auf dem Arbeitsmarkt und einen nachhaltigen intrinsischen Motivationsschub.

Und so macht das Wort vom „outsmarting" die Runde. „Smart people" mit Eigenschaften wie ehrgeizig, kommunikativ und weltoffen sind auch in rezessiven Zeiten begehrte Mangelware auf dem Personalmarkt, unabhängig von ihrer Seniorität. „Nicht härter arbeiten" ist die Devise, eben nur smarter.

Wichtige Werte

Andererseits drängt sich die Frage auf, ob es im Regelfall ausreicht, „smart" zu sein. Die Zweifel mehren sich, wobei Ausnahmen – wie immer – die Regel bestätigen. Eigenschaften wie Einfühlsamkeit, Authentizität, einer Sache dienen können, Hartnäckigkeit und Ehrlichkeit oder Teamgeist verbunden mit individuellem Streben nach Exzellenz sind Werte, die offensichtlich für die nachhaltig erfolgreiche Führung der meisten Geschäfte eine große Bedeutung haben.

Daß diese simple Erkenntnis keine „Trivialität" darstellt, belegt die Tatsache, daß „neue" Management-Konzepte – geschrieben und getrieben von Beratern und Professoren – heilslehrengleich wie die Pilze aus dem Boden schießen und ihr dankbares Publikum in verunsicherten, ratlosen Managern finden, die „auf der Suche nach Spitzenleistungen" (nach T.Peters) sind. Auch „management heroes" wie Jan Carlszon (SAS) oder Berater-Gurus wie R. Hammer und J. Champy (Business Reengineering) müssen erfahren, daß sie mit ihren Konzepten Lebenszyklen unterliegen: heute noch gefeiert, morgen schon im Abseits.

Die gesamte Lean-Diskussion über grundsätzliche Verschlankungs-Notwendigkeiten und die immer wieder zitierten erfolgreichen Beispiele sowie die Tatsache, daß die Mehrheit der westlichen Lean-Projekte offensichtlich bei weitem nicht die Erwartungen der Initiatoren erfüllen, kann als Beispiel dafür dienen, wie aus einem grundsätzlich guten Management-Ansatz durch schlechte Implementierung ein weiteres notleidendes Thema geworden ist. Das oftmals nur oberflächliche Verständnis von BPR (Business Process Reenginieering) als „Big People Reduction" hat bei vielen Prozeßbeteiligten/-betroffenen eine „Alter-Wein-in-neuen-Schläuchen"-Attitüde aufgebaut und manifestiert und das Vertrauen in die Seriosität und Wirksamkeit der Veränderungsbemühungen nachhaltig gestört.

Und so gibt es viele Belege von der unheiligen Allianz zwischen Beratern und Managern, die einen grundsätzlich positiven Managementansatz nur unzureichend in die Implementierung bringen, bei den ersten auftretenden Schwierigkeiten den Mut verlieren und schon bald nach neuen, „besseren" Konzepten Ausschau halten. In dieser Hinsicht unterscheiden sich viele Berater kaum von ihren Auftraggebern.

Was einen guten Berater ausmacht

Aber auch bei den grundsätzlichen Anforderungen an einen „guten" Berater gibt es nur wenige diskriminierende Unterscheidungsmerkmale zu einer „guten" Führungskraft. Für beide gilt:

- unternehmerisches, eigeninitiatives Handeln,
- Teamgeist mit individuellem Streben nach Exzellenz,
- Liebe zum Detail und Sehnsucht nach dem „großen Wurf",
- eintrittsbarrierensenkende, öffnende Kommunikationsstärke,
- schnelle Auffassungsgabe, gepaart mit Abstraktions- und Umsetzungsvermögen,
- hohe Weiterbildungsinitiative, auch unter Einsatz eigener Ressourcen.

Differenzierende Anforderungen ergeben sich aus der Tatsache, daß Berater in der Regel innerhalb besonders eng definierter Zeitfenster tätig werden. Schon in der ersten Beratungsphase entscheidet sich oftmals, ob Akzeptanz bei den Klienten-Mitarbeitern aufgebaut werden kann, Projektansatz und -organisation funktionieren werden. Der richtige Mix aus analytischer Brillianz und sozialer Feinfühligkeit ist hier entscheidend.

Nicht deutlich genug kann auf die Verantwortung, die jeder Unternehmensberater nicht nur gegenüber dem personifizierten Auftraggeber, sondern auch gegenüber der gesamten Klienten-Organisation hat, hingewiesen werden: Es ist verhältnismäßig leicht, mit einem Federstrich die herrschende Meinung zu bestätigen. Es ist schon schwieriger, analytisch saubere Lösungsalternativen zu entwickeln und zu vermitteln. Den „Säuretest" jedoch stellt die gemeinsame Reise zum Erfolg mit den Führungskräften und Mitarbeitern der Klientenorganisation dar.

Abschließen wollen wir mit einer einfachen, aber oftmals sehr aufschlußreichen Methode zur Bestimmung der eigenen Position, einer sogenannten Selbstbild-/Fremdbild-Analyse. Die folgende Checkliste basiert auf aus unserer Sicht wesentlichen Beratereigenschaften. Sie sollte vom Leser spontan und ohne großes Überlegen, ausgefüllt werden. Das entstehende Profil kann als Anlaß zur Selbstreflexion genommen werden (Selbstbild). Als Verstärker und Spiegel soll die Bewertung durch Personen dienen, die eine hinreichende Beurteilungsqualität des Lesers sicherstellen (Fremdbild). Die Differenzen zwischen den Profilverläufen sollten Anlaß zum Nachdenken über die eigene Person, zum Berufswunsch und der Fixierung von Maßnahmenbündeln sein, um sich selbst auf das gewünschte Zielprofil hinzuentwickeln.

Checkliste zur Selbst-/Fremdeinschätzung

Auf eine „Normauswertung" mit „Standardempfehlungen" verzichten wir bewußt. Wichtiger ist die ehrliche eigene Reflexion über bestehende Fähigkeiten sowie die persönlichen Entwicklungsnotwendigkeiten und -möglichkeiten, die im Gegensatz zur Fremdeinschätzung stehen.

Zusammenfassend nochmals die Kernbotschaften dieses Beitrages:

- Der Consulting-Beruf ist eine herausfordernde Aufgabe, die den „ganzen" Menschen fordert, aber auch fördert.

- Ein guter Berater verfügt gleichermaßen über analytische und soziale Fähigkeiten.

- Gut' Ding will Weile haben, oder: Hartnäckigkeit und Stehvermögen zahlen sich aus, Dickbrettbohrer sind gefragt.

	Stimmt			
	völlig	nicht ganz	eher nicht	gar nicht
1. Ich bin neugierig und offen für Unbekanntes. (Fallen mir mehr als 5 Beispiele für das letzte halbe Jahr ein?)				
2. Wechselnde Aufgabenstellungen liegen mir sehr.				
3. Ich habe mehrfach bewiesen, daß ich Aufgaben unter verschiedenen Aspekten sehen, verstehen und erfolgreich lösen kann (Beispiele?).				
4. Ich bin uneingeschränkt mobil, zeitlich wie räumlich.				
5. Mein soziales Umfeld unterstützt und trägt meine berufliche Entwicklung aktiv.				
6. Ich habe mehrfach bewiesen, daß ich eine "herrschende Meinung" nachhaltig qualifiziert in Frage stellen und Alternativen anbieten kann.				
7. Mein Umfeld schätzt meine persönlichen Leistungsbeiträge für die erfolgreiche Teamarbeit.				
8. Mein berufliches Umfeld schätzt meine analytischen Fähigkeiten und meine Urteilskraft.				
9. Ich kann meine Gedanken präzise und für andere leicht verständlich formulieren.				
10. Konflikte trage ich i.d.R. konstruktiv aus und verschweige sie nicht.				

3.3. Fachliche Voraussetzungen

Peter Euringer, Projektleiter bei der Knight Wendling Consulting GmbH, Düsseldorf

26 Jahre,
1er Abitur,
Prädikatsexamen (2 Studienorte),
außeruniversitäres Engagement,
relevante Praktika,
Promotion/MBA,
2 Jahre Auslandsaufenthalt,
3 Jahre Berufserfahrung,
4 Sprachen, ...

Wunschdenken oder Realität?

Manch einer mag denken: „Ist dies nicht jenes Anspruchsniveau, das erfolgreiche Beratungsunternehmen und nicht nur diese fordern?" Für den Personalverantwortlichen stellt sich wiederum die Frage, ob solche Daten wirklich geeignet sind, nicht nur Belastbarkeit, Ausdauer und Zielorientierung eines Kandidaten widerzuspiegeln, sondern auch Aufschluß über die Leistungsbereitschaft und Persönlichkeit eines Bewerbers geben.

Davon abgesehen, daß insbesondere der letzte Punkt erst im Rahmen eines persönlichen Gesprächs evaluiert werden kann, vermittelt dieses sicherlich übertriebene Anforderungsprofil eine simple, aber wesentliche Erkenntnis: *Nach oben sind keine Grenzen gesetzt.*

Marketing in eigener Sache

Insofern ist es verständlich oder nur legitim, daß Unternehmen bestrebt sind, die sogenannten „Besten" - was immer dies auch im Einzelfall heißen mag - „an Bord" zu holen. Und für den einzelnen ist klar, daß er sich im Wettbewerb zu anderen befindet, auf einem Markt mit nahezu unbegrenzten Ansprüchen der Nachfrager, aber beschränktem Volumen. Der Bewerber muß sich selbst daher gleichsam als Produkt am Markt positionieren; als Erfolgsfaktoren beziehungsweise produktdifferenzierende Merkmale dienen ihm seine persönlichen und fachlichen Voraussetzungen. An dieser Stelle wird ein Punkt deutlich, der in gewissem Umfang Mitarbeiter von Beratungsunternehmen von anderen unterscheidet: Im täglichen Kontakt mit dem Kunden und dessen – berechtigterweise – hoher Erwartungshaltung an den Berater muß er sich selbst stets aufs Neue verkaufen beziehungsweise persönlich und fachlich überzeugen. So wird im Laufe eines jeden Beratungsauftrags - und sei dies spätestens am Ende bei der Präsentation des Arbeitsergebnisses - dem Kunden offensichtlich, wie weit es mit der fachlichen Kompetenz der beauftragten Berater bestellt ist.

Für jedes Beratungsunternehmen, welches fast ausschließlich von der Reputation am Markt lebt, ist es daher von grundlegender Bedeutung sicherzustellen, daß für die individuelle Fragestellung des Kunden auch ein individuelles Team-Mix zusammengestellt wird, der in seiner Gesamtheit die fachlichen Voraussetzungen für eine erfolgversprechende Beratung abbildet. Das Team wiederum steht und fällt mit den einzelnen, das heißt mit deren Engagement, Teamfähigkeit etc. und insbesondere den fachlichen Fähigkeiten, die allein zur inhaltlichen Problemlösung beitragen können.

Aber wie sehen sie nun aus, diese fachlichen Anforderungen an einen Unternehmensberater? Es ist wohl inzwischen einleuchtend, daß es zu dieser Frage keine allgemeingültige Antwort geben kann. Aber eines ist sicher, nämlich, daß bezogen auf das Beratungsgeschäft vertikale (zum Beispiel Branchenkenntnis, Varietät der fachlichen Kenntnisse) und horizontale Faktoren (beispielsweise Komplexitätsgrad der Aufgabenstellung, Management-ebene) ihre Bedeutung haben. Bei den Beratungsgesellschaften selbst schlägt sich dies wiederum meist in „Positions"-Bezeichnungen, wie „Junior-Consultant", „Senior-Consultant", „Projektleiter", „Manager" etc. nieder.

Theorie und Praxis verbinden

Unter Berücksichtigung des bisher Diskutierten stellt sich für einen Hochschulabsolventen, der den Weg ins Beratungsgeschäft beschreiten will, die Frage nach der fachlichen Qualifikation/ Kompetenz, um als Berater am Markt agieren zu können, in besonderem Maße.

Begründet ist dies im traditionellen Konflikt zwischen Theorie und Praxis. So ist doch das ausgeklügelste theoretische Konzept für den Kunden so lange nichts wert, wie dieses in der Praxis nicht umgesetzt werden kann. Es muß an dieser Stelle nicht explizit darauf hingewiesen werden, daß ein interessierter Hochschulabsolvent seine profunden Kenntnisse in einzelnen Fächern dokumentiert nachweisen kann und daß dieses Wissen in Seminaren punktuell und entsprechend seiner Interessen vertieft wurde. Ein guter Ansatzpunkt für den Studierenden, einen inhaltlichen Bezug zwischen Theorie und Praxis herzustellen, besteht darin, die Studien- und/oder Diplomarbeit in Zusammenarbeit mit einem Unternehmen durch die Wahl eines praxisrelevanten Themas zu verfassen.

Eine weitere Möglichkeit und Notwendigkeit, den Bezug zur Praxis zu erhalten, ist die regelmäßige Durchführung von Ferienarbeit oder Praktika oder - besser noch - kontinuierlicher Teilzeitbeschäftigung in einem Unternehmen. Dabei sollte jedoch unbedingt Wert darauf gelegt werden, daß eine Verbindung zu dem mühsam „erstudierten" Wissen existiert. Die Tätigkeit könnte darüber hinaus geprägt sein von einer innovativen Fragestellung, die in einem teamorientierten Ansatz durchgeführt wird und die Realisierung sowie den weiteren Aufbau von persönlichen Entwicklungspotentialen zuläßt. Das Studium für sich genommen hat als Qualifikationsnachweis am Markt schon lange ausgedient. Es ist lediglich Teil eines „relevant set" von zu erbringenden Leistungsnachweisen im engeren wie weiteren Sinne.

Ein „Wermutstropfen" bleibt jedoch für den sich bemühenden Studenten: Zwar sind diese Ansätze und auch Empfehlungen geeignet, eine engere Nähe zum Berufsleben herzustellen, eine zwei- bis dreijährige Vollzeit-Berufserfahrung kann jedoch - pauschal argumentiert - nur in den seltensten Fällen ersetzt werden; können doch in dieser Zeit nicht nur die vorhandenen Kenntnisse in der täglichen betrieblichen Anwendung vertieft und ausgefeilt sowie Branchenkenntnisse erworben werden.

Zudem tritt man gewissermaßen hautnah mit den vielfältigen Entscheidungsprozessen, die in einem Konzern oder mittelständisch strukturierten Unternehmen ablaufen, in Kontakt und lernt die täglichen Probleme der operativen Geschäftstätigkeit aus eigenem Erleben kennen.

Und mit viel Glück war es einem vielleicht sogar vergönnt, als Interner die Arbeit eines externen Beraters zu beobachten, vielleicht sogar mitzugestalten und das Ergebnis am eigenen Leibe zu verspüren. Der eindeutige Vorteil ist somit, daß einem - natürlich bis zu einem bestimmten Ausmaß - die andere Seite, der Klient, vertrauter ist, man daher auch eher Sprache und Verhalten des Klienten richtig bewerten kann und letztlich das eigene Wissen zielorientierter sowie effektiver in die Beratung einzubringen versteht. Je umsetzungsorientierter und somit auch anspruchsvoller die Beratungsprojekte gestaltet sind, desto wertvoller und hilfreicher werden dem Berater die vorangegangenen Lehrjahre in einem Unternehmen sein.

Karriereplanung

Der „ideale" Weg für zukünftige Berater zum Erwerb fachlicher Kompetenz, um auf dem jeweiligen Einsatzniveau eine anspruchsvolle und erfolgreiche (das heißt für den Klienten) Beratungsleistung erbringen zu können, ist somit beispielsweise der folgende:

- Hochschulausbildung inklusive Praktika etc.

- zwei- bis dreijährige Berufserfahrung,

- Start als Junior-Consultant bei einer international organisierten Beratungsgesellschaft; entsprechende Karriereentwicklung,

- Rückkehr ins operative Geschäft; entsprechende Karriereentwicklung,

- Rückkehr in die Beratung.

Für all diese Stufen ist ein Punkt in ganz besonderem Maße wichtig: Weiterbildung. Diese sollte jedoch nicht als willkommene Gelegenheit zur Abkehr vom Tagesgeschäft begriffen werden, gleichsam als alternative Form der Freizeitgestaltung, sondern als Chance ebenso wie als Notwendigkeit. Weiterbildung ist nichts anderes als eine Methode zur Verbesserung der eigenen Marktposition durch das Erlangen von Fähigkeiten, die Wettbewerbsvorteile darstellen können.

Die Qualität der Weiterbildung ist somit ein wesentlicher Part im Management der eigenen Person, und sie muß daher kontinuierlich und zielorientiert erfolgen sowie bei den Top-Adressen der Branche betrieben werden.Insofern denkt derjenige kurzfristig, der vor eigenen Investitionen in diesem Bereich zurückschreckt. Selbstverständlich sind darüber hinaus Kreativität, Flexibilität im Denken und Freude an interdisziplinärer Teamarbeit wichtige Voraussetzungen für einen Consultant. Die meist enge zeitliche Terminierung erfordert zudem ein hohes Maß an Belastbarkeit. Aufgrund des ständigen Klientenkontakts ist eine fundierte Allgemeinbildung von grundlegender Bedeutung.

Um zu schließen: Hermann Heine möge es verzeihen, aber die Vielfältigkeit der Anforderungen und somit die mit jedem Projekt wechselnde Herausforderung erinnert an eine seiner Textzeilen, die durchaus für Berater „Leitmotto" sein kann: „Und jedem Anfang wohnt ein Zauber inne, der uns beschützt und der uns hilft zu leben."

4. Der erste professionelle Schritt:

Wie kritisch Sie mit Stellenangeboten umgehen sollten

Die Branche der Consultants ist außerordentlich heterogen strukturiert: Ein Prozent aller Unternehmensberatungen – das sind die 20 größten ihrer Branche – erwirtschaften 14 Prozent des Umsatzes, machen jedoch nur einen Anbieteranteil von 0,23 Prozent aus. Dagegen vereinen die kleinen Unternehmensberatungen ebenfalls 14 des Umsatzes auf sich, machen aber einen Aanteil von 70 Prozent aus. Mittelgroße Beratungen schöpfen 55 Prozent des Umsatzes ab. Für den Stellensuchenden erscheint dieser Wirtschaftszweig fernab der „Big Names" daher nicht zu Unrecht als wenig übersichtlich. Einen kleinen Leitfaden zur besseren Einschätzung bietet daher das folgende Kapitel.

4.1 Welche Firma darf's denn sein? Das Überangebot an Beratungsdienstleistungen

Jürgen Dormann, Michel-Institut für Unternehmensberatung, Rattelsdorf

Nach einer Studie des BDU (Bund Deutscher Unternehmensberater) gab es im Jahr 1992 nach Marktstatistiken etwa 8.000 Beratungsunternehmen auf dem deutschen Markt. Die FAZ spricht in einem Artikel vom 27.Juli 91 von etwa 36.000 einzelnen Unternehmensberatern, von denen 75 Prozent einen Hochschul- und 18 Prozent einen Fachhochschulabschluß haben. Es handelt sich also um einen großen Markt, der sich adäquat zu unserer Wirtschaft verhält. In guten Zeiten der gesamten Wirtschaft oder einzelner Branchen zeigt sich dort eine starke Nachfrage entsprechender Beratungsleistungen. Unternehmensberatungen verzeichnen volle Auftragsbücher, neue Dienstleister entstehen. In Krisenzeiten verschlechtert sich vor allem die Situation mittlerer und kleiner Beraterkollektive, einige verschwinden ganz von der Bildfläche.

Weiße und schwarze Schafe

Außerdem ist der Titel „Unternehmensberater" - trotz intensiver Bemühungen des BDU - bislang noch nicht geschützt, was einige „schwarze Schafe" sich gezielt zunutze machen. Seinen bisherigen Höhepunkt hatte das Vordringen dieser Gruppierungen in den Beratungsmarkt zum Zeitpunkt der deutschen Wiedervereinigung. Eine Mitgliedschaft im BDU ist an gewisse Voraussetzungen gebunden. Unter anderem deswegen sind zur Zeit nur etwa 500 Beratungsunternehmen in diesem organisiert. Der Nachweis einer mindestens fünfjährigen praktischen Beratertätigkeit, wenigstens drei Kundenreferenzen und zwei Referenzen anderer BDU-Mitglieder (Patenschaften) müssen erbracht werden. Voraussetzungen, die viele am deutschen Beratungsmarkt nicht ganz einfach mitbringen.

Diese große Anzahl an Einzelberatern und Gesellschaften wurde 1992 vom BDU unter Einsatz eines zwölfseitigen Fragebogens zu ihrer Unternehmenssituation befragt. Etwa zwei Drittel der Befragten hatten einen Jahresumsatz unter einer Million Mark, dabei lag der weitaus geringere Teil unter 500.000 Mark. Dies ist auch der Bereich, in der zu etwa 60 Prozent Einzelberater im Gegensatz zu GmbHs tätig sind. Mit etwa 15 Prozent weitaus seltener vertreten sind die Einzelberater jenseits der Umsatz-Millionengrenze. Eine weitere Differenzierung oberhalb der Umsatzmillion wurde vom BDU nicht mehr vorgenommen. Betrachtet man einmal die Mitarbeiter- beziehungsweise Beraterzahlen dieser Unternehmen, dann wird schnell deutlich, daß in der Regel für Umsätze bis zu einer Million nur selten mehr als vier Berater verantwortlich sind, während jenseits dieser Grenze eine durchschnittliche Beraterzahl von über 30 errechnet wurde.

In der „Welt" wurden im November 1993 die zehn „Umsatzgurus" auf dem deutschen Beratungsmarkt veröffentlicht, wobei jedoch einige aufgrund der nicht unerheblichen Verflechtungen - bedingt durch das Internationalisierungsstreben - nur Schätzungen bezüglich ihres Umsatzes liefern konnten. Seit Jahren führt hier McKinsey vor Roland Berger, von Banken gestützt. Und sie alle konnten auch im abgelaufenen, krisengeschüttelten Jahr wieder kräftig zulegen. Denn in der Krise ist tatsächlich der Rat von außen gefragt, dabei wird mehr denn je auf bekannte, die Aura der Sicherheit ausstrahlende Namen geachtet.

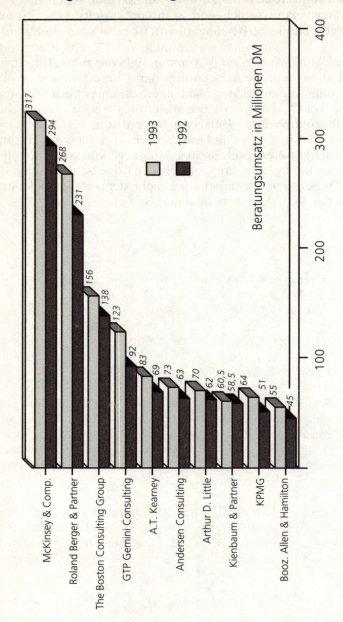

Beratungsarten

Die Fachgruppengliederung des BDU spiegelt eine Möglichkeit wieder, die Tätigkeitsschwerpunkte von Unternehmensberatungen zu gliedern. Diese Übersicht gestaltet sich wie folgt:

- Fachgruppe Business Consultants International
- Fachgruppe Management + Marketing
- Fachgruppe Outplacement
- Fachverband Personalberatung
- Fachgruppe Projektmanagement
- Fachgruppe Technik + Logistik
- Fachgruppe Umweltmanagement
- Fachverband Unternehmensführung + Controlling
- Fachgruppe Unternehmensgründung
- Fachgruppe Weiterbildung + Training

Die Gliederung ist in sich natürlich nicht konsistent, das heißt, es finden sich immer wieder Schnittstellen und Überlappungen zwischen den Tätigkeitsschwerpunkten. Auch decken viele BDU-Mitglieder mehrere Schwerpunkte in ihrer Beratungstätigkeit ab, was dazu führt, daß sich viele Unternehmen zu mehreren Fachgruppen oder -verbänden angeschlossen haben.

Etwa ein Drittel der vom BDU Befragten nannte die Unternehmensführung als einen Haupttätigkeitsbereich. Personal- und Marketingberatung sowie Beratung in der Informationstechnologie folgen als Tätigkeitsschwerpunkte auf den nächsten Plätzen.

Die „Karriereleiter"

Fast alle Beratungen haben ähnliche oder zumindest vergleichbare Strukturen. Hier ist die Arbeit in Projekten beziehungsweise in Teams integraler Bestandteil der Vorgehensweise. Man benennt in der Regel einen Projektverantwortlichen, der für Vorgehensweise und Ergebnis geradesteht, das Team steuert und die Kommunikation zu allen relevanten Stellen im Kundenunternehmen „am Leben" erhält.

Von den Verantwortlichen werden in erster Linie viel Erfahrung in der Projektarbeit (drei bis fünf Jahre), gute Führungsqualitäten gepaart mit Teamfähigkeit sowie eine hohe Kommunikations- und Konfliktfähigkeit verlangt. Die einen nennen sie schlicht „Projektleiter", andere etwas eindrucksvoller „Senior Consultants", doch das tut nicht zur Sache.

Ihnen zur Seite stehen je nach Projektumfang unterschiedlich viele Projektmitarbeiter (Consultants). Sie verfügen bereits ebenfalls über eine gewisse Projekterfahrung (ein bis zwei Jahre), sind also in der Lage, mehr oder weniger komplexe Teilschritte im Projektablauf zu übernehmen und eigenverantwortlich durchzuführen. Ihr Aufgabenspektrum umfaßt Planung und Kalkulation ihrer Teilschritte, wenn nötig Steuerung kleiner Gruppen, Kundenkommunikation, Vorbereitung von und Unterstützung bei Ergebnispräsentationen.

Manche – nicht alle – Unternehmen führen noch eine dritte Stufe in der ansonsten hierarchiefreien Projektrangordnung: die Projektassistenz (Junior Consultant). Diese Mitarbeiter sind meistens noch nicht sehr lange für das Beratungsunternehmen tätig, es sind zum Beispiel Absolventen oder Quereinsteiger ohne entsprechende Beratungs- und Projekterfahrung. Sie sollen in erster Linie die Projektarbeit kennenlernen, Erfahrungen sammeln und die Mitarbeiter bei der Erfüllung ihrer Aufgaben unterstützen.

Allerdings wird auch in dieser Orientierungsphase verlangt, daß man sich beim Kunden entsprechend als Berater „verkauft". Dies kann vor allem in kleineren Beratungshäusern eintreten, die aus wirtschaftlichen Gründen auf die „Verrechenbarkeit" auch dieser Leistungen angewiesen sind. Zum Problem wird dies natürlich für alle, die sich erst mal ein Bild machen wollen und noch nach der eigenen Weg suchen. Manche Häuser bieten hier spezielle Traineeprogramme an, um Neu-Einsteiger nicht zu überfordern.

Zusammenfassend läßt sich sagen, daß der Einstieger ins Consulting in der Regel auf Trainee- oder Assistenzebene startet, daran führt auch das beste Diplom kaum vorbei. Denn Beratung hat viel mit Erfahrung zu tun, und die muß man sich erst erarbeiten. Fachwissen ist dabei zwar nützlich, aber nicht ausreichend. Hält man sich dies vor Augen, wird auch der „Schock" nicht zu groß, wenn man plötzlich als Berater ganz „normale Dinge" tut.

Die vertraglichen Modalitäten

Genausowenig wie der Berufseinsteiger gleich Wunderdinge vollbringt, sind zum Einstieg „Wundergagen" angesagt. Ein Traineeprogramm wird mit einem handelsüblichen Taschengeld entlohnt, der Einstieg als Projektassistent oder -mitarbeiter führt zu einem Einstiegsgehalt, das nicht weit von vergleichbaren Wirtschaftszweigen entfernt liegt. Es gibt hier vielfältige Modelle, die sich auf Leistungs- und Erfolgsbeteiligung beziehen. Einen Ausgleich für Reisestrapazen bietet das Gehalt in der Regel nur unzureichend, hier gibt es zusätzliche Spesenregelungen, die in sich auch nur einen kleinen Verhandlungsspielraum bieten.

Eine weit verbreitete Form der Beschäftigung ist in der Beratung die „freie Mitarbeit". Hierfür gibt es neben den Angestellten- spezielle Verträge. Für den Bewerber ist entweder der gesetzlich geregelte Freiberuflerstatus oder die Anmeldung eines Gewerbes erforderlich. Der Freiberufler verkauft seine Dienste als „Selbständiger" dem Beratungsunternehmen, stellt also Monat für Monat eine Rechnung aus. Die Entlohnung erfolgt in der Regel über fest vereinbarte Tageshonorare, die je nach Aufgabenstellung auch differieren können. Zu bedenken ist dabei, daß in Phasen der Nichtbeschäftigung wie Urlaub, Krankheit, Feiertage etc. die Arbeit auch nicht entlohnt wird. Wenn keine Beschäftigungsgarantie vereinbart wird, erhält man natürlich auch in den Zeiten kein Geld, in denen man vom Beratungsunternehmen nicht beschäftigt werden kann, zum Beispiel bei Auftragsflauten. Zur Ermittlung des Tagessatzes gibt es Tabellen, die Angestelltengehälter in Tagessätze umrechnen und dabei annähernd die Beschäftigungspausen berücksichtigen. Diese Tabellen können zum Beispiel bei einem Steuerberater nachgefragt werden.

Der Markt bietet Unternehmen, die sowohl Freiberufler als auch Angestellte beschäftigen und solche Unternehmen, die sich auf eine der beiden Formen fixiert haben. Das ist im Vorstellungsgespräch abzuklären. Mit Sicherheit hat der Freiberufler den Vorteil, daß er in Zeiten einer hohen Beschäftigung - beispielsweise durch einen Verzicht auf Urlaub oder bei Sonn- und Feiertagsarbeit – ganz gut Geld verdienen kann, da jeder Einsatztag bezahlt wird. Außerdem gibt es einige Steuervorteile, die einem das Umsatz- und Einkommenssteuerrecht bieten.

Die Informationsquellen

Bei Interesse an einer Tätigkeit als Berater kann das Mitgliederverzeichnis des BDU genutzt werden. Hier finden sich mehr oder weniger umfangreiche Selbstdarstellungen der Mitglieder mit Tätigkeitsschwerpunkten, Mitarbeiter- und Umsatzzahlen usw. Für DV-lastige Beratungen gibt es ein solches Verzeichnis auch vom BVIT (Bundesverband Informationstechnologie). Der BDU gibt auch eine Verbandszeitschrift heraus, die Raum sowohl für Stellengesuche als auch -angebote bietet. Die gängigen Wirtschaftszeitschriften bieten immer wieder Berichte über spezielle Beratungsunternehmen oder allgemein über den Beratungsmarkt. Ansonsten sei auf die Stellenbörsen der großen Tageszeitungen oder der Fachzeitschriften für den Fach- und Führungsnachwuchs hingewiesen. Für eher Trainingsorientierte stellt „Management und Seminar" eine gezielte Zeitschrift dar.

4.2 Was ist bei der Wahl des Arbeitgebers entscheidend?

Susanne Schwemer, MC Marketing Corporation AG,
Bad Homburg v.d.H.

Das Ziel von Thomas M., über den Einstieg im Consulting eine Top-Karriere starten zu können, ist fast erreicht. Dem Studenten der Betriebswirtschaftslehre, der gerade sein Examen mit Auszeichnung absolviert hat, liegen drei Angebote aus der Beratungsbranche vor. Thomas hat die Bewerbungshürden der drei Unternehmensberatungen bewältigt und bewiesen, daß er die geforderten, scheinbar widersprüchlichen Eigenschaften eines kreativen Analytikers, eines universellen Spezialisten und eines umsetzungsstarken Philosophen in einer Person vereinigt. Über die Kriterien, die ein Consulting-Unternehmen als idealen Arbeitgeber für ihn auszeichnen, hatte er sich jedoch noch keine Gedanken gemacht. Informationen über die Beratungsbranche lagen ihm bisher nur von Dritten vor.

Woran oft nicht gedacht wird

Ein Studienkollege hatte vor einem Jahr den Sprung in die Beratung gewagt. Bei seiner Entscheidung war der „gute" Name der renommierten Unternehmensberatung ausschlaggebend. Bereits nach kurzer Zeit mußte er feststellen, daß seine Erwartungen bei weitem nicht mit der Realität übereinstimmten. Die ihm abverlangten sehr einseitigen Aufgabenstellungen ermöglichten es ihm nicht, sein Wissensspektrum permanent zu erweitern. Ellenbogentum und Imponiergehabe der Kollegen prägten den Umgangston im Unternehmen.

Auch nach Monaten gelang es ihm nicht, Beruf und Freizeit in vernünftiger Weise in Einklang zu bringen. Diese wesentlichen Faktoren hatte er damals im Vorstellungsgespräch nicht zur Sprache gebracht.

Einstiegskriterien

Welches sind nun die Kriterien, die am Consulting interessierte Hochschulabsolventen bei potentiellen Arbeitgebern „abklopfen" sollten? Die folgende Abbildung zeigt den Entscheidungsprozeß beim Einstieg in die Beratung.

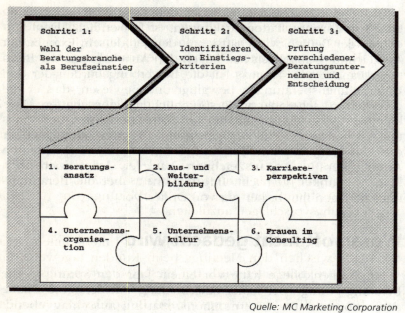

Quelle: MC Marketing Corporation

Mit den richtigen Fragen im Einstellungsgespräch kann man sich die Entscheidungsfindung wesentlich erleichtern.

Beratungsansatz

Die Tätigkeitsschwerpunkte der verschiedenen Consulting-Unternehmen sind sehr unterschiedlich. Zahlreiche Beratungen haben sich auf bestimmte Bereiche, zum Beispiel Logistikberatung, EDV-Beratung etc., spezialisiert. Berufseinsteiger, die ihre Karriere bei einer solchen Spezialberatung starten, legen sich damit von vornherein auf ein bestimmtes Beratungsfeld fest. Andere Unternehmensberatungen decken mit ihrem Leistungsangebot ein deutlich breiteres Beratungsspektrum und damit grundsätzliche Denkansätze ab, zum Beispiel marktorientierte Beratung, Strategieberatung etc.

Von der Persönlichkeit jedes einzelnen Beraters hängt es ab, ob er den Weg eines Generalisten oder eines Spezialisten einschlagen möchte. Sicher ist es grundsätzlich sinnvoll, zu Beginn einer Karriere ein breites Beratungsspektrum kennenzulernen. Für eine Spezialisierung ist später noch Zeit genug.

Für jeden Berufseinsteiger ist es unerläßlich, nach der generellen Beratungsphilosophie des favorisierten Arbeitgebers zu fragen. Es gibt Unternehmensberatungen, deren Mitarbeiter fast ausschließlich vor Ort beim Kunden arbeiten und dort permanent als Ansprechpartner verfügbar sind. Die Aufgabe des Beraters besteht hier primär darin, Projektteams aus Mitarbeitern des Kunden zu steuern und diese zur Erarbeitung von Analysen sowie Lösungsvorschlägen anzuleiten.

Der Beratungsansatz anderer Consulting-Unternehmen sieht vor, daß zwischen den Meetings beim Kunden tageweise im eigenen Büro gearbeitet wird. Bei dieser Vorgehensweise wird der Schwerpunkt stärker darauf gelegt, Fachberatungs-Knowhow für den Kunden zu entwickeln. Beispielsweise werden Empfehlungen zur optimalen Organisationsstruktur des Unternehmens oder zu Systemen der Vertriebssteuerung in enger Kooperation mit den Kunden erarbeitet.

Das bedeutet für den einzelnen Berater, daß er sich neben Methoden des Projekt- und Kundenmanagements auch ein fundiertes Wissensspektrum aneignet und sich dadurch zum Fachberater entwickelt. Das erworbene Fachwissen qualifiziert ihn für den nächsten Karriereschritt, zum Beispiel eine Führungsposition in einem Industrie- oder Dienstleistungsunternehmen oder die Partnerschaft in einer Unternehmensberatung.

Maßnahmen umsetzen

Erst aus der Umsetzung einer Strategie kann für einen Kunden ein Vorteil entstehen. Wer als Berufseinsteiger den Erfolg seiner Beratungstätigkeit in konkreten Ergebnissen realisiert sehen möchte, sollte sich darüber informieren, in welchem Umfang die verschiedenen Beratungsunternehmen die Umsetzung der empfohlenen Maßnahmen begleiten.

Ist ein Auftrag üblicherweise mit der Ablieferung von umfangreichen, auf weißem Papier gedruckten Gutachten und Strategiepapieren beendet, oder werden nach der Empfehlungsphase die Ärmel hochgekrempelt und die Anstöße zusammen mit den Kunden in die Tat umgesetzt? Werden etwa die empfohlenen neuen Systeme und Strukturen im Vertrieb implementiert oder die Mitarbeiter des Kunden entsprechend den Vorgaben qualifiziert?

Hochschulabsolventen werden vor dem direkten Einstieg in ein Consulting-Unternehmen häufig mit dem Argument gewarnt, sie lernten nicht die in der Industrie wirkenden „politischen Systeme" aus eigener Anschauung kennen und erführen zuwenig über die Schwierigkeiten beim „Durchboxen" von Maßnahmen in der Organisation. Gerade bei der Umsetzung der eigenen Empfehlungen bekommt man als Berater ein Gespür für die politischen Spielregeln in einem Unternehmen und kann Durchsetzungsvermögen entwickeln.

4.3 Entwicklungsmöglichkeiten vorab klären

Susanne Schwemer, MC Marketing Corporation AG,
Bad Homburg v.d.H.

Der Blick nach oben lohnt sich: Schon beim Einstieg ist es wichtig, sich nach den Entwicklungsperspektiven zu erkundigen, die eine Unternehmensberatung bieten kann, damit aus dem Karriereweg keine Sackgasse wird.

Aus- und Weiterbildung

Für Hochschulabsolventen besonders interessant ist es zu erfragen, wie bei den einzelnen Beratungsunternehmen der Einstieg in die für sie völlig neue Aufgabenstellung „organisiert" wird. Die wichtigsten Quellen, aus denen Berufsanfänger in der ersten Phase schöpfen, sind das „Learning by Doing" und das „Training-on-the-Job". Hier ist darauf zu achten, daß Aufgabenstellungen und Branchenschwerpunkte im Training-on-the-Job individuell nach Interessenlage und Karriereerfordernissen festgelegt werden. Der Juniorberater sollte in den ersten Jahren in Projekten verschiedener Art – branchen- und funktionsübergreifend – eingesetzt werden, um sich so ein solides Fundament an Beratungs-Know-how anzueignen. Idealerweise wird ein spezielles Einarbeitungsprogramm mit Modulen festgelegt, die für die individuelle Entwicklung erforderlich sind.

Faszinierend am Consulting sind vor allem die Vielfalt der Aufgabenstellungen und die permanent neuen Herausforderungen. Gerade in der ersten Zeit sollte der Berufseinsteiger möglichst viele Facetten der Beratungtätigkeit kennenlernen, um seine Entscheidung für diesen Beruf noch einmal kritisch hinterfragen zu können. In manchen Beratungsunternehmen werden Junioren in den ersten ein bis zwei Jahren fast ausschließlich mit Rechercheaufgaben und dem Zuarbeiten bei Analysen für erfahrene Berater betraut. Erst danach erfahren sie die eigentliche Beratungstätigkeit, bekommen Kundenkontakt und Verantwortung für Teilprojekte übertragen.

Wesentlich schneller wächst man in die Rolle des Consultant hinein, wenn man von Anfang an mit Kunden zusammenarbeitet und eigenständig Teilaufgaben abwickelt. Idealerweise wird der Berufsanfänger dabei einem erfahrenen Kollegen fest zugeordnet. Dieser führt ihn in die Beratungswelt ein und vermittelt ihm beim Einstieg das „Handwerkszeug für das Consulting" wie beispielsweise Projektmanagement, Präsentationstechniken, Methoden der Kundensteuerung etc. Er unterstützt ihn bei der Abwicklung von Beratungsprojekten und läßt ihn von seinem Fachwissen und seiner Erfahrung profitieren.

Gerade in der Beratung ist das ständige Lernen neben der praktischen Erfahrung unerläßlich. Um permanent einen Schritt voraus zu sein, müssen Consulting-Unternehmen ihren Beratern den Freiraum einräumen, sich weiterzubilden. Ein Weg dazu ist der Besuch von themen- und industriespezifischen Seminaren. Viele Unternehmensberatungen bauen in internen Projektgruppen praxisorientiertes Expertenwissen auf. Beispielsweise werden branchen- oder themenbezogene Studien erstellt, bewährte Konzepte vorangetrieben und innovative Beratungsmethoden entwickelt. Nach einigen Jahren der Berufstätigkeit kann bei Beratern der Wunsch entstehen, über den ersten akademischen Abschluß hinaus eine Zweitqualifikation zu erlangen. Einige Beratungsunternehmen bieten für exzellente Mitarbeiter die Möglichkeit an, parallel zur beruflichen Entwicklung etwa einen Doktortitel oder MBA zu erwerben. In individueller Absprache werden Perioden der Beratungstätigkeit für Kunden mit Zeiten, die man für den Erwerb der Zweitqualifikation nutzen kann, kombiniert.

Karriereperspektiven

Wer den Beratungsweg einschlägt, möchte eine außergewöhnliche berufliche Entwicklung und eine nicht alltägliche

Karriere in Aussicht gestellt bekommen. In vielen Beratungsunternehmen ist ein Weg mit Karrierestufen vorgezeichnet. Beförderungen sind üblicherweise mit Gehaltssteigerungen, leistungsabhängigen Bonuszahlungen und sonstigen Anreizen, wie zum Beispiel Firmenwagen, verbunden. Der Berufseinsteiger sollte darauf achten, daß diese Entwicklung sich nicht an starren vorgegebenen Schemata orientiert, sondern allein von der individuellen Leistung des Einzelnen abhängt.

Entscheidender als ein neuer Titel auf der Visitenkarte ist für einen Consultant, daß er mit der Beförderung auch neue Aufgabenbereiche übernimmt, die mit mehr Verantwortung verbunden sind. Im Laufe der Jahre müssen nicht nur der berufliche Status, sondern auch die Qualifikation und die Persönlichkeit des Beraters wachsen. Spätestens ab dem zweiten Jahr sollte ein Junior – geführt von einem Projektleiter – eigenständig Teilprojekte abwickeln, im dritten und vierten Jahr dann eigene Projekte leiten, ein Beraterteam führen und Ansprechpartner für den Kunden sein. Ab diesem Zeitpunkt kann auch erste Akquisitionsverantwortung übernommen werden.

Individuelle Förderung

Ein erfolgreicher Berater muß die Gewißheit haben, für neue Aufgaben und Verantwortungen, die er übernimmt, auch gewappnet zu sein. Eine systematische Personalentwicklung kann dafür Sorge tragen, daß die Fähigkeiten jedes Mitarbeiters gezielt gefördert und Schwächen oder Defizite abgebaut werden.

In regelmäßigen Feedbackgesprächen mit dem Projekt- und Bereichsverantwortlichen werden gemeinsam Ziele definiert, persönliche Stärken und Schwächen besprochen sowie individuelle Förderungsmaßnahmen festgelegt. In diesem Zusammenhang ist von Interesse, ob bei dem potentiellen Arbeitgeber ein Mentorensystem existiert. Ein Mentor begleitet und fördert die Startjahre eines Juniorberaters in kollegialer Weise. Er bespricht mit ihm die persönliche Entwicklung, hilft bei der Umsetzung von Ideen und unterstützt Beförderungen. Wer die Beratung als sein langfristiges Berufsziel definiert hat, für den könnte die spätere Partnerschaft eine interessante Alternative zu einer Führungsposition in der Industrie sein. Einige Beratungsunternehmen bieten Partnerschaftsmodelle mit der Möglichkeit des Erwerbs von Anteilen am Stammkapital an. Teilhabende Partner können dadurch unmittelbaren Einfluß auf die Geschäftsführung der Unternehmensberatung nehmen. Bewerber mit unternehmerischen Ambitionen sollten daher in Erfahrung bringen, ob der potentielle Arbeitgeber die langfristige Möglichkeit der Partnerschaft anbietet, und unter welchen Bedingungen diese erreichbar ist.

Unternehmensorganisation

Ein Blick auf das Organigramm des potentiellen Arbeitgebers gibt dem Berufseinsteiger einen Einblick in die hierarchischen Strukturen. Unternehmen mit wenigen Hierarchiestufen sind in der Regel weniger anfällig für die typischen Gefahren von Organisationen, wie Hackordnungen, Recht des Älteren etc., welche die eigentliche Arbeit behindern. Bei Organisationen, die schon seit Jahrzehnten existieren, besteht die Gefahr, daß die Strukturen im Laufe der Zeit erstarren und verkrusten. Gerade talentierte Menschen lassen sich jedoch nicht gerne auf eine genau vorprogrammierte „Laufbahn" festlegen.

Sie wollen nicht in unveränderlichen Strukturen gefangen sein, sondern sich ihren Weg selbst definieren. Hierzu gehört die Möglichkeit, unkonventionelle Wege zu gehen, neue Ansätze zu entwickeln und – bei Erfolg – in der Organisation seinen eigenen Bereich aufzubauen. Nur eine Unternehmensberatung, die noch Wachstums- und Entwicklungspotential für die Zukunft besitzt, gibt ihren Mitarbeitern die Möglichkeit, sich kreative Freiräume zu schaffen und eigene Ideen zu verwirklichen und umzusetzen.

Unternehmenskultur

Die Mitarbeiter in der Beratung verbringen täglich fast zehn bis zwölf Stunden gemeinsam in der Teamarbeit, auf Geschäftsreisen oder vor Ort bei den Kunden. So sorgfältig wie seinen Freundeskreis sollte man daher auch die zukünftigen Kollegen aussuchen. Welchen Typ von Menschen verkörpern die Mitarbeiter in den verschiedenen Beratungsunternehmen? Sind es Ellenbogentypen und Stühlesäger oder Leute, mit denen man gerne nach der Arbeit auch ein Glas Wein oder Bier trinken würde? Nur in einer Atmosphäre, die von Offenheit, Toleranz und Fairneß geprägt ist, bedeutet Arbeit Lust und nicht Last. Werden individuelle Fähigkeiten und Eigenheiten des einzelnen respektiert, und ist Heterogenität im Denken und Handeln gewünscht? Die Beratung unterschiedlichster Kunden funktioniert nicht mit uniformen Beratern von der Stange, sondern nur mit Individuen, die ihre verschiedenen Talente und Fähigkeiten in die Entwicklung von innovativen und kreativen Lösungen einbringen.

Frauen im Consulting

Das Beratungsfeld ist heute noch weitgehend eine Männerdomäne. Unternehmensberaterinnen sind eher die Ausnahme, obwohl derzeit prozentual bereits mehr Frauen in der Beratung als in Führungspositionen in der Industrie tätig sind. In einigen Consulting-Unternehmen werden Beratungsteams bereits gleichermaßen mit Frauen und Männern besetzt.

Die Erfahrungen haben gezeigt, daß durch Frauen neue Aspekte und Sichtweisen in die Projektarbeit integriert werden, die die Gesamtleistung verbessern. Auch hat sich das Vorurteil, daß eine anspruchsvolle Management-Tätigkeit nicht mit Familie unter einen Hut gebracht werden kann, nicht bestätigt. Zunehmend werden in Beratungen flexible Arbeitszeitregelungen entwickelt, um Beraterinnen wie auch Beratern die Möglichkeit einzuräumen, sich nach erfolgreichen Jahren im Beruf teilweise ihrer Familie widmen zu können. Ob bei einem Arbeitgeber

Beraterinnen lediglich eine Alibifunktion übernehmen oder ernsthaft willkommen sind, zeigt sich daran, ob Frauen gezielt gesucht und auch gefördert werden.

Die richtige Entscheidung

Nicht allein das mit einem Beratungsunternehmen verbundene Image sollte beim Berufseinstieg den Ausschlag geben. Neben einer „guten Adresse" können – je nach Persönlichkeit des Bewerbers – andere Aspekte, wie beispielsweise die Breite des Beratungsspektrums, die Qualität der Fachberater-Ausbildung, frühe Selbständigkeit bei der Aufgabenerfüllung, aber auch die Möglichkeit, neben dem Beratungsjob noch Zeit für ein Privatleben zu haben, wichtige Entscheidungskriterien sein.

Am Consulting interessierte Hochschulabsolventen sollten sich viel Zeit für den Dialog mit Mitarbeitern und Vorgesetzten eines potentiellen Arbeitgebers nehmen, um zu klären, ob sie in ein Unternehmen hineinpassen, ohne sich anzupassen. Die folgende Checkliste kann als Leitfaden dienen, um im Bewerbungsgespräch alle Perspektiven zu berücksichtigen. Sie hilft auch dabei, hinter die Kulissen der verschiedenen Beratungsunternehmen zu blicken.

Checkliste für die Wahl des Arbeitgebers im Consulting

Relevante Einstiegskriterien	Ja	Nein
1. Beratungsansatz		
☐ Ganzheitlicher Beratungsansatz / Vielfältiges Beratungsspektrum	☐	☐
☐ Fachberatung / Lieferung von Beratungsinhalten	☐	☐
☐ Begleitende Umsetzung empfohlener Maßnahmen	☐	☐
2. Aus- und Weiterbildung		
☐ Branchen- und funktionsübergreifender Einsatz	☐	☐
☐ Sofortige Übertragung von Teilaufgaben und Kundenkontakt	☐	☐
☐ Zuordnung zu erfahrenen Kollegen	☐	☐
☐ Systematische Weiterbildung und Wissensaufbau	☐	☐
☐ Möglichkeit zu Promotion	☐	☐
3. Karriereperspektiven		
☐ Leistungsorientierte Karriereentwicklung, Beförderung und Bezahlung	☐	☐
☐ Kontinuierliche Weiterentwicklung von Aufgabenbereich und Verantwortung	☐	☐
☐ Individuelle Mitarbeiterförderung / Mentorensystem	☐	☐
☐ Möglichkeit zur Partnerschaft	☐	☐
4. Unternehmensorganisaton		
☐ Flache Hierarchiestruktur	☐	☐
☐ Wachstums- und Entwicklungspotential des Unternehmens	☐	☐
5. Unternehmenskultur		
☐ Offene, tolerante Atmosphäre	☐	☐
☐ Sympathische Kollegen	☐	☐
☐ Chance zur Individualität	☐	☐
6. Frauen im Consulting		
☐ Frauenanteil	☐	☐
☐ Gezielte Förderung von Frauen	☐	☐
☐ Teilzeitarbeit / Flexible Arbeitszeitregelung	☐	☐
	☐	☐

Quelle: MC Marketing Corporation

5. Wichtige Insiderinfos:
So wählen große Beratungsfirmen ihre Bewerber aus

Einen Blick hinter die Kulissen gestatten im folgenden Consultants, die sich bei namhaften Unternehmensberatungen mit dem Recruiting befassen. Dabei werden nicht nur fachliche, sondern auch allzu menschliche Aspekte beleuchtet.

5.1 The Boston Consulting Group: „Kundenfreundliches" Recruiting

Dr. Ulrich Hemel, The Boston Consulting Group, München

Bewerber machen sich oft große Mühe mit ihren schriftlichen Unterlagen – gilt das gleiche aber auch für Firmen, bei denen täglich Dutzende dieser Mappen eingehen? Manchmal sieht es nicht so aus. Eine Bekannte erzählte mir nämlich gestern am Telefon, von einem großen deutschen Unternehmen habe sie die Nachricht erhalten, daß ihre Bewerbung eingegangen ist und sie in drei Monaten mit einer Antwort rechnen könne. Kundenorientierung? Da kann man sich natürlich fragen, ob Bewerber „Kunden" sind? Angesichts hoher Bewerberzahlen und enormer Ablehnungsquoten könnte man doch meinen, nur die ein bis zwei Prozent Glücklichen, die später ein Angebot bekommen, seien von Bedeutung.

Denkt man nach, kommt man sehr schnell zu dem Schluß, daß das Bild eines Unternehmens in der Öffentlichkeit auch vom Verhalten gegenüber abgelehnten Kandidaten bestimmt wird. Verständlich – denn in jeder Bewerbung steckt ein Stück der eigenen Persönlichkeit. Sie ist nicht umsonst eine hochsensible und vertrauliche Form der Interaktion.

Neben rein „ethischen" Überlegungen geht es auch um einen handfesten Nutzen „kundenorientierten" Umgangs mit Bewerbern: Jeder, der abgelehnt wird, kann uns morgen beim Kunden begegnen – vielleicht sogar an entscheidender Stelle. Ein Grund mehr, auch das Recruiting als Übungsfeld für Kundenfreundlichkeit anzusehen.

Was heißt „kundenfreundliches" Recruiting konkret? Dazu muß man zunächst die ganz große Klammer voranstellen: Nobody is perfect. Menschliche Kräfte sind begrenzt, nicht jeder ist in jeder Situation locker und souverän, Pannen lassen sich nicht immer vermeiden. Wie man mit diesen umgeht, ist freilich ein weiteres Kapitel im kundenfreundlichen Recruiting. Aber gehen wir Schritt für Schritt vor.

Welche Mappe macht das Rennen?

Hier kann man sich durch herrliche Eingangsstempel, Kaffeeflecken und Eselsohren recht beliebt machen. Oft ist die schriftliche Bewerbung gar nicht der Erstkontakt. Viele Kandidaten informieren sich vorab per Telefon (also brauchen wir professionelles Telefontraining im Recruiting ...), viele studieren die Bewerbungsbroschüre der Boston Consulting Group oder stellen spezielle Fragen. Freundliche und kompetente Gesprächspartner am Telefon geben häufig den letzten Anstoß für eine Bewerbung. Was nicht passieren sollte (und doch manchmal nicht zu vermeiden ist): Es ist gerade mal kein Gesprächspartner verfügbar. In diesem Fall sollte über den Telefonempfang eine (kurzfristige) Überbrückung möglich sein.

Die schriftliche Bewerbung stellt die erste große Hürde auf dem Weg zu einem Angebot dar. An ihr scheitern 80 von 100 Kandidaten. Deshalb muß die Absage von Ton und Stil her mehr sein als der übliche Dreizeiler. Schließlich bewerben sich viele qualifizierte Kandidaten, die hervorragende Chancen auf dem Arbeitsmarkt haben, aber doch nicht vollständig die hohen Hürden der Auswahlkriterien in einer führenden Unternehmensberatung erfüllen können.

Persönlichkeit

Papier ist geduldig und manchmal irreführend. Niemals bilden die schriftlichen Unterlagen die ganze Persönlichkeit eines Bewerbers ab. Es ist daher gar nicht zu vermeiden, daß geeignete Kandidaten manchmal fälschlich eine Absage erhalten. Man kann sich nur bemühen, Fehler zu minimieren und den Prozeß so transparent wie möglich zu halten. Die Hauptkriterien – ausgeprägte Persönlichkeit und hohe Analysefähigkeit – sind an der Arbeit mit dem Kunden in den verschiedenen Beratungsprojekten ausgerichtet. Folglich muß man in den Bewerbungsunterlagen nach Indikatoren für „Persönlichkeit" und „Analysefähigkeit" suchen, so beispielsweise

- längere Auslandserfahrung (nicht nur Praktika);
- „extracurriculare" Tätigkeiten (Sport, Musik, Kunst, Soziales, Politik ...);
- Berufserfahrung (nach Möglichkeit);
- exzellente Noten (Abitur, Diplom, eventuell Zweitstudium/Promotion) und
- kein „Yuppie-Lebenslauf", sondern erkennbare Ecken und Kanten, vielleicht auch „Brüche", die zur Formung von Individualität und Persönlichkeit beitragen.

Für die Operationalisierung dieser Indikatoren gibt es stets nur Anhaltspunkte – schließlich handelt es sich um ein „Kriterienbündel", bei dem letztlich der Gesamteindruck entscheiden muß. Übrigens - die Gestaltung des Bewerbungsschreibens spielt in der Praxis keine große Rolle. Die Aussagekraft der Bewerbung selbst zählt. Und allen Unkenrufen zum Trotz gibt es durchaus fähige und erfolgreiche Berater auf allen Erfahrungsstufen, die eine 2,9 im Abi hatten.

Berufserfahrung

Dieses Kriterium ist in der Strategischen Unternehmensberatung relativ neu. Es wird getrieben von den Bedürfnissen der Kunden, die immer häufiger (und zu Recht) auf Implementierung von Beratungsergebnissen drängen. Und das kann im Zweifel derjenige besser, der ein Unternehmen schon einmal von innen kennengelernt hat und weiß, wie es sich „in den Schuhen der Kunden" anfühlt. Im Jahr 1994 hatten bei The Boston Consulting Group zwei Drittel der neuen Berater zwei bis vier Jahre Berufserfahrung, ein Drittel kam frisch von der Universität. Dieser Mix ist extrem fruchtbar, regt den internen Austausch in den Projektteams an und entspricht den Zielen einer aufgeschlossenen, lernenden Organisation.

Der fachliche Hintergrund der Berater könnte unterschiedlicher nicht sein: Wirtschaftswissenschaftler stellen knapp die Hälfte, Ingenieure ein Viertel, Naturwissenschaftler (Physiker, Chemiker, Biologen ...) und alle sonstigen (Mediziner, Juristen, Philosophen, Theologen) die restlichen Berater und Beraterinnen. Apropos Beraterinnen: Ihr Anteil liegt bei etwa 15, bei Neueinstellungen sogar bei 20 Prozent. Rund ein Drittel aller neuen Berater haben einen nicht-deutschen Paß. Dies ist so gewollt, um den interkulturellen Mix, den gegenseitigen Austausch und das „Voneinander-Lernen" zu erhalten und zu fördern.

Persönliches Feedback

Die „Sichtung" einer Bewerbung durch das Recruiting-Team sollte so zügig vorgenommen werden, daß die Kandidaten nach einer Woche Bescheid wissen, ob wir an ihrer Bewerbung interessiert sind. Im Fall einer Ablehnung besteht die (gar nicht selten genutzte) Gelegenheit, ein persönliches Feedback über die Gründe der Absage zu erhalten – allerdings per Telefon, nicht im Absagebrief. Da solche Telefonate extrem vertraulich sind, führt sie der Recruiting-Director persönlich. Ziel ist dabei ein Rückruf innerhalb von 24 bis 48 Stunden. Aber bei längerer

Abwesenheit des Recruiting-Verantwortlichen durch seine Arbeit beim Kunden „vor Ort" kann dieses Ziel nicht immer eingehalten werden.

Die erste Interviewrunde

Die 20 Prozent Glücklichen, die zu einem Interviewtermin eingeladen werden, können sich freuen: Im Interview zählt nur die Persönlichkeit und die analytische Befähigung, die in den wirtschaftspraktischen Fallstudien (Case Studies) zu Tage tritt. Für die Kandidaten ist es natürlich wichtig, Transparenz im Auswahlverfahren zu erhalten. Sie werden daher vorab schriftlich über den Ablauf des Interviewtages mit anfänglich zwei bis drei Interviews informiert. Bei längerer Anreise wird ein – nicht überzogenes, aber auch nicht „unzumutbares" – Hotel gebucht. Keine Jugendherberge, aber auch kein 5-Sterne-Hotel. Wer eine längere Strecke mit der Bahn fährt, kann nach Rücksprache mit den Recruiting-Verantwortlichen eine Bahn Card erwerben: Die Anreise wird dadurch nicht billiger, aber der Nutzen der Bahn Card erstreckt sich für den Kandidaten auf ein ganzes Jahr.

Gegenseitiges Beschnuppern

Die Interviewrunde selbst beginnt mit einem kurzen Informationsvortrag über unser Unternehmen. Dadurch soll der größte Informationsbedarf über den potentiellen Arbeitgeber abgedeckt werden. Die Recruiting-Interviews selbst sollen Gelegenheit zu einem persönlichen Kennenlernen von Stil und Anforderungsniveau im Consulting, umgekehrt aber auch von Arbeitsstil und individuellem Profil der Kandidaten geben. Klassischerweise wird in einem solchen Interview von 45 bis 60 Minuten Dauer auf die Person oder den Lebenslauf des Bewerbers eingegangen, Gelegenheit zu Rückfragen zur Person des Gesprächspartners oder zu unserem Unternehmen allgemein gegeben und eine Art „Fallstudie" verfaßt. Dadurch sollen erneut Kriterien wie analytische Begabung, Kreativität, Systematik, Ausstrahlung,

Energie, soziale Kompetenz, Teamfähigkeit und – last but not least – Humor eingeschätzt werden. Beispielsweise versuchen einige Kandidaten sehr „individualistische" Lösungswege – ohne Rückfragen, ohne Dialog, ohne Einbeziehung des Gesprächspartners in den eigenen Weg der Problemlösung. Sie scheinen dabei unbewußt eindeutig richtige Lösungen zu unterstellen, selbst wenn es eine solche Lösung in der Realität nicht gibt. Erst im Dialog – durch Rückfragen und schrittweise Differenzierung einer „Problemlandschaft" – erschließen sich aber die meist vieldimensionalen Probleme eines „Beratungsfalls" und zeigt sich komplexes Problemlösungsverhalten zukünftiger Berater.

Wie lösen Sie ...?

Wenn es beispielsweise um ein Vertriebsproblem geht, dann könnten – ohne jeden Anspruch auf Vollständigkeit – folgende „Problemdimensionen" auftauchen:

- **Wettbewerb:** Wie stellt sich der Wettbewerb in seinen Vertriebswegen, seinen Produkten, seinem Marktauftritt und seinen Marktanteilen dar?
- **Marktausschöpfung:** Ist die Vertriebskapazität ausreichend, um den relevanten Markt auszuschöpfen? Welche regionale Verteilung ist vorherrschend oder sollte vorherrschend sein?
- **Organisation:** Ist der Vertrieb professionell und effizient organisiert? Wo treten organisatorische Reibungsverluste auf? Wie holprig oder „zeitoptimiert" sind die internen Prozesse?
- **Sortiment:** Konzentrieren wir uns auf Kernprodukte, oder vertreiben wir einen (teuren) Bauchladen mit einem Mix aus rentablen und unrentablen Produkten? Sind wir Vollsortimenter, Nischenanbieter oder Spezialist in einem Markt?
- **Innovationskraft:** Sind wir in einem Markt mit stärkerem Preis- oder stärkerem Technologiewettbewerb? Setzen wir auf die richtigen Erfolgsfaktoren im Markt? Sind unsere Produkte innovativ genug?
- **Kunden:** Welches prozentuale Verhältnis besteht zwischen Stamm- und Neukunden? Welches Verhältnis ist richtig bezüglich des Kräfteeinsatzes für Kundenpflege und -akquisi-

tion? Kennen wir unsere Kunden überhaupt gut genug? Welche Kundenbedürfnisse sind heute unerfüllt, obwohl „Zahlungsbereitschaft" beim Kunden besteht? Welche Kundensegmentierung ist zielführend?
- **Kosten:** Wie stellen sich unsere Vertriebs- und Herstellungskosten im Wettbewerbsvergleich dar? Welche Kostentreiber lassen sich identifizieren? Wie sieht unsere Kostenstruktur aus?
- **Mitarbeiterqualifikation:** Haben wir richtig qualifizierte Mitarbeiter? Wo entsteht Bedarf für neue Qualifikationen (zum Beispiel Zusammenarbeit von Service/ Kundendienst und Vertrieb)?
- **Strategische Positionierung:** Wohin entwickelt sich der Markt? Welche Kunden und Produkte werden an Bedeutung gewinnen? Wie soll sich das eigene Unternehmen auf dem Markt darstellen und weiterentwickeln?

Natürlich kann ein Bewerbungsgespräch von 45 bis 60 Minuten niemals auf alle Dimensionen einer komplexen Problemsituation eingehen. Dennoch gelingt es einigen Kandidaten deutlich besser als anderen, die „Vielschichtigkeit" eines Problems zu erkennen und darzustellen.

Derjenige, der sich Hals über Kopf auf nur eine oder zwei Problemdimensionen stürzt, sagt vielleicht nichts Falsches oder sogar viel Richtiges, wird aber trotzdem weniger positiv eingeschätzt werden als der Kollege, der innehält, nachdenkt und mehrere Seiten eines Falls zu beleuchten weiß.

Woran scheitern Bewerber?

Die häufigsten Ablehnungsgründe im analytisch-konzeptionellen Bereich sind mangelnde Strukturierungsfähigkeit („der rote Faden" fehlt), gering ausgeprägte Kreativität („Lehrbuchwissen") oder analytisch-quantitative Mängel („kann nicht rechnen"). Dabei führt kein Weg daran vorbei: Freude am Umgang mit Zahlen ist ebenso wichtig für den Beruf des Unternehmensberaters wie die Freude am Umgang mit Menschen.

Auf der persönlichen Seite ist das entscheidende Kriterium für den Bewerbungserfolg im Interview die (wahrgenommene) Fähigkeit zur Arbeit mit dem Kunden im Team. „Harte" Kriterien sind hier Fragen wie: „Würdest Du diesen Kandidaten alleine zu einem schwierigen Kundengespräch schicken?" und „Würdest Du mit diesem Kandidaten abends gerne ein Bier trinken gehen?"

Letztlich kommt es hier erneut auf Persönlichkeitsmerkmale wie Ausstrahlung, Auftreten, Überzeugungsfähigkeit, soziale Kompetenz, Fähigkeit zuzuhören, Begeisterungsfähigkeit, Potentiale zur Führungskraft und Energie an. Folglich führt es häufig zur Ablehnung, wenn Bewerber den Mund nicht aufkriegen, wenn es ihnen an Spritzigkeit und „Esprit" mangelt, aber genauso, wenn es sich um Schwätzer, Angeber und scheinbare Witzbolde handelt.

Das richtige Maß zu finden ist hier sicherlich nicht einfach. Am besten gibt man sich so, wie man ist. Schließlich sind auch Berater untereinander höchst unterschiedliche Persönlichkeiten.

Am Ende dieser ersten Runde treffen sich die Interviewer zu einer Abschlußbesprechung. Die jeweiligen Gesprächsteilnehmer stellen dann „ihre" Kandidaten vor, preisen ihre Vorzüge oder äußern kritische Beobachtungen. Die Entscheidung über das weitere Vorgehen wird gemeinsam und einstimmig getroffen. Dadurch übernimmt jeder einzelne Interviewpartner ein Stück Verantwortung für die „Neuen". Und es wird gewährleistet, daß neue Berater grundsätzlich anerkannt und willkommen sind – jeder weiß schließlich, daß es nicht ganz einfach ist, alle Hürden zu überwinden.

Die zweite Interviewrunde

Von ursprünglich 100 Bewerbern werden nur etwa fünf bis sechs zu einer zweiten Interviewrunde eingeladen. Diese verläuft grundsätzlich ähnlich wie die erste. Um den Kandidaten ein möglichst umfassendes Bild zu geben, trifft er häufig auf

Gesprächspartner, die als Manager und Partner zu den Führungsspitzen des Unternehmens gehören. Außerdem können sogenannte „Tandem-Interviews" geführt werden. Dann versetzen sich zum Beispiel gleich zwei Gesprächspartner (das „Tandem") in die Rolle des Kunden, während der Kandidat den Berater spielt. Eine einfache Spielsituation, die aber für alle Beteiligten aufschlußreich sein kann. Schließlich ist jede Bewerbungsrunde ein individuelles Geschehen mit zahlreichen Besonderheiten, auf die hier gar nicht ausführlich eingegangen werden soll.

Die Entscheidung

Wird einem Bewerber ein Angebot gemacht, so wurde dies zuvor einstimmig beschlossen. In der Regel beginnen Einsteiger als Juniorberater (Associate) mit einem Jahresgehalt von derzeit 80.000 Mark. Als Grundsatz unseres Unternehmens gilt dabei, daß niemand aus rein finanziellen Gründen zur Firma stoßen sollte, daß aber auch niemand schlechter gestellt sein soll als in seiner vorherigen Position oder bei vergleichbaren Tätigkeiten.

Für Bewerber, die bis zur zweiten Runde vorgestoßen sind und dann abgelehnt werden, ist dies zweifellos „schwer zu verdauen". Daher wird ihnen – wie übrigens allen Kandidaten auf jeder Stufe des Auswahlprozesses – die Gelegenheit zu einem ausführlichen Feedback-Gespräch gegeben. Trotz Ablehnung soll die Interview-Erfahrung bei The Boston Consulting Group positiv und eine Chance für das weitere Lernen und die Entwicklung eines Kandidaten sein.

In einigen Fällen lautet die Entscheidung eher „noch nicht" als „nein". Das bedeutet in der Regel, daß Kandidaten über ein hervorragendes analytisches Denkvermögen verfügen, sich aber als Persönlichkeit noch entfalten müssen, bevor sie in der Fallarbeit mit dem Kunden eingesetzt werden können. Für einen Ingenieur kann es beispielsweise sehr förderlich sein, zwei Jahre lang durch Erfahrungen im technischen Vertrieb den Umgang mit Kunden zu lernen, bevor er in seiner Persönlichkeit genügend Bandbreite gewonnen hat, um in der Beratung Wert zu schaffen. Nach zwei Jahren kann und wird er sich erneut bewerben – mit guten Chancen auf einen Einstieg in die Beratung.

Gerade weil der Bewerbungsprozeß am Ende auf einige wenige Kandidaten zuläuft (nur einen oder zwei aus unseren ursprünglich 100 Bewerbungen ...), herrscht hier selbstverständlich ein reger Wettbewerb unter den Beratungsfirmen. Für den Kandidaten stellt sich dann die Frage, wie er unter den verschiedenen Angeboten sortieren und gewichten soll. Dabei gilt es, die persönlichen Ziele jedes einzelnen zu verstehen und zu prüfen, ob sich diese in einem Beratungsteam bei uns besser verwirklichen lassen als anderswo. Das „Follow-up" nach einem Angebot hat daher bewußt eher den Charakter einer persönlichen Beratung als einer aggressiven Eigenwerbung. Nur wenn beide Seiten zufrieden sind, ist ein langfristiger Erfolg möglich.

Lohnt sich die Mühe?

Sicherlich ist der Aufwand eines Beratungsunternehmens wie The Boston Consulting Group für die Personalauswahl relativ hoch. Auf der anderen Seite ist das Recruiting einer der entscheidenden Schlüsselfaktoren für den Erfolg eines solchen Unternehmens. Beratung ist schließlich eine Dienstleistung, deren Qualität ganz wesentlich von der persönlichen und fachlichen Qualität der Berater bestimmt wird. Das Recruiting hat somit die Aufgabe der „Qualitätssicherung" und der „Innovationsquelle" für die weitere Entwicklung einer hochkarätigen Beratungsfirma. Dies rechtfertigt und fördert extrem hohe Standards – zum Nutzen der Kunden, zum Nutzen der Firma und zum persönlichen Nutzen der neuen Berater.

5.2 Gemini Consulting: Hohe Meßlatte

Jörg Bordt, Gemini Consulting, Bad Homburg

Die Recruiting-Strategie

Obwohl Hochschulabsolventen für uns immer interessant sind, liegt der Schwerpunkt unserer Recruiting-Aktivitäten auf Kandidaten mit Berufserfahrung. Das hat einige wichtige Hintergründe: In unserem Beratungsansatz legen wir sehr viel Wert auf die Mobilisierung der Kunden-Mitarbeiter und die Implementierung der erarbeiteten Ergebnisse im Team mit dem Kunden. Dieser Ansatz bedingt natürlich auch eine ständige Präsenz der Consultants vor Ort beim Kunden und mit dem Kunden. Ein Gemini-Consultant muß also vom ersten Tage an in der Lage sein, Kundenteams eigenständig zu führen und zu coachen. Das Problem bei dieser Art der Beratung liegt auf der Hand. So fehlt Hochschulabsolventen aufgrund ihres jungen Alters häufig die im Umgang mit Kunden notwendige Souveränität. Gerade vor jungen Menschen fällt oft die berühmte Frage eines Vorstandes: „Ich habe mehr Berufsjahre als Sie Lebensjahre, und Sie wollen mir helfen, mein Unternehmen zu verbessern? Sie haben ja noch gar nichts gesehen!" Darauf muß man als Unternehmensberater gefaßt sein, um entsprechend souverän reagieren zu können. Bewerber mit Berufserfahrung sind daher schneller einsetzbar beziehungsweise erwecken gar nicht erst den Eindruck, noch „feucht hinter den Ohren" zu sein.

Der zweite Vorteil berufserfahrener Bewerber liegt darin, daß ein Kunde mit der Beratungsleistung nicht nur das intellektuelle Know-how der Consultants, sondern immer auch inhaltliches Know-how wie Branchenkenntnisse, Best Practices und Benchmarks bestimmter Branchen, Erfahrungen etc. einkauft. Dies alles bringen Hochschulabsolventen in der Regel nicht mit, was von ihnen fairerweise auch nicht erwartet werden kann.

Allerdings sind wir immer an Top-Hochschulkandidaten interessiert, die unsere Anforderungen, die wie wohl bei allen Unternehmensberatungen extrem hoch sind, erfüllen und das Potential mitbringen, die Herausforderungen des Berufes erfolgreich meistern zu können.

Die Anforderungen

Wir legen jedem Bewerber nahe, sich sehr genau zu überlegen, ob er wirklich in die Unternehmensberatung mit all ihren Anforderungen will oder nur von dem verlockenden Image des Consultings angelockt wird. Erst nach einer wirklichen Entscheidung hierüber sollte man eine Bewerbung ins Auge fassen.

Bevor wir jedoch auf das Bewerbungsverfahren bei Gemini im einzelnen eingehen können, stellen sich zuerst einmal zwei grundsätzliche Fragen: Was erwartet mich als Hochschulabsolvent bei Gemini Consulting? Sollte ich mich überhaupt dort bewerben? Und: Was erwartet Gemini Consulting von Hochschulabsolventen? Welche Kriterien muß ich erfüllen, um überhaupt eine realistische Chance im Bewerbungsverfahren zu haben? Wir haben fünf Kriterien identifiziert, die ein Bewerber erfüllen muß, um bei uns erfolgreich zu sein:

Ausgeprägte analytische Fähigkeiten: Zu Beginn eines jeden Projektes muß unter extremem Zeitdruck die Situation des Kunden in der speziellen Fragestellung, die der Consultant zu bearbeiten hat, aufgenommen und analysiert werden. Daß Analytik mit der Fähigkeit zu Komplexitätsreduktion und dem Blick fürs Wesentliche hierfür unabdingbar ist, liegt auf der Hand.

Mobilität: Als internationales Unternehmen mit einem globalen Staffing-Prozeß (Welcher Consultant erfüllt am besten die im

Projekt geforderten Kriterien? Wer paßt am besten zu welchem Projekt?) sind Auslandseinsätze durchaus möglich und erwünscht. Dafür ist eine weltweite Mobilität der Consultants unverzichtbar, wenngleich Projekteinsätze mit dem Mitarbeiter vorher abgesprochen werden. Es heißt also nicht: „Sie sind morgen in Timbuktu, ob Sie wollen oder nicht!" Die innereuropäische Mobilität ist hingegen ein Muß für die in Deutschland ansässigen Gemini-Consultants, wobei „innereuropäisch" Zentraleuropa (Deutschland, Österreich, Schweiz und Benelux) bedeutet. Aufgrund unserer Projektstruktur (Arbeit vor Ort beim Kunden) sind unsere Consultants in der Regel mindestens vier Tage in der Woche unterwegs.

Ausgezeichnete Fremdsprachenkenntnisse: Verhandlungssicheres Englisch ist für Gemini ebenfalls ein Muß, da unsere Firmensprache Englisch ist und sämtliche Trainings und Konferenzen in Englisch gehalten werden. Weitere Fremdsprachenkenntnisse sind für mögliche internationale Projekteinsätze immer von Vorteil.

Freude an Teamarbeit: Bei unseren Projekten arbeiten wir tagtäglich ganz eng mit unseren Kunden zusammen. Wer da nicht ein absoluter Teamplayer ist mit der Fähigkeit, andere Meinungen zu integrieren und zu einem für alle Seiten positiven Ergebnis zu bringen (jeder soll sein Gesicht wahren können), hat hier keine Chance. Die beste Lösung ist nicht immer die eigene (und sei sie noch so gut), sondern diejenige, die von allen akzeptiert wird. Daher benötigen unsere Berater nicht zuletzt die Fähigkeit, konsensfähige und umsetzbare Lösungen auf hohem Niveau zu finden und trotzdem immer den Menschen und Mitarbeiter im Vordergrund zu sehen.

Hervorragende interpersonelle Fähigkeiten: Im harten Berateralltag gibt es immer wieder Konfliktsituationen. Wer hier nicht die Fähigkeit mitbringt, win-win-Situationen zu schaffen, Konflikte durch Humor zu entschärfen und die Diskussion immer wieder auf eine sachliche Ebene zurückzubringen, hat keine Chance, erfolgreich zu sein. Hinzu kommt, daß die totale Transformation eines Unternehmens sehr viele Ängste mit all ihren Ausprägungen bei den Mitarbeitern mit sich bringt. Um daher ein „Feindbild" Berater gar nicht erst aufkommen zu lassen, müssen unsere Consultants sehr viel Sensibilität, Verständnis, Fingerspitzengefühl und menschliche Wärme für die Probleme des anderen mitbringen.

Allerdings wird dem Hochschulabsolventen die Möglichkeit gegeben, in kürzester Zeit sehr viel zu lernen und sich persönlich weiterzuentwickeln. Neben den geforderten Höchstleistungen und meßbaren Ergebnissen darf bei den Projekten auch der Spaß nicht zu kurz kommen. Schließlich wollen wir den Kunden und auch uns begeistern. Dieses Leben aus Höchstleistungen und Ergebnissen fordert seinen Tribut. Dauerndes Reisen, Leben in Hotels, lange Arbeitstage und wenig Privatleben. Da wir unsere Consultants aber als Menschen und nicht als Arbeitsmaschinen sehen, bleibt das Wochenende in der Regel dem Privatleben vorbehalten. Wer dieses Leben für sich persönlich als absolut lohnend und bereichernd empfindet, für den ist ein Start in der Beratung das richtige.

Wie sieht nun also das Bewerbungsverfahren bei Gemini aus? Es besteht bei Hochschulabsolventen aus drei Schritten: schriftliche Bewerbung, zwei Interviews und ein Assessment Center. Philosophie ist hier wie überall bei Gemini: Wir sehen erst den Menschen, dann den Fachmann, stellen also auch erst den Menschen, dann den Fachmann ein.

Die schriftliche Bewerbungsrunde

Die Unterlagen müssen selbstverständlich vollständig sein und uns ein Bild über den Menschen „Bewerber" geben, nicht nur über den Fachmann, den wir mit dem Bestehen des Hochschulexamens sowieso voraussetzen. Wichtig ist, für uns steht stets die Persönlichkeit des Bewerbers im Vordergrund!

Nach dem Eingang der Bewerbungsunterlagen wird eine erste Vorauswahl von einem Team aus Human Resources-Mitarbeitern und den Recruitingverantwortlichen der Fachdisziplinen, in denen der Bewerber eingesetzt werden könnte, getroffen. Diese Kandidaten werden dann zur ersten Interviewrunde eingeladen. Dabei gibt es kein festgelegtes Anforderungsprofil, das mechanistisch abgefragt wird.

Wir bemühen uns, jedem Bewerber eine reelle Chance zu geben, uns aus den Unterlagen ein Bild über die Persönlichkeit hinter der Bewerbung zu machen. Dennoch gibt es Kriterien, die jeder Kandidat erfüllen sollte. Wir sagen bewußt „sollte", da es auf den Gesamteindruck ankommt und nicht allein auf einzelne Kriterien.

Um ihn dreht sich alles: Der Lebenslauf

Die Examensnote als „Hygienefaktor" einer Bewerbung sollte mindestens eine 2,5 sein. Dreh- und Angelpunkt ist neben einem interessanten Anschreiben der Lebenslauf des Bewerbers. Bei der Durchsicht der Unterlagen stellen wir zum Beispiel folgende Fragen: Hat der Bewerber zügig studiert? Hat er einige Praktika bei renommierten Unternehmen absolviert? War er im Ausland? Wie sieht es mit sonstigen außeruniversitären Aktivitäten aus, zum Beispiel im politischen, kirchlichen, sozialen oder gesellschaftlichen Bereich? Hat er über seinen eigenen Tellerrand hinausgeschaut? Hat er sich als Problemlöser profiliert – Projektstudien neben dem Studium, Leitung einer Studenteninitiative, Gründung eines eigenen Unternehmens etc.? Auch hier gibt es kein Idealprofil: Die Persönlichkeit des Bewerbers muß für uns so interessant sein, daß wir diesen Menschen unbedingt kennenlernen wollen.

Die Interviewrunde

Dieser Schritt besteht aus zwei Teilen, nämlich einem „Fit Interview" und einem „Case Interview".

Im ersten Interview geht es um die Persönlichkeit des Bewerbers. Kernfragen sind hier: Paßt der Bewerber zu Gemini? Wird es Spaß machen, mit ihm im Team zusammenzuarbeiten? Grundsätzliche Philosophie ist es, einerseits den Bewerber kennenzulernen, ihm andererseits aber auch die Möglichkeit zu geben, die Firma und die dort tätigen Consultants kennenzulernen und ein Gefühl dafür zu bekommen, wie bei Gemini gearbeitet und gelebt wird. Ziel ist es hier niemals, den Bewerber „in die Pfanne zu hauen". Ein Interview war für uns nur dann erfolgreich, wenn beide Teilnehmer mit einem guten Gefühl aus dem Interview kommen und beide sich dort wohlgefühlt haben. Absolute Offenheit und Fairness gegenüber dem Bewerber sind daher für uns obligatorisch.

„Fit Interview"

Nach einer Vorstellung des Interviewers werden der Auswahlprozeß und die Ziele des Interviews durchgesprochen. Danach geht es um den bisherigen Lebenslauf des Bewerbers: Welches sind die „turning points" der bisherigen Karriere? Welche Punkte haben das Leben des Bewerbers entscheidend beeinflußt? Worauf ist er stolz, was sind seine besonderen Leistungen gewesen? Fragen dieser Art werden im Fit Interview gestellt. Schließlich hat auch der Bewerber die Möglichkeit, zu fragen und offene Punkte zu klären. Die Kriterien, auf die wir im Fit Interview besonders achten, sind die interpersonellen Fähigkeiten, die Führungspersönlichkeit und die Teamfähigkeit des Bewerbers. Das Fit Interview wird in der Regel von der Personalabteilung durchgeführt.

„Case Interview"

Diese Art der Befragung zielt dagegen mehr auf die analytischen und intellektuellen Fähigkeiten des Kandidaten ab. Es geht hier also um den Bewerber als Professional, um seine grundsätzlichen Fähigkeiten als zukünftiger Consultant. Da Fachprobleme diskutiert werden, wird das Case Interview von

Consultants durchgeführt. Dabei wird darauf geachtet, daß der Bewerber nach Möglichkeit von einem zukünftigen Kollegen, also einem Berater auf der gleichen Hierarchiestufe interviewt wird. Bei Absolventen ist dies der Level des Consultant. Auch hier stellt sich der Interviewer vor und legt dem Bewerber die Ziele des bevorstehenden Gesprächs offen dar.

Im Fallbeispiel geht es dann um die Bearbeitung der vorgelegten Fragestellung, weniger um das spezifische Ergebnis. In der Regel gibt es kein richtiges oder falsches Ergebnis für die Cases; für uns ist der Weg viel interessanter, den der Bewerber einschlägt, um zum Ziel zu kommen. Die Cases werden vom Interviewer ausgesucht und sollten immer realitätsnah sein. Es sind entweder Fragestellungen, an denen der Interviewer in einem aktuellen Projekt arbeitet, oder Probleme, die in der Vergangenheit aufgetreten sind. Hier werden nie spezielles Fachwissen oder detaillierte Branchenkenntnisse erwartet, die Hochschulabsolventen in der Regel nicht mitbringen. Die Kernfrage ist immer ganz banal: Wie denkt der Bewerber?

Nach Abschluß dieser Runde geht es dann noch um die Motivation des Kandidaten. Warum will er in die Beratung gehen, warum gerade zu Gemini? Auch am Ende der Case Interviews hat der Bewerber die Möglichkeit, Fragen zu Gemini und dem Arbeitsleben eines Gemini-Consultants zu stellen.

Am Ende einer solchen Runde sollten beide Interviewer ein Bild von dem Bewerber haben. Das Interviewer-Team setzt sich zusammen und diskutiert, ob der Kandidat zur nächsten Runde, also zum Assessment Center (AC), eingeladen werden soll.

Grundsätzlich läßt sich nur ein einziger Tip an Bewerber geben: Seien Sie im Interview einfach Sie selbst! Es bringt weder Ihnen noch Ihrem zukünftigen Arbeitgeber etwas, wenn sie die Anforderungen dann im Ernstfall doch nicht erfüllen, da das nur zu Frustrationserlebnissen führen wird. Außerdem sind die Gemini-Interviews so aufgebaut, daß Sie schon ein extrem guter Schauspieler sein müssen, damit ihr Bluff nicht auffällt. Und spätestens im AC wird er in aller Regel durchschaut.

Das Assessment Center (AC)

Ziel des ACs ist es, insbesondere die interpersonal skills und die soziale Kompetenz der Bewerber in Gruppen kennenzulernen. Um nicht Gefahr zu laufen, irrelevante Fähigkeiten für die Beratungspraxis abzutesten, besteht das AC bei Gemini Consulting maßgeschneidert aus Fällen aus der realen Praxis. Die Eigenschaften, nach denen wir suchen, zeigen sich ähnlich wie in den Interviews in den Kriterien, die für eine erfolgreiche Beraterkarriere bei unserem Unternehmen benötigt werden. Auch im AC gilt: Es kommt auf den Weg an, den der Kandidat zur Lösung der Probleme einschlägt, nicht auf die vermeintlich „richtige" Lösung.

Das AC findet in unregelmäßigen Abständen jeweils eintägig statt. Beginn etwa 9.00 Uhr, Ende abends gegen 19.00 Uhr. Es werden in der Regel acht bis zehn Bewerber eingeladen. Hinzu kommt eine in etwa gleiche Anzahl an Beobachtern, die sich aus Mitarbeitern von Human Resources und Consultants aller Level zusammensetzen. Es beginnt mit einer Begrüßung und kurzen Vorstellung der Teilnehmer und Beobachter sowie der Besprechung der Agenda des Tages. Wir wollen von Anfang an eine positive und möglichst streßfreie Atmosphäre schaffen. Deswegen sagen wir den Teilnehmern genau, was sie erwartet. Vier Übungen und ein Interview werden durchgeführt: Eine Gruppendiskussion, eine fachbezogene Einzelarbeit mit anschließender Präsentation, eine Konfrontationsübung und ein Meeting eines Projektteams. In den Pausen stellen sich die Beobachter vor. Außerdem wird Gemini Consulting etwas detaillierter präsentiert und den Kandidaten die Möglichkeit gegeben, weitere Fragen zur Firma zu stellen oder auch die Beobachter in einem persönlichen Gespräch näher kennenzulernen. Dies ist selbstverständlich nicht Bestandteil des AC.

Teamplayer und Experte

Das eigentliche AC beginnt mit der Gruppendiskussion. Das Thema ist nicht wie im klassischen AC frei wählbar, sondern wird vorgegeben. Es könnte zum Beispiel eine Besprechung im Projektteam simuliert werden, bei der es um die Strategie geht. Thema könnte sein: „Mit welcher Philosophie gehen wir das Problem an?" Diese Übung dauert etwa 45 Minuten.

Die Beobachter greifen in keinster Weise in den Verlauf ein und lassen die Diskussion laufen, wie sie sich in der Gruppendynamik ergibt. Häufig sind die Teilnehmer zu Beginn noch sehr nervös und versuchen, sich an irgendwelche „angelesene" Strategien für solche Diskussionen zu halten. Auch hier gibt es kein „Verhaltens-Patentrezept", es kommt darauf an, wie sich der einzelne Kandidat in der Gruppe verhält und wie er zu dem Gruppenergebnis beiträgt.

Der zweite Teil des AC ist die fachbezogene Einzelarbeit, in der eine Fragestellung aus realen Projekten innerhalb einer Stunde bearbeitet werden soll. Besonderheit ist hier, daß jeder Bewerber einen Fall aus dem Projektumfeld bekommt, in dem er später eingesetzt werden soll. So könnten Marketing&Sales-Kandidaten mit Marketing- und Vertriebsproblemen konfrontiert werden, während sich der Organisationsexperte zum Beispiel mit einer Organisationsstruktur auseinandersetzen muß. Diese Ergebnisse werden in der anschließenden Übung vor einem Team aus Beobachtern präsentiert.

Bevor es aber soweit ist, wird der Zeitdruck noch dadurch etwas erhöht, daß die Kandidaten während der Bearbeitungszeit zu einer sogenannten Konfrontationsübung geholt werden. Ziel ist es zu sehen, wie sich der Kandidat in Konfliktsituationen verhält und seinem Partner gegenübertritt.

Danach folgt die Präsentation der Ergebnisse der fachbezogenenen Einzelübung vor einem Beobachterteam. Diese werden mit Störmanövern verschiedenster Art auf die Präsentation und die vorgelegten Ergebnisse reagieren, um zu sehen, wie der Kandidat, abgesehen von seinen Präsentationsfähigkeiten, damit umgeht. Letzte Übung ist das Meeting eines Projektteams, bei dem in einer Gruppe von drei bis vier Bewerbern die Situation eines Unternehmens diskutiert wird. Wo liegen die speziellen

Probleme des Unternehmens? Was sind mögliche Ansätze, diese anzugehen? Wie komme ich an die benötigten Informationen? Solche und ähnliche Fragen sollen bearbeitet werden. Auch hier kommt es darauf an, wie der einzelne Bewerber inhaltlich zum Ergebnis der Gruppe beiträgt, ob er in der Lage ist, eine positive und angenehme Atmosphäre zu schaffen, und in welchem Maße er alle Mitglieder der Gruppe in die Diskussion einbinden kann.

Strenge Bewertung

Bevor eine endgültige Entscheidung über ein Vertragsangebot gefällt wird, sprechen die Beobachter jeden Kandidaten kurz durch. Falls noch Fragen offen sind oder der eine oder andere Beobachter sich in seiner Einschätzung bezüglich eines Kandidaten noch unsicher ist, werden diese Fragen hier besprochen und dem Interviewer mit auf den Weg gegeben, der den entsprechenden Kandidaten interviwt. Jeder Kandidat durchläuft noch ein Interview mit einem der Beobachter. Die Inhalte sind völlig unterschiedlich, von Analytik über Teamfähigkeit bis hin zu Streßresistenz können hier sämtliche Kriterien noch einmal zur Sprache kommen.

Wie wird entschieden?

Im Anschluß an das Interview ziehen sich alle Beobachter zu einer Konferenz zurück, um jeden Kandidaten im Detail durchzusprechen. Dabei wird zunächst entschieden, welcher Beobachter mit welchem Kandidaten das abschließende Feedback-Gespräch führt. Danach werden in bezug auf die zu beobachtenden Kriterien die Abschlußergebnisse pro Kandidat vorgelegt und genau diskutiert, wie es zu den Ergebnissen, sowohl zu den positiven als auch zu den negativen, kam. Nur Kandidaten, die eindeutig alle Anforderungen, die bewußt sehr streng bewertet werden, erfüllen, bekommen ein Angebot. Das Motto lautet: „Im Zweifel gegen den Kandidaten". Diese Entscheidung wird im Beobachterteam gefällt, alle müssen die Entscheidung mittragen. Ebenfalls diskutiert wird, welcher Berufsweg für einen abgelehnten Kandidaten in Frage käme, wo also seine besonderen Stärken liegen. So wird sichergestellt, daß jedem Kandidaten in einem offenen Feedback seine Stärken, aber auch seine Entwicklungspotentiale aufgezeigt werden, die letztendlich zu der Entscheidung über Angebot oder Absage geführt haben. Am Ende des AC erhält dann jeder Bewerber ein detailliertes Feedback-Gespräch über die erbrachten Leistungen und deren Einschätzung durch die Beobachter, im wesentlichen also eine Zusammenfassung der Diskussion aus der Beobachterkonferenz. Dies führt dann entweder zu einem Vertragsangebot oder zu einer Absage. Für das Feedback-Gespräch nehmen wir uns bewußt viel Zeit, jeder Kandidat soll die Möglichkeit haben, alle noch offenen Fragen zu klären.

Grundsätzlich läßt sich zum Bewerbungsverfahren und Berufsstart bei Gemini Consulting folgendes feststellen:

- Wir stellen nicht nach irgendwelchen Quoten ein. Jeder Bewerber hat die gleichen Chancen, ein Angebot zu bekommen. Das können in einem AC alle, im nächsten wiederum keiner sein.

- An Top-Kandidaten sind wir immer interessiert. Allerdings sind die Anforderungen bewußt sehr hoch gesetzt, da auch die Anforderungen im Consulting-Alltag durch die besondere Aufgabenstruktur extrem hoch sind.

- Es gibt bei uns keine festen Einstellungstermine. Eingestellt wird nach Bedarf, wobei in jedem Fall nur Top-Kandidaten genommen werden, auch wenn der Bedarf noch so hoch ist.

- Unser Prinzip der persönlichen Weiterentwicklung lautet „GROW OR GO", entwickle dich, lerne weiter oder gehe. Unser „Up or out" lautet also „Learn or out". Dieses Prinzip bietet alle Freiräume der persönlichen Entwicklung, die man sich denken kann.

5.3 Roland Berger & Partner: Individuelles Recruiting

Dr. W.-Christian Helkenberg, Roland Berger & Partner GmbH, München

Unser Bewerbungsverfahren – ein relativ strenge Vorauswahl anhand der Papierform und eine anschließender zweistufiger Recruitingprozeß an einem Tag – haben wir erst vor kurzem eingeführt. Es befindet sich derzeit in seiner Testphase. Einzelne Details oder Abläufe mögen sich noch ändern, doch das Grundgerüst steht. Mit dieser grundlegenden Organisation unseres Bewerbungsverfahrens haben die Kandidaten eine gute Möglichkeit, ihre Persönlichkeit und ihre Fähigkeiten in verschiedenen Situationen - nicht nur in einer Serie von Fachinterviews - ausführlich unter Beweis zu stellen und damit sowohl ein umfassendes Bild ihrer Person zu geben als auch einen guten Eindruck von unserem Haus und seiner Arbeitsweise zu bekommen. Und beides ist eine gute Basis für eine langfristige erfolgreiche Zusammenarbeit.

Top Management Consulting

Die persönlichen Anforderungen an einen Unternehmensberater richten sich nach drei Kernfragen: Was ist die Aufgabe, die ein Consulting-Unternehmen für seinen Klienten übernehmen soll? Um was für eine Art von Klient handelt es sich? Wie international wird sich ein solches Projekt gestalten?

Die strategische Neuausrichtung eines großen internationalen Konzerns und die Neugestaltung seiner Kerngeschäftsprozesse erfordern im Zweifelsfall einen anderen Typus von Berater als die Implementierung eines DV-Systems in einem kleinen nationalen Unternehmen. Die strategische Positionierung eines

Beratungsunternehmens bestimmt daher naturgemäß auch die Anforderungsprofile an die Bewerber.

Roland Berger & Partner ist eine „klassische" Top Management Beratung. Unsere Kunden sind große internationale und nationale Konzerne, renommierte mittelständische Unternehmen, Institutionen wie die Europäische Union, Regierungen und die öffentliche Hand. Wir entwickeln für diese Klienten innovative Strategien, Geschäftsprozesse, sowie Führungsstrukturen und -systeme. Dabei steht für uns im Vordergrund, diese Konzepte anschließend auch umzusetzen und damit nachhaltige Veränderungen bei unseren Klienten zu bewirken.

Das verlangt von uns sowohl engen persönlichen Kontakt zu dem Top Management dieser Klienten als auch eine intensive Zusammenarbeit mit den Mitarbeitern aller anderen Hierarchieebenen. Neben strategisch-konzeptionellen Fähigkeiten unserer Berater sind daher Kommunikationsstärke, persönliche Reife und Akzeptanz wesentliche Anforderungskriterien an unsere Berater. Der Recruitingprozeß bei Roland Berger & Partner ist auf diese Anforderungen hin ausgerichtet.

„One Firm Philosophy"

Unser Unternehmen ist intern in sogenannten Competence Centern organisiert. Diese haben sich entweder auf bestimmte Branchen spezialisiert oder auf spezifische, branchenübergreifende Themen, wie beispielsweise Operations (Produktionsoptimierung, Qualitätsmanagement, etc.), Restrukturierung oder Organisation. Das verlangt von unseren Beratern fundiertes branchen- oder funktionsbezogenens Know-how. Ungeachtet dieser unverzichtbaren Spezialisierung sind wir natürlich eine Firma mit einem gemeinsamen Methoden-Know-how und Selbstverständnis.

Daher folgt unser Recruitingprozeß unserer „One Firm Philosophie". Juniorberater und Berater - unsere traditionellen Einstiegspositionen für Hochschulabgänger und MBAs ohne beziehungsweise mit kurzer Berufserfahrung - stellen wir nicht für einzelne Competence Center, sondern für die Gesamtfirma ein.

Das schlägt sich auch in unserem sogenannten Central Staffing System nieder. Neue Kollegen - obwohl von einem Mentor aus einem speziellen Competence Center betreut - werden die ersten zwei Jahre branchenübergreifend auf Projekten der verschiedensten Art eingesetzt. Erst dann beginnen sie, sich zu spezialisieren. Deshalb müssen alle neuen Kollegen (an dieser Stelle sei ausdrücklich betont, daß wir, wenn hier von „Beratern" die Rede ist, damit selbstverständlich auch weibliche Berater meinen) über ein gleichhohes fachliches Niveau und über vergleichbare Problemlösungsfähigkeiten verfügen.

„Kollege Mensch"

Auch von der menschlichen Seite sollten unsere neuen Kollegen zu uns passen. Wir legen bewußt Wert auf individuelle Charaktere, verlangen aber beispielsweise von neuen Kollegen das gleiche Engagement für ihren Beruf, wie wir es haben.

„One Firm" heißt auch: Berater rekrutieren Berater. Nicht unsere Personalabteilung wählt neue Kollegen aus, auch nicht der jeweilige Mentor, sondern Berater aus verschiedenen Competence Centern. Dadurch sind gleichsam mehrere „Teile" unserer Firma bei der Auswahl eines neuen Kollegen beteiligt. Gleichzeitig fließen in die Interviews und in die von Bewerbern zu bearbeitenden Fallstudien direkt der Praxis entnommene Informationen, Erfahrungen und Problemstellungen der verschiedensten Beratungsbereiche unseres Hauses ein. So können die Bewerber auch gleich ihre potentiellen Kollegen aus den verschiedensten Bereichen kennenlernen und sich ein umfassendes Bild davon machen, ob sie ihrerseits mit uns und diesen Kollegen zusammenarbeiten möchten. Auch das ist ja ein wesentlicher Zweck des Recruitingprozesses.

Einheitliche Firmenphilosophie heißt natürlich auch, daß nicht jeder Interviewer nach eigenem Gutdünken interviewt.

Vielmehr muß jeder, der im Recruiting aktiv ist, ein spezielles, regelmäßig aufzufrischendes Interviewertraining durchlaufen, insbesondere auch, um die persönliche Seite unserer Bewerber fundiert beurteilen zu können.

Ein weiterer Grundsatz unseres Recruitingprozesses dreht ein bewährtes Prinzip der Rechtsprechung in sein Gegenteil um: Im Zweifel entscheiden wir uns gegen einen Bewerber. Das mag vielleicht etwas streng klingen, ist aber nicht nur für uns sinnvoll, sondern vor allem auch für die Bewerber selbst. Nichts ist schmerzlicher, als erst Monate später zu erkennen, daß man seine Stärken eigentlich in einem anderen Beruf besser einsetzen könnte. Auch das ist für uns eine Frage des einheitlichen Anforderungsprofils an alle Bewerber.

Maßgeschneiderte Recruitingverfahren

Die Anforderungen an das Top Management Consulting wandeln sich. Immer mehr verlangen unsere Klienten von uns, nicht nur intellektuell exzellente Berater auf den Projekten einzusetzen, vielmehr sollen sie zusätzlich langjährige Industrieerfahrung oder fundierte funktionale Kenntnisse besitzen. Und deshalb ist es erklärte Politik unseres Unternehmens, in verstärktem Maße berufserfahrene Bewerber auf Seniorniveau einzustellen.

Sie steigen unabhängig vom Central Staffing direkt in eines unserer Competence Center ein, um ihre Berufserfahrung dort direkt zum Nutzen der Klienten einsetzen zu können. Aus diesem Grunde liegt der Recruitingprozeß für Seniorberater bedeutend stärker in der Hand der jeweiligen Competence Center - allerdings wird im Sinne des One-Firm-Konzeptes auch hier nach einheitlichen Kriterien und Abläufen verfahren.

Dieser Beitrag in einem Buch, das sich vornehmlich an Hochschulabsolventen richtet, beschränkt sich bewußt auf den Recruitingprozeß unseres Hauses für Hochschulabgänger und MBAs (ohne oder mit nur wenig Berufserfahrung). Denn nach wie vor bemühen wir uns auch um hochqualifizierte Juniorberater und Berater, die sich bei uns entwickeln und den Kern unserer gemeinsamen Unternehmenskultur bilden. Allerdings verläuft der Recruitingprozeß für Juniorberater/ Berater auch nicht ganz einheitlich. Wir unterscheiden das Recruiting an internationalen Business Schools und das Recruiting für Absolventen anderer Hochschulen.

Was die Auswahl erleichtert

An ausgewählten Business Schools in Europa und in den USA führen Roland Berger & Partner eine gezielte Auswahl vor Ort durch. Bei diesem „on campus"-Recruiting werden zuvor anhand sogenannter Resumeebooks (Bücher mit Lebensläufen und Schwerpunktfächern) ausgewählte MBA-Kandidaten zunächst zu Company-Präsentationen, Fachvorträgen, Abendessen oder ähnlichen Veranstaltungen vor Ort eingeladen. Nach diesem ersten, auch persönlichen Kennenlernen erfolgen - ebenfalls vor Ort - Interviewrunden, die vornehmlich aus kleinen Fallstudien bestehen. Denn: „Ein Berater ohne Fallstudien ist kein Berater", das sagte einmal ein MBA-Bewerber zu uns.

Erfolgreiche MBA-Kandidaten, die ihr Studium in Kürze abschließen werden und die wir näher kennenlernen wollen, laden wir zu unserem zentralen Recruiting-Tag ein, auf den später im Text noch eingegangen wird. Aufgrund der „on campus" getroffenen Vorauswahl werden sie jedoch nur am zweiten Teil dieses Tages teilnehmen. Andere MBA-Kandidaten, die sich erst im ersten Jahr ihres Studiums befinden, müssen bekanntlich noch ein Sommer-Praktikum absolvieren. Sie erhalten von uns eventuell das Angebot, ein Summer Internship bei uns im Hause anzutreten. Diese Kandidaten der Top Business Schools, die bereits erste Berufserfahrung haben, werden (mit Kenntnis des Klienten) wie Berater eingesetzt. Die gemeinsame Projektarbeit während der Sommermonate ist für uns und die Kandidaten die denkbar beste Möglichkeit, sich gegenseitig kennenzulernen. Manche von ihnen erhalten nach Abschluß ihres Summer Internship bereits ein festes Angebot, nach ihrem absolvierten MBA bei uns als Berater einzusteigen.

Ein etwas anderes Recruitingprozedere gilt für Absolventen von Hochschulen, an denen wir nicht vor Ort rekrutieren und für Einsteiger mit ein bis zwei Jahren Berufserfahrung. Sie bewerben sich in der Regel „blind", auf Anzeigen oder infolge von „Marketing"-Veranstaltungen unseres Hauses an ihren Hochschulen. Hier haben wir uns noch kein Bild über die persönliche Leistungsfähigkeit machen können. Diese Bewerber durchlaufen daher unseren Recruitingprozeß für Direkteinsteiger und Juniorberater/Berater mit kürzerer Berufserfahrung. Und hier gilt:

Gute Bewerbungsunterlagen ebnen den Weg

So wenig innovativ es klingen mag, gute Bewerbungsunterlagen sind immer noch ein wesentliches Kriterium für eine erfolgreiche Bewerbung. Alle eingehenden Unterlagen werden in unserer zentralen Recruitingabteilung gesichtet. Dabei sind für uns im wesentlichen fünf Kriterien ausschlaggebend, wobei wir uns allerdings sehr bemühen, flexibel zu bleiben, um gute Bewerber nicht zu „verlieren", die vielleicht nicht ganz in diese starren Kriterien passen:

Studiengang: In die Beratung führen klassischerweise Studiengänge wie Betriebs-/ Volkswirtschaft, Wirtschaftsingenieurwesen und der MBA. Daneben rekrutieren wir gezielt Ingenieure, Informatiker, Naturwissenschaftler, Mediziner und einige Juristen. Ingenieure und Naturwissenschaftler sind dabei nicht nur in unseren Operations-Projekten (zum Beispiel Produktionsoptimierung), sondern auch in Projekten mit strategischem Schwerpunkt gefragt.

Sie helfen uns, in Branchen wie Chemie oder Pharma, Produktionsverfahren, Produkte und Probleme sofort zu erkennen, denn sie sprechen eine Sprache mit dem Klienten.

Natürlich ist in den meisten Projekten wirtschaftswissenschaftliches Fachwissen unverzichtbar. Deshalb sind erste managementorientierte Berufserfahrung, ein wirtschaftswissenschaftliches Aufbaustudium oder aber der MBA ein eindeutiger Vorteil von Absolventen dieser „nicht-wirtschaftlichen" Disziplinen im Bewerbungsverfahren. Denn unser internes Schulungsprogramm will vorhandene Kenntnisse für unseren Bedarf intensivieren, soll aber kein BWL-Studium ersetzen.

Absolventen nicht- wirtschaftswissenschaftlicher Studiengänge ohne diese Zusatzqualifikationen sollten zumindest Praktika in renommierten Unternehmen absolviert haben und dort an betriebswirtschaftlichen Fragestellungen aktiv mitgearbeitet haben. Der Physikstudent mit Ambitionen auf die Unternehmensberatung sollte sein Praktikum daher auch nicht im Elektronensynchroton, sondern besser in der Controllingabteilung eines Großunternehmens absolvieren.

Examensnote: Als Examensnote verlangen wir generell Prädikatsexamen. Natürlich hängt das Prädikat vom Studiengang und der Hochschule ab, an der das Examen abgelegt wurde.

Hochschule: Wir haben einen Katalog von etwa zehn inländischen Universitäten, mit deren Absolventen wir langfristig die besten Erfahrungen gemacht haben und an denen wir daher aktiv Hochschulmarketing betreiben. Hierzu zählen auch deutsche Privatuniversitäten mit Business School ähnlichem Charakter und ausgewählte Fachhochschulen mit stark internationaler Ausrichtung. Natürlich haben auch gute Absolventen anderer Hochschulen Chancen im Bewerbungsverfahren. Wir achten hier jedoch besonders stark auf den allgemeinen Notenquerschnitt und die Qualität der Lehrstühle, an denen unsere Bewerber ihr Examen ablegen.

Praxiserfahrung/ Lebenslauf: Praxiserfahrung ist für uns essentiell. Wir erwarten von Bewerbern entweder erste Berufserfahrung oder aber, daß sie zwei bis drei Praktika absolviert haben, die drei Voraussetzungen erfüllen müssen:

- Jedes dieser Praktika sollte wenigstens drei Monate gedauert, mindestens eines sollte im Ausland stattgefunden haben.

- Die Unternehmen sollten einen renommierten Namen in ihrer Branche haben. Das elterliche Unternehmen erweckt hier eher Skepsis.

- Im Praktikum sollten anspruchsvolle, konzeptionelle Problemstellungen bearbeitet und Lösungen alleine oder im Team möglichst auch umgesetzt worden sein. Reine „Aushilfsjobs" zur Studienfinanzierung – so ehrenvolll sie sind – zählen für uns hier nicht.

Auch exzellenten Bewerbern ohne diese Praxiserfahrung müssen wir leider eine Absage erteilen, allerdings häufig verbunden mit der expliziten und auch ernst gemeinten Aufforderung, sich doch nach etwa zwei Jahren Erfahrung „on the job" wieder bei uns zu melden.

Sprachen: Englisch ist in jeder Beratungsgesellschaft ein „Must". Als Bewerber führen Sie auf Englisch Interviews, schreiben Berichte und halten Präsentationen vor den Vorständen Ihrer Klienten. Die Beherrschung einer weiteren Fremdsprache ist im Bewerbungsverfahren von Vorteil. Gleichzeitig erhöht es Ihre Chance, zusammen mit unseren internationalen Büros auch im nicht-englisch-sprachigen Ausland Projekte vor Ort durchzuführen.

Erfüllt eine Bewerbung die genannten Kriterien aus unserer Sicht in nicht ausreichendem Maße, so erhält der Kandidat eine schriftliche Absage und die Möglichkeit, sich in einem persönlichen Telefongespräch nach den speziellen Gründen zu erkundigen. Erfolgreiche Bewerber hingegen laden wir zu unserem „Recruiting-Tag" ein, dem Kernstück unseres Bewerbungsverfahrens. Vorher bitten wir diese Bewerber jedoch noch, unseren sogenannten Bewerbungsbogen auszufüllen. Er fragt nach Stärken, Schwächen, besonderen Erfahrungen, Vorlieben, aber auch kritischen Situationen im Leben des Bewerbers. Das ermöglicht uns viel intensiver auf den jeweiligen Bewerber vorzubereiten. Viele Interviews knüpfen direkt an die Antworten unserer Bewerber in diesen Bögen an. Darüber hinaus wissen wir von vielen von ihnen, daß dieser Bogen für sie ein Anlaß war, über einige Dinge einmal nachzudenken, und insofern auch Hilfestellung für den darauffolgenden Bewerbungsprozeß gegeben hat.

Alles entscheidender Tag

Der Recruiting-Tag bietet die Möglichkeit, die Kandidaten schon etwa zwei Wochen nach Durchsicht ihrer Bewerbungsunterlagen persönlich kennenzulernen. Dabei laden wir immer nur so viele Bewerber ein, daß unser Recruiting-Tag nicht den Charakter eines „Massen-Assessment-Centers" bekommt. Gleichzeitig sind an diesem Tag immer so viele Berater unseres Hauses als Interviewer dabei, daß die persönliche Betreuung jedes Bewerbers sichergestellt ist.

Am Recruiting-Tag findet ein zweistufiges Auswahlverfahren statt. Am Ende dieses Tages können wir unseren Bewerbern bereits mitteilen, ob sie von uns ein Angebot bekommen werden oder nicht. Das hat für beide Seiten den Vorteil einer hohen Entscheidungsgeschwindigkeit, bedeutet aber auch, daß dieser Tag sehr intensiv genutzt wird.

Dabei geht es um vier zentrale Fragen:

1. Wie würde der Bewerber sich im Projekt bewähren?

Pragmatismus/Ergebnisorientierung, Engagement, aber auch Frustrationstoleranz und Kreativität sollen ermittelt werden.

2. Wie würde der Bewerber zum Team passen und wie auf unsere Klienten wirken?

Dabei spielen Fragen wie Integrationsfähigkeit in unser Team, aber auch Durchsetzungskraft sowie Konflikt- und Kritikfähigkeit eine Rolle. Gleichzeitig werden Kommunikationsstärke, Eloquenz, Ausstrahlung und Charisma bewertet.

3. Wie hoch ist die Problemlösungskompetenz?

Thema dieser Frage ist das logisch strukturierte Denken, die intellektuelle Neugierde auf neue Lösungen, aber auch das unternehmerische, ganzheitliche Denken. Wir erwarten dabei generell von unserem Bewerber keine perfekten Lösungen, sondern vielmehr ein intelligentes, kreatives und strukturiertes Herangehen an die Probleme, mit denen wir sie konfrontieren.

4. Wie gut sind die rein fachlichen Fähigkeiten?

Hier versuchen wir, Fachkenntnisse in BWL und VWL, aber auch Allgemeinwissen sowie Methoden und Sprachkenntnisse zu ermitteln.

Der Recruiting-Tag, zu dem viele unserer Bewerber bereits am Vortag anreisen werden, beginnt mit einer Begrüßung, einer kurzen Vorstellung unserer Company und einer gemeinsamen Information aller Bewerber darüber, wie der Tag ablaufen wird.

Dann schließt sich die erste Hälfte des Verfahrens an. Jeder Bewerber führt zwei etwa einstündige Interviews mit je einem Berater unseres Hauses. Dabei geht es einmal schwerpunktmäßig um psychologische Fragen, deren Beantwortung Rückschlüsse auf die Persönlichkeit des Bewerbers zuläßt, im zweiten Interview verstärkt um die Problemlösungskompetenz. Ebenfalls am Morgen absolvieren alle Bewerber - gegeneinander zeitversetzt - einen schriftlichen Test. Er ähnelt dem „Graduate Management Admission Test" für die Zulassung an amerikanischen Business Schools, ist jedoch unserem Bedarf angepaßt.

Erste Auswahl

Nach Auswertung des Tests treffen sich die an den Interviews beteiligten Berater und entscheiden darüber, ob der Bewerber auch die zweite Hälfte des Recruiting-Tages mit uns verbringt. Diejenigen, bei denen wir uns entschlossen haben, den Recruiting-Tag nicht fortzusetzen, führen mit uns ein ausführliches Feedbackgespräch, in denen ihre Stärken, ihre Schwächen und die Gründe für die Nichtfortsetzung des Recruitingprozesses ausführlich diskutiert werden. Für die anderen Kandidaten bietet sich bei einem gemeinsamen Mittagessen die Gelegenheit, sich ausführlich über unsere Company zu informieren.

Danach geht es in die zweite Hälfte des Recruiting-Tages. Die Bewerber setzen sich mit einer beratungstypischen Problemsituation auseinander, entwickeln hierfür eine Lösung, stellen diese graphisch auf Folien dar und präsentieren sie anschließend einem Gremium der anwesenden Berater. Diese übernehmen jetzt die Rolle der „Klienten" und diskutieren die Problemlösungsvorschläge intensiv mit den Bewerbern.

Danach folgt eine Gruppendiskussion, in der zwei bis drei Bewerber gemeinsam mit Beratern über ein aktuelles Thema der Politik, der Wirtschaft oder ein fachliches Problem debattieren. Häufig werden derartige Interviews auf Englisch geführt, oder aber eines der Fachinterviews findet auf Englisch statt, um die Sprachkenntnisse der Bewerber zu testen.

Den dritten Baustein des Nachmittags bilden vertiefte fachliche Interviews. Auch sie behandeln wieder die Lösungen für kleine Fallstudien, und wir hinterfragen dabei auch noch einmal, ob der jeweilige jetzt von uns ja schon in die engere Wahl gezogene Bewerber persönlich zu uns passen würde. Im Anschluß daran haben die Kandidaten eine Pause, während die Interviewer gemeinsam darüber beraten, ob wir dem jeweiligen Bewerber ein Angebot machen oder nicht. In allen Fällen, auch wenn wir einem Bewerber kein Angebot machen, führen wir anschließend ein Feedbackgespräch. Mit Kandidaten, die wir künftig bei uns sehen möchten, sprechen wir auch noch über die „Formalien" einer möglichen Zusammenarbeit, also zum Beispiel über den Standort, fachliche Interessen, den möglichen Beginn etc. Nach diesen Gesprächen können uns die Bewerber etwa zwischen 18 und 19 Uhr mit einer Vertragszusage in der Tasche verlassen.

Um diesen „Auserwählten" bei ihrer Entscheidung behilflich zu sein, stehen alle Interviewer in den Tagen nach dem Recruiting-Tag telefonisch oder persönlich zu Gesprächen zur Verfügung. Nun erhoffen wir, nachdem wir eine schnelle Entscheidung getroffen haben, auch von unseren Bewerbern eine Antwort in absehbarer Zeit. Für die Kandidaten endet hiermit der eigentliche Recruitingprozeß. Wir bemühen uns jedoch danach, auch schon vor dem eigentlichen Arbeitsbeginn den Kontakt zu unseren neuen Kollegen zu intensivieren. Kontakte zum Mentor, die Planung der weiteren Laufbahn oder Einladungen zu Companyveranstaltungen füllen die Lücke bis zum ersten gemeinsamen Arbeitstag.

6. Berufseinstieg:
Wege zum Unternehmensberater

Das Diplom ist in der Tasche, der Arbeitsvertrag unter Dach und Fach. Doch erst jetzt beginnt der „Ernst des Lebens": der Berufseinstieg. Zwei „Neulinge" im Consulting berichten über ihre Eindrücke der Einarbeitungphase.

6.1 Die ersten 100 Tage

Herausfordernd und abwechslungsreich

Otto Graf, A.T. Kearney GmbH, Düsseldorf

Nach Abschluß meines betriebswirtschaftlichen Studiums an der Wissenschaftlichen Hochschule für Unternehmensführung (WHU) in Koblenz stand ich wie meine Kommilitonen vor der Qual der Wahl: Wie finde ich den optimalen Berufseinstieg? Wo beginne ich meine berufliche Laufbahn? Entscheide ich mich für Industrie oder Dienstleistung?

Traditionell geführte Industrie-Unternehmen hatte ich bereits durch zahlreiche Praktika kennengelernt. Neu und herausfordernd schien mir das Berufsfeld Unternehmensberatung. Natürlich kannte ich die Klischees: Consultants stehen unter hohem Druck, verfahren deshalb zwangsläufig nach der „Schema F-Methode", ein glatter Einheitsschliff ist Voraussetzung für eine Karriere. Was mir positiv schien, war das hohe Maß an Abwechslung, die Möglichkeit, sich voll einbringen und schnell Erfolg haben zu können und nicht zuletzt die Verdienstmöglichkeiten.

Nachdem ich Infos aus Broschüren, Presseberichten und persönlichen Gesprächen verglichen und Bewerbungsrunden bei mehreren Beratern durchgestanden hatte, fiel meine Entscheidung: Ich werde Business Analyst bei A.T. Kearney Düsseldorf.

Bereits beim Vorstellungsgespräch war mir klar geworden, daß hier die „Chemie" stimmte. In mehreren Gesprächsrunden wurden anhand von Fallstudien nicht nur analytisches Potential und Eloquenz getestet, sondern vor allem individuelle Stärken und Lösungsansätze. Gesucht wurden offensichtlich eher Menschen mit Ecken und Kanten als – wie befürchtet – glatte, geschliffene Persönlichkeiten.

Sofort „in medias res"

Gleich zu Beginn wurde ich mit der lösungsorientierten und klientenzentrierten Arbeitsweise in der Beratung konfrontiert. Die Unternehmenskultur eines Beratungsunternehmens ist ganz auf den Klienten ausgerichtet. Flache Hierarchien, kurze Entscheidungswege und die schnelle Kommunikation zwischen allen Ebenen gewährleisten im Sinne des Klienten zielgerichtetes Handeln ohne Zeitverlust. Nie habe ich während meiner Praktika so hohe Qualitätsstandards und so starken Ergebnis- und Termindruck kennengelernt. Die gerne genossene akademische Freiheit hat der Projektdisziplin und dem schnellen Zielerreichungs-Erfordernis bei höchsten Qualitätsanforderungen weichen müssen. Durch die produktive Atmosphäre im Team, das zielstrebig ein Projekt für den Klienten erfolgreich durchführt, werde ich allerdings voll entschädigt.

Die ständig wechselnden Aufgaben, die Forderung nach Ergebnissen, der Zwang zur Effizienz bedeuten natürlich ständig neue Herausforderungen. Da bleibt wenig Zeit, sich auf den ersten Lorbeeren auszuruhen. Da das Leistungsspektrum der Unternehmensberatungen sehr breit ist und Berufsanfänger gewöhnlich als Generalisten eingesetzt werden, muß man sich schnell in neue Branchen, Probleme und Aufgabenstellungen einarbeiten können. Viele prozeß-, funktions- und branchenorientierte interne Trainings helfen hier, schnell die entsprechende Kompetenz aufzubauen.

In den ersten zwei Jahren bei A.T. Kearney habe ich an Projekten in der Konsumgüterindustrie, bei Banken und im verarbeitenden Gewerbe mitgearbeitet. Die Aufgaben reichten von Marktstudien, Wettbewerberanalysen, der Ausarbeitung von Unternehmensstrategien bis zur Kostensenkung und der Realisierung von neuen Organisationsstrukturen. Das ganzheitliche Beratungskonzept von A.T. Kearney, das von der Strategieentwicklung bis zur Implementierung alles erfaßt, erfordert vielfältige Fähigkeiten, die man sich im Laufe der Zeit erwerben und vervollkommnen muß.

Hohe Anforderungen

Erleichtert wurde mir die Einarbeitungsphase durch den engen Kontakt zu erfahreren Kollegen und durch interne Serviceleistungen. Die schnell wachsende Informationsflut bewältigt ein hauseigenes Research-Center. Editors unterstützen die Berater bei der Strukturierung und Formulierung der Präsentationen und Berichte. So kann der Berater sich ausschließlich auf sein Projekt konzentrieren.

Die Projektteams sind je nach Aufgabenstellung unterschiedlich groß und mit Mitarbeitern unterschiedlicher Altersstufen, Fachrichtungen und Nationalitäten besetzt. Allein in Deutschland arbeiten Berater aus 23 unterschiedlichen Nationen. Das Spektrum reicht dabei vom 26jährigen belgischen Historiker bis hin zum 43jährigen griechischen Systemanalytiker, von den zahlreichen Betriebswirten, MBAs, Juristen, Mathematikern, Physikern und Chemikern abgesehen.

Da die Arbeit in diesen heterogenen Teams nicht nur spannend, sondern gelegentlich auch spannungsreich ist, müssen alle Teammitglieder über ausgeprägte soziale Kompetenz, Einfühlungsvermögen und Durchsetzungskraft verfügen. Jeder Berater muß lernen, Konflikte auszutragen und konträre Meinungen zu moderieren, was um so wichtiger wird, wenn in Teams zusammen mit den Klienten gearbeitet wird. Das rechte Maß zu finden zwischen persönlicher Leistungsverbesserung und kollegialer Zusammenarbeit erfordert ein ständiges Infragestellen der eigenen Wertmaßstäbe. Unterstützt wird jeder Berufsanfänger durch erfahrere Kollegen und Projektleiter, die eigenverantwortliches Handeln fördern, indem sie Verantwortung übertragen und damit eine kontinuierliche Weiterentwicklung der Persönlichkeit ermöglichen.

Auf dem Prüfstand

Durch dieses vertrauensvolle und fordernde Arbeitsklima veränderte sich in relativ kurzer Zeit meine Rolle in der Projektarbeit: Während ich anfangs primär mit Datenrecherche und -analyse beschäftigt war, führe ich nun – als Associate – Marktinterviews durch und arbeite in enger Zusammenarbeit mit den zukünftigen Projektleitern Beratungsvorschläge aus. Angespornt werde ich, wie jedes Teammitglied, nicht nur durch die sachlichen Herausforderungen, sondern auch durch die regelmäßige Leistungsbeurteilung am Ende eines Projektes. Hier werden rückblickend individuelle und teambezogene Stärken und Schwächen detailliert besprochen, die die Basis für ein maßgeschneidertes Entwicklungskonzept (Schulungen, zukünftige Projektfelder etc.) bilden.

Empfehlenswerter Beruf

Aufgrund der ständig steigenden Anforderungen, der abwechslungsreichen Tätigkeit und der effektiven Teamarbeit konnte ich mich schnell weiterentwickeln und dadurch – für mich selbst überraschend – schnell in komplexe Aufgaben hineinwachsen.Nach dieser Erfahrung kann ich jedem Hochschulabsolventen empfehlen, sich bei einer Unternehmensberatung zu bewerben, vorausgesetzt, er ist selbstsicher und selbstkritisch zugleich, flexibel, kommunikationsstark und teamfähig. Über eines sollte sich jeder Bewerber klar sein: Höchstleistungen können nur durch das permanente Streben nach Verbesserung erreicht werden. Wer an sich arbeiten will, hat dazu jede Chance, wer Veränderung und progressive Entwicklung ablehnt, wird nicht lange Berater bleiben.

6.2 Die richtige Entscheidung

Henriette Quade, Deutsche Gesellschaft für Mittelstandsberatung mbH, München

Es ist früh am Morgen, und zum letzten Mal schaue ich die gesamten Unterlagen durch. In einer halben Stunde treffe ich mich mit meinen Kollegen. Gemeinsam fahren wir zu meiner ersten Präsentation bei unserem Kunden. Aufmunternde Worte und Tips verkürzen die Fahrt und halten mein Lampenfieber in Grenzen. Die Zeit beim Kunden vergeht wie im Flug. Nach der „Diskussion": zufriedene Kunden und anerkennende Worte der Kollegen. Die erste Präsentation war ein Erfolg. Auf der Fahrt ins Büro schweifen meine Gedanken zurück. Meinen Vorstellungen von dem Berufseinstieg in einer speziell auf den Mittelstand ausgerichteten Unternehmensberatung, der Deutschen Gesellschaft für Mittelstandsberatung (DGM), und den ersten Projekten kamen mir in den Sinn.

Beim Berufseinstieg habe ich mich für den Bereich Marketing- und Strategieentwicklung entschieden. In Zusammenarbeit mit Experten Märkte aufzeigen, Unternehmensumfelder analysieren, Zukunftsstrategien erarbeiten – dies war mein Ziel. Kurzum, ich wollte ein Arbeitsumfeld finden, in dem ich mich bei einer abwechslungsreichen Tätigkeit entfalten und weiterentwickeln kann.

Grundlagen geschaffen

Durch die Mitarbeit an Branchenanalysen des Branchen-Informations-Centers (BIC), einem Service der DGM, fand ich einen Einstieg in die Arbeitsweise eines Unternehmensberaters. Anhand von sekundärstatistischen Materialien, Datenbankrecherchen und Expertenbefragungen erstellte ich Kurzberichte über die Entwicklung und die Besonderheiten unterschiedlicher Branchen. Wie sich später herausstellte, hat sich diese Zeit als wichtige Grundlage zur Erarbeitung von Beratungsprojekten erwiesen.

Insbesondere für die Marketing- und Vertriebsberatung lernte ich gerade hier, wie schnell und bedarfsgerecht Informationen gesammelt und ausgewertet werden, um einen Überblick über die Entwicklungen und Trends in bestimmten Branchen zu erhalten. Zunehmend wurde ich neben sekundärstatistischen Analysen mit der Erarbeitung von Primäranalysen vertraut. Bei der Fragebogenerstellung und Koordination der Befragungen konnte ich das Wissen, daß ich mir während meiner Studienzeit durch eine Studententätigkeit bei einer Marketingforschungsgesellschaft angeeignet hatte, gut verwenden. Insbesondere die Zusammensetzung einer repräsentativen Stichprobe sowie die Auswertung der Befragungen und Analyse der Ergebnisse haben gezeigt, daß Eigen- und Fremdbild eines Unternehmens nicht immer identisch sind und daß nur auf der Basis der Ergebnisse objektive Problemlösungen erarbeitet werden können.

Einen Arbeitsalltag gibt es nicht

Da die Beratung speziell auf die Bedürfnisse und Fragestellungen der mittelständischen Unternehmen abgestimmt ist, werden je nach Aufgabenstellung maßgeschneiderte Arbeitsprogramme entwickelt und angeboten. Aufgrund der Komplexität wird das jeweilige Beratungsangebot in kundenindividuelle Projektschritte unterteilt. Der Arbeitstag wird durch die Methodik der einzelnen Schritte bestimmt. Diese Vorgehensweise hat mir bei meinem ersten Projekt geholfen und erleichtert mir noch heute die Arbeit entscheidend. Die Übernahme von Projektteilen bis hin zu vollständigen Projektstufen ließ mich in die Beratungstätigkeit hineinwachsen.

Weiterbildung

Meiner beruflichen Entwicklung kam das bei der DGM übliche Mentorensystem zugute. Durch das regelmäßige Feedback des Mentors über berufliche Fortschritte weiß ich genau, wie sich meine Entwicklung gestaltet. Auf seine Anregung hin besuchte ich im Vorfeld der ersten Präsentation zusammen mit einigen Arbeitskollegen ein Präsentationsseminar. Anhand von Videoaufzeichnungen haben wir Präsentationstechniken und Möglichkeiten zur Darstellung von komplexen Sachverhalten trainiert. Für die folgenden Präsentationen war mir dieses Seminar sehr hilfreich. Zusätzlich zu den externen Seminaren finden zur Weiterbildung der Berater monatlich Vorträge von Kollegen statt, bei denen einzelne aktuelle Projekte vorgestellt werden. In anschließenden Diskussionsrunden werden Beratungsansätze und Besonderheiten der unterschiedlichen Branchen diskutiert, um Erfahrungen für nachfolgende Projekte nutzen zu können.

Die hohe Kundenzufriedenheit und der Projekterfolg meiner heutigen ersten Präsentation wurde zum großen Teil sowohl durch die Zusammenarbeit in Teams als auch durch den engen Kontakt mit dem Kunden realisiert. Aufgrund der spezifischen Aufgabenstellung wurde im Vorfeld der Beratungstätigkeit ein Team zusammengesetzt, das den Anforderungen des Projektes gerecht wird. Gemeinsam haben wir Analyseschritte entwickelt und Projektinhalte erarbeitet. Seit meinem Berufseinstieg habe ich mit mehreren Projektleitern und Teams in den verschiedensten Projekten zusammengearbeitet.

Enger Kundenkontakt

Nicht nur die von Auftrag zu Auftrag variierenden Themenstellungen und die unterschiedliche Zusammensetzung der Teams gestalten das Arbeitsumfeld der Unternehmensberatung interessant und abwechslungsreich, sondern auch der ständige Austausch zwischen Berater und Unternehmensführung. Gerade die Beratungsleistung für mittelständische Unternehmen konzentriert sich vor allem auf die direkte Kommunikation mit den Unternehmern.

In meinen ersten Projekten war auffällig, daß der Anstoß für die Inanspruchnahme der Beratung zunächst in unternehmensinternen Gründen lag. Bei der heutigen Präsentation sind somit vor allen Dingen funktionsübergreifende Analysen wie Marktvolumen, -entwicklungen und -trends sowie Zielgruppenuntersuchungen dargestellt worden, um anhand derer Strategien und Handlungsbedarfe ableiten zu können.

Die richtige Wahl

Heute weiß ich, daß sich meine Erwartungen vom Berufseinstieg vollauf erfüllt haben. Trotz der hohen Anforderungen an das Engagement jedes einzelnen Beraters würde ich mich auch heute wieder für den Berufseinstieg in einer Unternehmensberatung entscheiden.

Wieder zurück im Büro erreicht mich ein Anruf von meinem Arbeitskollegen, der nach der Präsentation noch beim Kunden blieb. Ich erfahre, daß die Beratungstätigkeit noch nicht beendet ist. In einem Folgeauftrag werden wir die vorgestellte Konzeption zusammen mit der Unternehmensleitung und den Mitarbeitern umsetzen. Mit dem guten Gefühl, daß unser Konzept nicht in irgendeiner Schublade versanden sondern implementiert wird, fahre ich nach Hause. In einem Meeting morgen früh werden wir die neuen Arbeitsinhalte für die zweite Stufe besprechen.

6.3 Nach dem Examen zum Assistant, Fellow oder Consultant

Volker Wittberg, intra-Unternehmensberatung GmbH, Düsseldorf

Nur wenige Berufsbilder sind für Hochschulabsolventen offensichtlich derart schillernd wie das des Unternehmensberaters. Deutlich mehr als 500 qualifizierte Bewerbungen auf eine Stellenausschreibung in einer überregionalen Tageszeitung belegen eindrucksvoll die Anziehungskraft, die führende Beratungsunternehmen auf Berufseinsteiger ausüben.

Attraktiver Beruf

Wo liegen die Anziehungspunkte im einzelnen?

Strategierelevanz der Tätigkeit: In wenigen Stabs- oder Linienpositionen, die für Berufsstarter offenstehen, wird so nah an strategisch entscheidenden Problemen eines Unternehmens gearbeitet wie im Beratungsteam. Lösungskonzepte werden direkt vom Top-Management in Auftrag gegeben und diesem vom Team präsentiert. Während seiner Arbeit ist der Berater willkommener Gast im Unternehmen des Klienten und verfügt in hohem Maße über operative und gestalterische Unterstützung.

Vielfalt der Aufgaben: Kein Problem wiederholt sich im Beratungsgeschäft exakt. Der Klient erwartet professionelle und kreative Lösungen für schwer strukturierbare Probleme. Struktur- oder Prozeßempfehlungen stehen am Ende einer detaillierten Analyse der Ist-Situation, der Identifikation möglicher Schwachstellen und der Simulation alternativer Verbesserungsmaßnahmen. Jedes Beratungskonzept wird zu einer Herausforderung mit raschem Feedback über Erfolg oder Mißerfolg der eigenen Leistung.

Persönlicher Erfahrungsgewinn: Der Transfer von Beratungs-Know-how zum Klienten ist das Hauptziel eines Projektes. Der Berater setzt dabei systematische Analysetechniken und Tools ein und nutzt Informationsressourcen, über die der Klient nicht verfügt. Allerdings bedeutet jeder Auftrag auch für den Berater einen Erfahrungsgewinn.

Er lernt ein neues Unternehmen, eventuell eine neue Branche kennen, er profitiert von dem Sachverstand des Klienten und erfahrener Kollegen im Projektteam. Das Know-how bildet die Basis für die persönliche, aber auch berufliche Entwicklung eines guten Beraters; schließlich ist es der entscheidende Erfolgsfaktor einer Unternehmensberatung.

Chance zur Karriere: Kaum ein anderes Berufsziel wird so häufig aus Karrieregesichtspunkten angestrebt wie das des Consultants. Die Struktur des Geschäfts und die überdurchschnittliche Fluktuation machen bei hohem Einsatz Karriere schneller als anderswo möglich.

Anstrengung und gute Ideen werden nirgendwo rascher durch Aufstieg und exzellente Bezahlung belohnt als bei einer führenden Beratungsgesellschaft. Die Beratung jedoch ex ante nur als Sprungbrett in die Linie eines Klienten anzusehen – ohne jede Motivation für das Beratungsgeschäft selbst, dürfte jedoch das falsche Motiv für eine Bewerbung sein.

Beraterprofil

Der Attraktivität des Berufes steht eine gigantische Nachfrage von examinierten Hochschulabgängern gegenüber. Für die Beratung ist die Auswahl der zu ihr passenden Kandidaten eine ebenso herausfordernde Aufgabe wie die Auswahl des passenden Arbeitgebers für den Bewerber.

Die Qualität und Quantität der Arbeitsergebnisse, die von einer führenden Unternehmensberatung erwartet werden, fixiert die Anforderung an jeden einzelnen Mitarbeiter auf einem äußerst hohen Niveau sowohl an fachlicher als auch an sozialer Kompetenz. Im einzelnen werden bei einem geeigneten Kandidaten folgende Merkmale vorausgesetzt:

- Problemlösungsfähigkeit
- Kommunikationsfähigkeit
- Motivationsfähigkeit
- Kooperationsfähigkeit
- Transferfähigkeit
- Kreativität

Ausschlaggebend für den Erfolg oder Mißerfolg einer Bewerbung ist jedoch in jedem Beratungsunternehmen der persönliche „fit" des Kandidaten in das vorhandene Team: Die Chemie muß stimmen!

Mehr als in anderen Berufen ist es beim Consulting mit durchschnittlich drei auswärtigen Nächten pro Arbeitswoche für das Gelingen der Tätigkeit entscheidend, daß die Mitarbeiter harmonieren und mit hohen Synergievorteilen zusammenarbeiten.

Einblicke gewinnen

So individuell die Arbeit im Consulting ist, so individuell kann auch der Berufseinstieg sein. Nicht immer führt erst eine Bewerbung nach dem Examen zum Kontakt mit der Unternehmensberatung; schon während des Studiums bieten sich dem Studenten zahlreiche Gelegenheiten, Einblick in das Beratungsgeschäft zu gewinnen. Zu diesen zählen

- Kontaktmessen für Studenten
- Praktika
- studentische Mitarbeit
- in Zusammenarbeit mit der Unternehmensberatung erstellte Diplomarbeiten in praxisnahen Bereichen der Forschung.

Startpositionen

Die Einstiegsalternativen als Absolvent variieren schließlich mit dem eigenen Qualifikations- und Erfahrungsprofil zum Zeitpunkt des tatsächlichen Berufsstarts. Die genauen Modalitäten hängen zudem stark von dem individuellen Gestaltungsfreiraum des „Neulings", aber auch der Beratung ab. Prinzipiell ist ein Start möglich als

- Berater/Consultant
- Beraterassistent/Assistent Consultant und als
- Berater im Doktorandenstudium oder Postgraduiertenstudium/Fellow.

Jede Alternative hat ihren Reiz für beide Seiten, und eine prinzipielle Aussage über die Vorteilhaftigkeit ist nicht möglich.

Der Einstieg als Berater

Der klassische Einstieg ins direkte Beratungsgeschäft verlangt vom Hochschulabsolventen nicht nur direkt umsetzbares Knowhow in zumeist betriebswirtschaftlichen oder technischen Fragestellungen, sondern auch ein Höchstmaß an Professionalität bei der Kooperation mit dem jeweiligen Klienten und vor allem bei der sensiblen Umsetzung von vorgeschlagenen Maßnahmen. Daher sind für den Direkteinstieg als Berater neben einem hervorragenden Examen und außergewöhnlicher Leistungsmotivation in den meisten Fällen profunde Industrieerfahrung oder eine Promotion Einstellungsvoraussetzung.

Gegebenenfalls kann Industrieerfahrung auch eine abgeschlossene Berufsausbildung oder ein Traineeprogramm bedeuten. In jedem Fall wird die vorhandene Ausbildung durch Trainings on- und off-the-job ergänzt, in denen der neue Berater mit den Arbeitsweisen und Tools seines Unternehmens vertraut gemacht wird. Off-the-job-Trainings umfassen interne und externe Fach- und Persönlichkeitsseminare und werden bedarfsorientiert für jeden Berater ausgewählt. On-the-job wird der Berater in einem Pilotprojekt unter der intensiven Betreuung seines Projektleiters in die Arbeit mit dem Ziel eingeführt, möglichst rasch für die eigenständige Übernahme von Teilprojektaufgaben zur Verfügung zu stehen.

... als Assistent

Hochschulabsolventen ohne Promotion oder bedeutende Berufserfahrung werden in der Regel als Beraterassistent eingestellt. Von Unternehmen zu Unternehmen variiert die Bezeichnung für diesen Status: „Assistent Consultant", „Junior Consultant" oder „Assistent" sind die gängigsten aller Namen. Der Beraterassistent wird entweder wie der Berater auch mit geringerer Eigenverantwortlichkeit und engerer Führung durch einen Berater oder Projektleiter rasch in die Projektarbeit bei Klienten eingeführt oder übernimmt in stärkerem Maße interne Aufgaben. Diese reichen von der Mitarbeit an Forschungsprojekten, zum Beispiel die Erstellung von Branchenberichten, über konzeptionelle Arbeiten, etwa die Entwicklung neuer Beratungsprodukte, bis zur persönlichen Assistenz bei einem Geschäftsführer. Ziel ist es, daß der Beraterassistent durch große Aufgabenvielfalt und durch intensive Schulungen ein eigenes starkes Profil entwickelt, so daß der Karriereschritt zum Berater in etwa zwei bis drei Jahren erreicht werden kann.

... als Fellow

Auch „Fellow" ist eine austauschbare Bezeichnung und meint den Hochschulabsolventen, der während seiner Berufstätigkeit in der Unternehmensberatung ein Promotions- oder MBA-Studium betreibt. Diese Einsteigsalternative bietet die Chance, sich neben dem interessanten Beruf persönlich weiterzuentwickeln. Für die Unternehmensberatung selbst bedeutet die Beschäftigung von Fellows ein Höchstmaß an Qualifikation der eigenen Mitarbeiter, zumal Dissertationen häufig für Kernkompetenz in dem behandelten Bereich stehen. Die erhebliche Arbeitsbelastung durch die

Berufstätigkeit auf der einen und die Fortführung des Studiums auf der anderen Seite sollten allerdings nicht unterschätzt werden. Zwar wird häufig eine Freistellungszeit von der Berufstätigkeit vereinbart, jedoch geht der Einsatz erheblich über diese hinaus. Aber eine vergleichbar attraktive Chance, außerhalb der Universität Berufstätigkeit und Promotionsstudium miteinander zu verknüpfen, wird schwer zu finden sein.

Aufgabenprofil

Ob Consultant, Assistent oder Fellow – das erste Beratungsprojekt bietet für jeden Einsteiger einen gleich spannenden und herausfordernden Start. Spannend und herausfordernd sind in diesem Sinn nun wörtlich zu verstehen und in gar keinem Fall Worthülsen. Spannend ist zunächst die Suche des ersten Einsatzortes auf der Landkarte. Während Berlin, München oder Hamburg einfach auszumachen und mit dem Flieger äußerst bequem zu erreichen sind, ist die Anreise zu einem Produktionsstandort „auf der grünen Wiese" schon ungleich aufwendiger. Spannend sind dann zweitens die ersten Kontakte beim Klienten und der Eindruck, daß auf den ersten Blick gesehen praktische Probleme nun rein gar nichts mit akademischer Ausbildung zu tun haben (– dieser Eindruck trügt!). Spannend sind die ersten Projektbesprechungen, die schließlich in eigenverantwortlich zu lösenden Aufgaben münden, womit sich schon die Herausforderungen ankündigen.

Im Consulting sind mehr als in anderen Berufen eigenständiges und eigenverantwortliches Handeln gefragt. Das Ergebnis eines Beratungsprojektes hängt von dem persönlichen Einsatz und der persönlichen Performance eines jeden Beraters ab. Den großen Freiraum für die Gestaltung der eigenen Arbeit, den nur der Beraterberuf bietet, gilt es mit der professionellen Anwendung erlernten Know-hows und Tools, mit Offenheit, Teamgeist, Loyalität und Kommunikation zu füllen. Die wenigen Spielregeln jedoch, die den Rahmen für die erfolgreiche Arbeit bilden und die im Projektteam vereinbart werden, sind unbedingt einzuhalten.

Probleme lösen

Das Aufgabenprofil eines Beraters im ersten Projekt an dieser Stelle nun konkret zu beschreiben, ist eine unlösbare Aufgabe. Zu groß ist die Variantenvielfalt der Klienten, der Projekte und der Aufgabenverteilung. In der Regel sind es wohldefinierte Teilaufgaben – häufig im Rahmen der Feststellung der Ist-Situation beim Klienten, der Beschaffung von Informationen zur Marktsituation oder der Datenanalyse und -modellierung –, die dem Jungberater zur Erfüllung anvertraut werden. Diese Aufgaben erfordern gewöhnlich die Präsenz beim Kunden und damit hohen Reiseaufwand, der besonders zu Anfang sehr erlebnis- und lehrreich ist. Auch in der konzeptionellen Phase ist die Mitarbeit und Kreativität aller Projektbeteiligten gefragt. In diesem Stadium hat die Lernkurve jedoch für den Jungberater den steilsten Anstieg. Hier liegt die Kernkompetenz der Unternehmensberatung. Letzlich ergibt sich der Wert einer Beratungsleistung nicht aus der Anzahl abgeleisteter Stunden, sondern aus der Qualität und Kreativität der Problemlösungen, zum Beispiel gemessen an einer erzielten Kostensenkung.

Die Erfahrung und das Know-how, das man in Beratungsprojekten gewinnt, ist folgerichtig Erfolgsbasis sowohl für die Unternehmensberatung als auch für die persönliche Karriere im Consulting. Diese führt ausgehend vom Beraterassistenten über den Berater und Projektleiter zum Partner oder gar zum Geschäftsführer.

Start frei

Der erfolgreiche Studienabschluß und ein Anstellungsvertrag mit einem Beratungsunternehmen sind zwei entscheidende Hürden auf dem Karriereweg im Consulting. In dem chancenreichen und herausfordernden Umfeld dieses Berufsstarts stehen dem motivierten und leistungsbereiten Hochschulabsolventen alle Türen für ein rasches Fortkommen offen. Gute Leistung wird nicht nur durch eine überdurchschnittliche Entlohnung honoriert, sondern zusätzlich gefördert durch einen hohen Erfahrungsgewinn on-the-job und Schulungsmaßnahmen off-the-job. Nirgendwo sonst in der Wirtschaft sind die Gestaltungsspielräume für Hochschulabsolventen größer als in der Beratung, und nirgendwo sonst liegt die persönliche Entwicklung mehr in der eigenen Hand. Die eigene Mobilität, Kreativität und Dynamik entscheiden über den Erfolg des Projektteams und die Karriere in der Firma.

6.4 Mit MBA oder Promotion bessere Einstiegschancen?

Michael Böttger, Arthur D. Little, Wiesbaden

Viele Hochschulabsolventen stehen vor der Entscheidung, ihre im Studium erworbenen fachlichen Fähigkeiten durch Zusatzqualifikationen zu bereichern. So auch der Student, der in der Unternehmensberatung seine ersten Berufserfahrungen sammeln möchte. Womit hat er die besten Chancen?

Im folgenden Abschnitt sollen die Vor- und Nachteile des(Masters of Business Administration) MBA und der Promotion im Hinblick auf die Einstiegschancen in eine Unternehmensberatung diskutiert werden. Da über 90 Prozent der Berater einen wirtschafts-, ingenieur- oder naturwissenschaftlichen Hintergrund haben, beziehen sich die Ausführungen auf diese Zielgruppe.

Die Entscheidung, ob ein MBA oder eine Promotion bessere Einstiegschancen in die Beratung gewährleistet, muß individuell beurteilt werden. Je nach Alter, bisheriger Berufserfahrung und akademischer Ausbildung unterscheidet sich der Wert des MBA und der Promotion.

MBA: Ausbildung zum Manager

Der MBA ist ein Studienprogramm, welches sich an Führungskräfte richtet, die in der Regel keine wirtschaftswissenschaftliche akademische Ausbildung haben, schon einige Jahre Berufserfahrung sammeln konnten und eine praxisorientierte Managementausbildung erlangen wollen. In Deutschland entscheidet sich jedoch auch eine zunehmende Zahl von Wirtschaftswissenschaftlern für ein MBA-Programm als Zusatzqualifikation, wahrscheinlich aufgrund der Praxisferne der deutschen akademischen Ausbildung.

Ein MBA-Programm bietet die Möglichkeit, in relativ kurzer Zeit (maximal zwei Jahre) eine Managementausbildung zu erhalten, die die wesentlichen betriebswirtschaftlichen Grundlagen vermittelt. Hinzu kommt, daß in den meisten Business-Schools der Entwicklung der Sozialkompetenz, der Team- und Kommunikationsfähigkeit besondere Aufmerksamkeit geschenkt wird und der Absolvent in ein internationales Netzwerk von Beziehungen integriert wird.

Die Ausbildung orientiert sich vorwiegend an praxisnahen Fallstudien („Case Studies"), um ein problem- und entscheidungsorientiertes Vorgehen zu üben. Dabei wird nur soviel theoretisches Wissen vermittelt, wie es in der Praxis auch angewendet wird.

Promotion: Beweis für Selbstdisziplin

Dagegen fördert eine Promotion das eigenständige Arbeiten und Problemlösen und zielt auf die Vertiefung in einem Fachgebiet ab. Diese fachlich-wissenschaftliche Spezialisierung kann bei einem entsprechendem Thema direkt in der Beratung „vermarktet" werden. Dies wird in der Regel aber nicht praktiziert. Eine erfolgreich „durchgestandene" Promotion zeigt vor allem Stehvermögen, Fleiß und Selbstdisziplin.

Neues Beraterprofil

Die veränderten Anforderungen der Unternehmen an die Beratungsgesellschaften, die entwickelten Konzepte auch umzusetzen, haben zu einem neuen Beraterprofil geführt. Gefragt ist heute der sogenannte „Change Agent", der mit viel Fingerspitzengefühl als Moderator die Mitarbeiter des Kunden anleitet, die Lösungen selbst zu erarbeiten und einzuführen. Dieses neue Beraterprofil hat sich in der Einstellungs- und Weiterbildungspolitik der Beratungsgesellschaften niedergeschlagen. So gehört beispielsweise bei Arthur D. Little der Besuch eines Trainings in Gruppendynamik inzwischen zum Pflichtprogramm. Ein MBA-

Studium kommt diesem neuen Beraterprofil eher entgegen. Aus Sicht einer Unternehmensberatung ist sowohl der MBA als auch die Promotion eine bevorzugte Zusatzqualifikation, die bei der Einstellung berücksichtigt wird. Es entscheidet jedoch nicht die Anzahl der Aus- und Weiterbildungen über die Einstellung eines Bewerbers als vielmehr die Ausgewogenheit des Lebenslaufs (Ausbildung und Berufserfahrung). Voraussetzung für einen Einstieg als Consultant bei Arthur D. Little sind mehrere Jahre Industrieerfahrung, während ein Business Analyst eher durch seine Ausbildung und studienbegleitende Aktivitäten überzeugen sollte. Aber selbst Einsteiger als Business Analyst (Einstiegsposition für Uni-Absolventen) haben bei Arthur D. Little inzwischen oftmals eine Zusatzqualifikation (MBA, Promotion, Lehre, Berufserfahrung).

Bessere Chancen

Die Entscheidung, ob ein MBA für einen Naturwissenschaftler oder Ingenieur sinnvoll ist, muß aus den oben genannten Gründen eindeutig bejaht werden. Für einen Wirtschaftswissenschaftler kann der MBA sinnvoll sein, wenn eine zusätzliche Spezialisierung angestrebt wird (z. B. Corporate Finance). Aufgrund der stark gestiegenen Zahl von MBA-Programmen in Europa, deren Qualität im Gegensatz zu den USA nicht überprüft wird, ist es wichtig, den MBA von einer renommierten Business-School zu erhalten. Im Vergleich zur Promotion ist der MBA zwar in der Regel in kürzerer Zeit zu machen, aber er ist auch teurer.

Bezogen auf die spätere Beratertätigkeit weist das MBA-Studium Parallelen in der Arbeitsweise auf. Bei beiden wird unter hohem zeitlichen Streß und Konkurrenzdruck an mehreren Projekten in Teams gearbeitet. Insofern bereitet ein MBA-Studium besser auf eine spätere Beratertätigkeit vor. Trotzdem muß darauf verwiesen werden, daß der MBA zwar international höher eingestuft wird, sich aber im deutschsprachigen Raum noch nicht vollkommen durchgesetzt hat und der Doktortitel immer noch höhere Anerkennung verleiht. So hatten 1986 über die Hälfte der Vorstände der 100 größten deutschen Aktiengesellschaften einen

Doktortitel, heute wird dieser Anteil nur geringfügig kleiner sein. Zusammenfassend soll gesagt werden, daß MBA und Promotion bei Arthur D. Little wie auch bei den meisten anderen Unternehmensberatungen als gleichwertig betrachtet werden und daß auch erfolgreiche Beraterkarrieren ohne solche Zusatzqualifikationen existieren. Entscheidend für den Erfolg in der Beratung sind letztendlich die Persönlichkeit und die professionelle Einstellung. Eine gute fachliche Ausbildung und überdurchschnittliche Intelligenz werden vorausgesetzt.

6.5 Spezialist versus Generalist: Wie wichtig ist die Erfahrung in anderen Berufszweigen?

Ulrich Kurth, Kurth Consulting GmbH

Erfahrung ist gut, Erfahrung ist wichtig, Erfahrung heißt Höhen und Tiefen zu kennen, Erfahrung bedeutet lange Lebenszeit und Weisheit, Erfahrung impliziert die Fähigkeit, Probleme zu lösen, oder? „Manche halten das für Erfahrung, was sie 20 Jahre lang falsch gemacht haben" sagt George Bernhard Shaw, und „Wer ständig übt, beherrscht seine Fehler perfekt". Wird hier etwa am sakrosankten Begriff der Erfahrung gekratzt? Ist Erfahrung vielleicht gar nicht das, für das wir sie immer gehalten haben?

Eine Möglichkeit, sich dem Begriff Erfahrung inhaltlich zu nähern, ist die Verbalisierung des Wortes. Denn dadurch können Zeitfolgen berücksichtigt werden. Ich habe etwas erfahren, ich erfahre etwas, ich werde etwas erfahren. Dieser kleine Umweg entläßt das Wort „Erfahrung" aus seiner Statik, die wir vordergründig immer damit verbinden. Erfahrung ist also ein Prozeß, eine fortdauernde Entwicklung. Erfahrene Menschen wissen, daß die Erfahrung von gestern zu falschen Entscheidungen für morgen führen kann. Erfahrung heißt also, in Frage stellen, zweifeln, verbessern, lernen.

Das soll nun keinesfalls dazu verführen, das Wort Erfahrung im tradierten Sinn völlig zu eliminieren. Ihr Vergangenheitswert bleibt unschätzbar, hilft er doch Analogien herzustellen, die Sicherheit bei Entscheidungsprozessen zu vermitteln und „das Rad nicht neu erfinden zu wollen". Der junge Consultant soll sich also nicht entmutigen lassen. Dem Anwurf mangelnder Erfahrung setzt er ganz andere, wichtigere Talente entgegen: die Neugier, die Kombinationsfähigkeit, die Sensibilität, das Lernen durch Zuhören und fachliche wie soziale Kompetenz. Kein Beratungseinsteiger wird sich schließlich ein Messingschild an die Hauswand nageln und seine noch nicht vorhandenen Beratungsfähigkeiten anpreisen. Ganz im Gegenteil: Er wird in einem etablierten Beratungsunternehmen das Beratungs-Know-how kennenlernen. Als Mitglied eines Projektteams profitiert er vom Know-how seiner Teamkollegen einerseits und dem gespeicherten Managementwissen, dem Produktangebot, den Verfahren und Konzepten seiner Beratungsfirma andererseits. Der Klient kauft die Kompetenz für bestimmte Funktionsbereiche und eine gewisse Branchenreputation von einer Beratungsfirma ein. Hier zählt selbstverständlich die langjährige Erfahrung, für den einzelnen Berater gilt dies sicherlich nicht unbedingt.

Aufgaben und Ziele

Eine Untersuchung von Meffert zeigt die wichtigsten Ziele des Einsatzes einer Unternehmensberatung auf:

- Stärkung der Wettbewerbsposition,
- Gewinnsteigerung,
- Marktanteilssteigerung,
- Produktivitätssteigerung und
- Kostensenkung

Das Ziel der Imageverbesserung und der Mitarbeitermotivation trifft nur bei einem Teil der Beratungsaufträge zu. Um diese Ziele hinreichend verwirklichen zu können, stellen sich dem Unternehmensberater folgende Aufgaben:

- Mängel erkennen und aufdecken
- Probleme lösen
- Entscheidungen vorbereiten
- Maßstäbe setzen
- Konzeptionen entwickeln
- Vorschläge realisieren

Für den konfliktfreien Beratungsablauf ist es extrem wichtig, folgende Fragen zu beantworten:

1. Welche problemspezifische Qualifikation besitzt der Mandant?
2. Wer sind die Beratungspromotoren beziehungsweise -opponenten im Unternehmen?
3. Welche flankierenden Maßnahmen um die eigentliche Beratung herum müssen getroffen werden?
4. Welche Erfahrung hat der Mandant mit externen Beratern?

Die Kombination aus Vertrauen, Kompetenz, Überzeugungskraft und Reputation macht den Beratungserfolg aus, und das gilt für jeden Berater, ob jung oder alt.

Beratungsansätze

Externe Berater werden eingesetzt, wenn „der eigene Stab zu klein oder das eigene Know-how zu dürftig ist", so Dieter H. Vogel, Vorstandsvorsitzender der Thyssen Handelsunion AG. Diese Haltung ist der häufigste Anlaß für den Einsatz von Beratern. Der Berater ist Verlängerung beziehungsweise Vertiefung intern nicht ausreichend vorhandener Ressourcen. Die Erwartung des Klienten besteht darin, Prozesse zu beschleunigen und Know-how zu ergänzen beziehungsweise eigene Mitarbeiter zu trainieren.

Ein zweiter Beratungsansatz liegt in der Entwicklung von neuen Ausrichtungen durch externe Unterstützung. Portfolio-Bewertungen, Unternehmensstrategien, Diversifikationen, technische Prozesse, Organisationen etc. sind Bereiche, die in diesen Fällen nicht weiterentwickelt werden sollen, sondern bei denen eine Neuorientierung oder Umkehrung erwartet wird. Turn-around-Situationen und Sanierungen können durch diesen Typus der Beratung gemeistert werden. Eine weitere Einsatzmöglichkeit ist die Überprüfung eingeschlagener, für richtig empfundener Wege und Maßnahmen durch externe Berater, also eine Form des Bench-Marking. Hier ist nicht die Veränderung, Weiterentwicklung oder Neugestaltung das Ziel, sondern das Testieren und Akzeptieren der für richtig gehaltenen Unternehmenspolitik.

Generalist versus Spezialist

Diese Basisgründe für den Einsatz externer Berater verlangen einen unterschiedlichen Grad der Spezialisierung beziehungsweise Generalisierung. Im ersten Fall – Ergänzung oder Ausweitung des unternehmerischen Know-hows – werden konkrete, begrenzte Aufgaben zu lösen sein, die, klar definiert, einen Ausschnitt der Unternehmensaktivitäten darstellen. Der Berater ist aufgefordert, verifizierbare Vorschläge zu machen, deren Implementierung er möglichst begleitet. Gefragt ist hier der Spezialist, der über aktuelles („state of the art"), tiefes Spezialwissen verfügt– sowohl in Theorie als auch in der Praxis. Er wird aus der Fülle von Lösungsmöglichkeiten allerdings immer den Ansatz wählen, der die spezifischen Eigenarten des Unternehmens berücksichtigt. Das Ergebnis sind maßgeschneiderte Aktionen, die in anderen Unternehmen nicht wiederholbar sind.

Geht es, wie im zweiten Einsatzfall beschrieben, um neue, bisher im Unternehmen unbekannte Aktivitäten, ist zunächst ein breitangelegter Zugang erforderlich. Wie bei einem Trichter werden viele denkbare Lösungen auf Eignung überprüft, bis dann endlich die Lösung übrigbleibt, die den größten Erfolg verspricht. Markentragfähigkeit, Diversifikation, Standorte, Mergers & Acquisitions beispielsweise verlangen eine Form der Beratung, die über generalisierende Parameter angegangen wird. Breite, branchenübergreifende Kenntnisse sind unverzichtbar. Analogien und Implikationen herzustellen sind Anforderungen, die nur das Beratungsteam lösen kann, das bewußt auf Eindringtiefe verzichtet.

Für den Fall der Überprüfung einer Unternehmenspolitik wiederum ist der Beratertyp gefragt, der in der Lage ist, analytische, methodische Vergleiche herzustellen, und action standards zu setzen. Seine Fähigkeit liegt in der Auswahl von Vergleichsunternehmen, in der Beurteilung von Erfolg und Mißerfolg und in der Aufstellung von Meßbarkeitskriterien. Erst eine präzise, ex-post-Betrachtung ermöglicht dem Berater, die Leistungen seines Klienten richtig zu beurteilen.

Der Klient bestimmt den Beratertyp

Wer ist also der richtige Berater? Spezialist, Generalist, Prophet, Analytiker, Guru, Problemlöser ohne Verantwortung? Die Lösung ist schlichter, einfacher. Alle oberflächlichen Etiketten führen zu Mißverständnissen und falschen Erwartungen. Die Erwartungen des Klienten an den Berater sind es, die zählen.

Am wichtigsten ist die Sach- und Methodenkompetenz. Sie kann wegen der Komplexität der Probleme oder für Spezial-Know-how gefordert sein. Die Profilierung von Fachwissen tritt gegenüber Charisma zurück. Prinzipiell wird von Klienten eher der Spezialist als der Generalist gefragt.

Hohe Erwartungen werden auch an die Analysefähigkeit geknüpft, unscharfe Probleme zu strukturieren. Die Komplexität der Prozesse und zunehmende Internationalisierung machen dies mehr und mehr erforderlich, wobei die Analysefähigkeit eine spezialisierte und zugleich integrierte Betrachtung notwendig macht. Wenn Erfahrung erwartet wird, ist es eher Management- als Beratererfahrung. Der Nachwuchsberater kompensiert seine mangelnde Berufserfahrung durch intellektuelle und kreative Begabung, Originalität, divergentes Denken, Fleiß, Ausdauer und Ehrgeiz.

Die Wünsche und Forderungen der Klienten verlangen weiter eine verständliche Sprache in der Kommunikation, Neutralität bei der Beurteilung, das heißt Unvoreingenommenheit und eine gewisse Distanz. Praktische Ansätze werden theoretischen vorgezogen. In der Implementierung wird eher Rücksicht als Durchsetzungsvermögen erwartet. Die Aspekte der Unvoreingenommenheit, der Wahrheit und der Vertrauenswürdigkeit verlangen Persönlichkeit und unternehmensethisches Bewußtsein.

Soziale Kompetenz

Neben der Problemlösungsfähigkeit ist die soziale Kompetenz eine wichtige Säule für den Nachwuchsberater. Sie umfaßt:

Kooperations- und Teamfähigkeit: Diese Fähigkeit kennzeichnet den Umgang mit Menschen und die richtige Zusammenarbeit.

Führungsverhalten: Hier müssen beide Dimensionen, im Beratungsteam und gegenüber dem Kunden, berücksichtigt werden. Moderationsfähigkeit (damit Führungsverhalten) ist besonders gefragt in gemischt besetzten Teams von Beratern und Mitarbeitern des Klienten.

Kommunikationsfähigkeit: Kontaktfähigkeit ist eine Voraussetzung für Kommunikationsfähigkeit. Die Kommunikation wirkt entscheidend auf die Akzeptanz der übertragenen Information.

Situationsbezug: Das Erkennen von Situationen und entsprechend differenziertes Verhalten sind Voraussetzung für eine gelungene Situationsbeherrschung.

Akzeptanz: Akzeptanz des Beraters ist charakterisiert durch soziales Verhalten, Erscheinung, Offenheit und Sensitivität.

Arbeitshaltung: Sie soll bei Nachwuchsberatern grundsätzlich unternehmensbezogen und betriebswirtschaftlich orientiert sein. Leistungs-, Ziel- und Ergebnisorientierung zeichnen den Berater aus. Daneben ist er konsequent, fleißig und ausdauernd.

Fazit

Wer eine klare „Job description" erwartet hat, wird enttäuscht sein. Wer dagegen den Mut hat, sich herauszufordern, wird ein Tätigkeitsfeld finden, das in seiner Vielfalt und seinem Anspruch unvergleichliche Möglichkeiten bietet. Der kompetente Generalist, dessen Einwirken auf das Unternehmen zwangsläufig langfristig und umfassend angelegt ist, muß Mitglied des Vorstandes beziehungsweise der Geschäftsführung sein.

Hier ist der Platz, das Unternehmen ganzheitlich, zukunftsorientiert zu sehen und zu führen. Visionen und Strategien müssen aus dem Unternehmen heraus entwickelt werden. Der externe Generalist kann dabei allerdings häufig ein hochakzeptierter Sparringspartner sein.

Wann sollte der Einstieg oder Wechsel in die Beratung stattfinden? Die einfache Antwort: Es ist immer möglich. Limitierend ist mindestens diese Faustregel zu beachten: Je renommierter das Beratungsunternehmen, desto niedriger das Einstiegsalter. Am anderen Ende der Altersskala steht dann häufig die Selbständigkeit beziehungsweise das kleine oder mittlere Beratungsunternehmen mit Spezialisierung und Übernahme von Teilaufträgen.

Der junge Consultant, der nach wenigen Jahren in der Industrie in die Unternehmensberatung kommt, muß wissen, daß die erworbenen Fachkompetenzen lediglich solide Grundlagen für seine Beratungstätigkeit sind. Technologien, Marktbearbeitung, Produktqualität, Anwendungs-Know-how etc. sind nicht die differierenden unternehmerischen Erfolgsfaktoren.

Es sind vielmehr die Prozeßfähigkeiten und die Schaffung von Werten, die über Erfolg und Mißerfolg entscheiden. Der Berater also, der seine ersten Berufsjahre in organisations- und hierarchiebestimmten Unternehmen verbracht hat, wird Probleme haben, seinen zukünftigen Klienten in Fragen der Kundenorientierung, des Zeitmanagements, des Aufbrechens von Strukturen und der Umweltorientierung zu helfen.

Gleichgültig wie sich der Hochschulabsovlent entscheidet – ob gleich oder erst später für die Beratung – er ist selbst gut beraten, sorgfältig, auch mit Hilfe Dritter herauszufinden, wie kongruent seine individuellen Fach- und Charakterausprägungen mit den Erfolgsfaktoren seines neuen beruflichen Umfeldes sind. Wer den Mut hat, sich herauszufordern, wird ein Tätigkeitsfeld finden, das in seiner Vielfalt und seinem Anspruch unvergleichliche Möglichkeiten bietet.

6.6 Trainingsmethoden für Einsteiger und Quereinsteiger

Dr. Sven Ullrich, ift-Institut für Trainings- und Personalberatung, Köln

Das Fortbestehen und die Expansion eines Beratungsunternehmens hängt genauso wie bei jeder anderen Leistungsorganisation entscheidend von der Qualifikation der Mitarbeiter ab. Die Veränderung der Arbeitswelt insgesamt betrifft auch die Beratungsbranche – häufig sogar noch früher. Dies hat Konsequenzen für das derzeitige, aber auch das zukünftige Anforderungsprofil an einen Berater. Beispielsweise wird die Halbwertzeit des Wissens, das heißt der Zeitraum, in dem die erworbenen Kenntnisse von Bedeutung sind, aufgrund nie vorher dagewesener Technologiesprünge immer geringer. Die Komplexität von Arbeitsabläufen nimmt auch in der Beratungsbranche stetig zu. Dies erfordert von Berufs- und Quereinsteigern die Bereitschaft zu lebenslangem Lernen und ein optimales Wissensmanagement. Zudem werden die Leistungsprogramme und Zielgruppen einzelner Consulting-Firmen immer homogener. Daraus folgt, daß die Differenzierung von Mitbewerbern zunehmend schwieriger wird. Dies erklärt, warum Berater schon zu Beginn ihrer Consulting-Tätigkeit frühzeitig geschult werden, dem Kunden zielgerichtet und speziell zugeschnittene Lösungen anzubieten.

Internationalisierung

Auch wenn nach wie vor ein großer Anteil der Geschäftsbeziehungen auf dem Grundsatz „business is local" fußt, fällt eine steigende Internationalisierung von Organisationen, aber auch von Beratungsunternehmen auf, die sich beispielsweise mit internationalen Kooperationspartnern zusammenschließen. Dies erfordert von jungen Beratern ein hohes Maß an Fingerspitzengefühl für fremde Kulturen, neue Denk- und Verhaltensgewohnheiten. Neben dieser interkulturellen Flexibilität sind gute Fremdsprachenkenntnisse unabdingbar.

Letztlich setzen sich in größeren Beratungsfirmen immer stärker flache Hierarchien durch. Ist in vielen Consulting-Firmen das Berater-Dasein nach wie vor von einem „Einzelkämpferstatus" geprägt, so werden sich immer stärker Projektmanagement-Teams durchsetzen, in denen unterschiedliche Spezialisten aus verschiedenen Abteilungen des Unternehmens gemeinsam nach kreativen Lösungen suchen.

Daraus folgt, daß die Anforderung an die Team- und Konfliktfähigkeit des Beraters ansteigt. Alles in allem werden diese Trends nur die bereits bestehende Kenntnis verstärken, daß Kunden nach wie vor sehr personenorientiert ihre Aufträge verteilen. Die „Persönlichkeit" des Beraters ist entscheidend, und vor diesem Hintergrund ist es nur verständlich, daß Consulting-Firmen ein ausgesprochen starkes Interesse haben, Sie bestmöglichst auszubilden und Ihnen Möglichkeiten zum Wachstum zu schaffen.

Um als „Person" sowohl intern als auch extern in einer Beratungsfirma bestehen zu können, sind drei Qualifikationsebenen unabdingbar:

Fachkompetenz: Hierunter sind die Kenntnisse und das Wissen zu verstehen, das Sie für das Abwickeln der Projekte benötigen. Ihr persönliches „Wissensmanagement" und die Bereitschaft, immer neue Kenntnisse zu erwerben, läßt Ihre Fachkompetenz in zunehmendem Maße anwachsen.

Methodenkompetenz: Diese Ebene meint die Fähigkeit zu verstehen, Instrumente zu kennen und zum richtigen Zeitpunkt einzusetzen, die Sie zur Durchführung der Projekte benötigen.

Sozialkompetenz: Hierunter sind die bereits angesprochenen Fähigkeiten zur Kommunikation, Teamorientierung, Konfliktfähigkeit usw. zu verstehen.

Wege des Qualifikationsprozesses

Die Entscheidungsträger in Consulting-Firmen wissen, daß der unternehmerische Erfolg auch von der Weiterentwicklung Ihrer Person in den obengenannten Teilbereichen abhängt. Deshalb werden insbesondere am Anfang Qualifikationsmaßnahmen „on the job" beziehungsweise „near the job" im Vordergrund stehen.

Es hat sich bewährt, einen für die ersten sechs Monate gültigen und recht strukturierten Einarbeitungsplan für den Ein- oder Umsteiger vorzugeben. Sie werden Gelegenheit bekommen, in verschiedene Projekte „hineinzuschnuppern". Schon bald wird man Sie zum Kunden mitnehmen, so daß Sie auch bei der Arbeit vor Ort erste Erfahrung sammeln können. Von Vorteil ist es, wenn Sie für das erste Jahr einen Mentor, Paten oder Coach als Bezugsperson haben, der Ihnen sowohl in fachlicher als auch in persönlicher Hinsicht zur Seite steht.

Nun haben Consulting-Firmen neben tätigkeitsorientierten Qualifikationsmaßnahmen beziehungsweise durch das „Learning by doing" auch die Möglichkeit, Sie in internen Schulungen weiterzubilden. Sehr häufig stehen hierfür erfahrene Kollegen und Projektleiter oder sogar Partner der Unternehmensberatung zur Verfügung.

Grundsteine legen

Im folgenden werden Beispiele aus dem Bereich interner Schulungen präsentiert: Das erste bezieht sich auf eine Basisqualifikation und meint eine der Methodenkompetenzen: Moderations-/Präsentationstechniken. Wenn Sie beim Kunden vor Ort agieren, werden Sie mit der Situation konfrontiert, nicht nur mit einer Person, sondern zum Teil mit Gruppen zu arbeiten. Spätestens dann werden Sie dieses Rüstzeug dringend benötigen.

Das zweite Beispiel ist dem Bereich der Sozialkompetenz zuzuordnen und meint die Akquisition und die Art der Kundenbetreuung. Letztlich hängt Ihre Karriere in der Beratungsbranche mittel- bis langfristig davon ab, wie Sie bestehende Kundenbeziehungen pflegen und neue Kunden hinzugewinnen. Auch wenn unter Umständen diese Kompetenz in den ersten Jahren Ihrer Tätigkeit nicht im Vordergrund stehen mag, streben viele Beratungen bereits frühzeitig an, den Grundstein für die Entwicklung dieser Schlüsselqualifikation (aus der Sicht von Beratungsfirmen) am Anfang Ihrer beruflichen Entwicklung zu legen.

Zwei Bereiche interner Schulungen

Trainings und Schulungen – mehr oder weniger „off the job" – erlauben es Ihnen, verschiedene Verhaltensweisen auszuprobieren und auf eine konstruktive Art und Weise Rückmeldung darüber zu erhalten, wie Sie auf andere wirken. In diesem „sanktionsfreien Raum" steht das Probehandeln im Vordergrund, und Sie haben Gelegenheit zu überprüfen, ob die Sicht, die Sie von sich selbst haben, mit der, die andere von Ihnen haben, übereinstimmt.

Die folgende Abbildung zeigt auszugsweise eine Übersicht über die inhaltlichen Schwerpunkte und eingesetzten Methoden eines zweitägigen Präsentations- und Moderationstrainings:

Inhaltliche Schwerpunkte	Methoden
Grundlagen von Präsentationen (zum Beispiel Zeiteinteilung, Vorbereitung, körpersprachliche Aspekte usw.)	Lehrgespräch, Übungen
Vor- und Nachteile einzelner Medien	Kleingruppe, Präsentation der Ergebnisse
Rhetorische Aspekte einer Präsentation	Lehrgespräche und Übungen
Unterschiede zwischen Moderation und Präsentation	Diskussion
Techniken der Moderation: zum Beispiel die Metaplantechnik	Übungen
Vorbereitung und Durchführung einer Kurzpräsentation durch die Teilnehmer	Videofeedback

So bringt man Ihnen zu Beginn der Veranstaltung einige Grundlagen der Präsentationstechnik bei. Beispielsweise ist für die eigene Ausdruckswirkung als Vortragender der Blickkontakt wichtig, was bereits sicherlich jeder Berufseinsteiger weiß.

Mit der Zeit werden Sie eine bestimmte Vorliebe für einzelne Medien (zum Beispiel Overhead-Projektor, Flipchart, Metaplan) entwickeln. Dennoch ist es für eine überzeugende Präsentation wichtig, die richtige „Methoden-Mischung" anzuwenden.

Beim Einsatz von Visualisierungstechniken steckt der Teufel oft im Detail. Wer einmal eine Präsentation gehalten hat, die nur auf Folieneinsatz basierte, und das Lämpchen des Overhead-Projektors schmorte durch, der weiß, von was der Autor spricht. Auch die Foliengestaltung will gelernt sein. Ferner sollten Berater den Unterschied zwischen Präsentation und Moderation kennen. Hierbei handelt es sich weniger um eine Technik als vielmehr um eine Grundhaltung.

Damit ist gemeint: In manchen Situationen ist es zweckmäßig zu präsentieren, das heißt die Zielgruppe ansprechend zu informieren. Mitunter ist es aber auch entscheidend, situationsadäquat zu moderieren, also die eigene Wertvorstellung und Meinung zurückzunehmen sowie die Meinungsbildung in der Gruppe zu strukturieren und zu verdichten.

Ein Training ist so gut, wie die Teilnehmer Gelegenheit haben, neues Verhalten auszuprobieren und konstruktive Rückmeldung von anderen zu erhalten. Deshalb wird man Ihnen Gelegenheit geben, eventuell videounterstützt, alte Verhaltensgewohnheiten abzulegen und neue angemessene hinzuzugewinnen.

Weiterbildung

Der Akquisitionserfolg eines Beraters hängt neben der bereits angesprochenen Sozialkompetenz sicherlich auch von weiteren Faktoren wie Erfahrungshintergrund, Lebensalter und Positionierung innerhalb des Unternehmens ab. Dennoch – und vielleicht gerade deswegen – bieten Unternehmen der Consulting-Branche ihren unerfahrenen Mitarbeitern auch interne Weiterbildungsmöglichkeiten an, was sich im Umgang mit Kunden bewährt hat.

Die folgende Abbildung demonstriert Ihnen einen Auszug einzelner Themenkomplexe, die sich in einer derartigen Veranstaltung anbieten:

Inhaltliche Schwerpunkte	Methoden
Ablauf eines Akquisitionsgespräches: -Begrüßung -Warming-up-Phase -kurze Vorstellung der eigenen Person, des Beratungsunternehmens und der aktuellen Projekte mit Betonung der eigenen Schwerpunkte -Fragephase nach Interessen und Bedarf seitens des Kunden -Darstellung der Vorgehensweise und inhaltliche Skizzierung des Projektangebotes	Lehrgespräch, Diskussion
-Vereinbarung von Folgeaktivitäten (zum Beispiel schriftliches Projektangebot) -Verabschiedung	
Effektives Verhandlungsmanagement und ausgewählte Bereiche der Kommunikation: zum Beispiel aktives Zuhören, Umgang mit Einwänden	Übungen
Rollenspiele	Video mit anschließendem Verhaltensfeedback

In einem solchen Akquisitionstraining wird beispielsweise die unternehmensspezifische Grundhaltung beziehungsweise die Philosophie des Hauses im Umgang mit Kunden in den Vordergrund gestellt.

Sie werden lernen, daß Sie nur zielgerichtete und spezifische Lösungen anbieten können, wenn Sie die wahren Interessen und den Bedarf des Kunden wirklich erkannt haben. Dafür ist es absolut zwingend notwendig, intensiv zuzuhören, aktiv nachzufragen und sich Notizen zu machen. Erst vor dem Hintergrund dieser Informationen ist es sinnvoll, das eigene Projektangebot zu skizzieren. Sie werden feststellen, daß es besser ist, bei einem bestimmten Bereich auf andere Kollegen zu verweisen als sich in einem fachlichen Gebiet zu tummeln, in dem Sie sich nicht optimal auskennen.

Rollenspiele und die Simulation von schwierigen Situationen bei einem Akquisitionsgespräch werden Sie im Laufe der Zeit sicherer machen. In einer solchen Art von Training können auch Aspekte des Telefonmarketings oder die schriftliche Fixierung von Projektangeboten thematisiert werden.

Umsetzen von Trainingserfahrung

Genau wie jeder Hochleistungssportler tagtäglich trainieren muß, um seine Leistungen zu halten oder auszubauen, empfiehlt es sich, Folgeveranstaltungen zu planen und den Erfahrungsaustausch der Kollegen untereinander fest in der Ausbildung zu implementieren. Außerdem ist es für den Transfer, das heißt die Umsetzung der Trainingsinhalte in die Praxis, förderlich, sich konkrete und nachvollziehbare Verhaltensziele zu setzen. Ein erfahrener Kollege sollte Ihnen dann Rückmeldung geben, inwiefern Sie sich in der Praxis an diesen definierten Zielen orientieren.

Gerade in der Anfangsphase sind die Empfehlungen, Ratschläge und Informationen seitens Ihrer Kollegen von größter Wichtigkeit, und dennoch werden Sie feststellen, daß Sie im Laufe der Zeit Ihren eigenen Stil entwickeln. Und das ist gut so, denn Glaubwürdigkeit und Stimmigkeit, was auch gewisse Ecken und Kanten Ihrer Persönlichkeit mit einschließt, sind für einen erfolgreichen Berater unabdingbar.

Fazit

Es gibt nur wenige Branchen, in denen Sie in kürzester Zeit mit solch verantwortungsvollen Aufgaben betraut werden wie in Beratungsgesellschaften. Im Rahmen der Projektabwicklung werden Sie in zunehmenden Maße – zum Teil auch sehr hoch positionierte – Entscheidungsträger kennenlernen und mit vielen interessanten Persönlichkeiten zusammenarbeiten. Dies ist eine Chance, aber auch gleichzeitig eine Verpflichtung, sich nicht nur fachlich permanent auf dem neuesten Stand zu halten, sondern auch alle Möglichkeiten – und nicht nur diejenigen, die Ihnen das Unternehmen bietet – zu nutzen, die Ihrer eigenen Persönlichkeitsentwicklung förderlich sind.

7. Karriereetappen:
Wie wird man Chef in einer Unternehmensberatung?

7.1 Grow or go

Rolf-Magnus Weddigen, Bain & Company, Inc.
München

Karriere-Etappen in der Unternehmensberatung? Für viele Universitätsabgänger ist die Beratung in erster Linie ein attraktiver Einstieg in das Berufsleben, sie gilt als „Kaderschmiede" für den unternehmerischen General Manager von morgen. Die langfristige Karriere in der strategischen Unternehmensberatung steht hingegen nur selten im Mittelpunkt der Überlegungen. Mir selbst ging es da nicht anders. Als frischgebackener Karlsruher Wirtschaftsingenieur mit zwei Jahren internationaler Praxiserfahrung sah ich die Beratung erst einmal als Zwischenstation für zwei bis vier Jahre, als „Sprungbrett" in den weiteren Berufsweg. Nach nun sechs Jahren in einer der weltweit führenden strategischen Unternehmensberatungen hat sich meine Perspektive naturgemäß verändert.

Im folgenden möchte ich daher die wichtigsten Karriere-Etappen mit wesentlichen Inhalten und Anforderungen am Beispiel von Bain & Company skizzieren und einige Beobachtungen und Gedanken zur Karriere-Entwicklung in der strategischen Unternehmensberatung anschließen.

Die Karriere-Entwicklung gestaltet sich in der Beratung, anders als in vielen Industrieunternehmen, verhältnismäßig schnell und in wenigen Etappen. Unternehmensberatungen bieten ihren Mitarbeitern in der Regel eine konsequente Karriereplanung. Vom Junior Consultant zum Partner einer Firma sind es häufig nur drei bis vier Stufen und sechs bis zehn Jahre. Überdurchschnittliche Hochschulabgänger steigen bei Bain als Associate Consultant ein, werden bei entsprechender Leistung nach zwei bis drei Jahren zum Manager avancieren. Die Ernennung zum Partner der Firma markiert dann schon das Ende der formalen Karriereleiter nach weiteren drei bis vier Jahren.

Multitalente gefragt

Als Associate Consultant steht die Analyse im Vordergrund des Tätigkeitsprofils. Top-Management-Beratung und Strategieentwicklung sind analytisch sehr anspruchsvolle Aufgaben. Dabei ist die Qualität der Daten und die hochkarätige Analyse von entscheidender Wichtigkeit. Der erfolgreiche Associate Consultant entwickelt sich zum Meister der Datenbeschaffung, Strukturierung und Auswertung, nicht selten unter dem Zeitdruck eines engen Projektrahmens.

Als Multitalent führt er heute ein Interview mit einem Industrieexperten in London durch, ist morgen beim Klienten in Hamburg zur Durchsprache der von ihm erstellten Datenanfrage und erarbeitet übermorgen in München die ersten Analyseergebnisse, die er darauf im Team vorstellt und diskutiert. Daß bei all der analytischen Ausrichtung der Kundenkontakt und der externe Marktbezug nicht zu kurz kommt, konnte ich sehr schnell erfahren.

Bereits nach zwei Wochen verbrachte ich drei bis vier Tage pro Woche vor Ort beim Klienten, eine für die Beratung typische Zeitaufteilung. Alle drei bis neun Monate wechselt das Projekt und damit das Team, die Branche, die Aufgabenstellung und auch der Tätigkeitsschwerpunkt. Kein Beratertag gleicht dem anderen.

Als Associate Consultant heißt es daher auch, das eigene Arbeitspensum strukturieren zu lernen, ständig zu priorisieren und viele Aufgaben gleichzeitig voranzutreiben. Wer gelernt hat, sich selbst effizient und zielorientiert zu managen, hat sich die besten Voraussetzungen geschaffen, um neue Aufgaben und Herausforderungen annehmen zu können, ohne sich im Beruf aufzureiben. Für mich ging es vor allem darum, die studientypische Detailorientierung mit pragmatischer Ergebnisorientierung zu ergänzen, ein entscheidender Schritt im Erlernen des „Beraterhandwerks". Kollegen und Team sind hierbei eine unschätzbare Hilfe.

Unternehmensweite off-site-Trainings, wie etwa das zweiwöchige Associate Consultant-Training in den USA, vermitteln darüber hinaus das methodische Handwerkszeug in Form von Problemlösungs- und Präsentationstechniken. Trainingsseminare über spezifische Wissensgebiete, wie zum Beispiel Unternehmensbewertung und Finanzanalyse oder Gesprächsführung, vervollständigen das Ausbildungsprogramm für Associate Consultants über die ersten beiden Jahre.

Darüber hinaus wird bei Bain und einigen anderen Beratungsunternehmen auch die externe Weiterbildung durch MBA oder Promotion bei entsprechender Leistung gezielt gefördert und unterstützt. Als Teil eines individuell ausgearbeiteten Karriereplans habe ich beispielsweise nach nur eineinhalb Jahren als Associate Consultant meinen MBA am INSEAD in Fontainebleau in einem einjährigen Programm erworben.

Neben einer gesamtheitlichen Perspektive auf Unternehmensführung und angewandter Betriebswirtschaft konnte ich hier in einem international geprägten Umfeld meine beraterische „Grundausbildung" durch internationale und multidisziplinäre Lehrinhalte vervollständigen. Ein Gewinn, von dem ich in meiner weiteren Beraterlaufbahn vielfältig Gebrauch machen kann.

Andere Kollegen ziehen eine Promotion vor oder bleiben bei Bain, um ohne Unterbrechung die zweite Karrierstufe als Consultant anzustreben. Entscheidend ist hier die eigene Motivation, eine Regel gibt es nicht. So haben letztlich circa je ein Drittel aller Consultants, Manager und Partner bei Bain in München promoviert oder einen MBA, zehn Prozent haben beides.

Wertvolle Erfahrungen

Auch beim Consultant steht die Weiterbildung zum unternehmerischen Generalisten im Vordergrund. Sowohl durch eine verstärkte internationale Orientierung, als auch durch ein sich stark wandelndes Anforderungsprofil wird der Berater gefördert und gefordert. Auf Wunsch und bei entsprechender Leistung werden Consultants über den Rahmen einzelner Projekte hinaus in anderen Büros eingesetzt, in der Regel für einen Zeitraum von sechs bis zwölf Monaten. So hatte ich die Chance, den Aufbau des Bain-Büros in Stockholm zu unterstützen, für mich persönlich wie auch beruflich ein unglaublich wertvolles Jahr. Darüber hinaus konnte ich in den USA während eines halben Jahres bei Bain Capital, der Unternehmensbeteiligungsgesellschaft der Bain-Gruppe, das Leveraged-Buy-Out-Geschäft kennenlernen. Wie viele meiner Kollegen fasziniert mich bei Bain Capital besonders die Verbindung der Stärken der ergebnisorientierten strategischen Beratung mit dem unternehmerischen Beteiligungsansatz. Auf dieser Karrierstufe wandelt oder ergänzt sich aber auch das Anforderungsprofil auf allen anderen Dimensionen. Die gesamtheitliche Lösungserarbeitung vernetzter Problemstellungen tritt stärker in den Vordergrund, die Verantwortung des Beraters im Projektablauf wird umfassender.

Führungsaufgaben

Inhaltlich übernimmt der Consultant eine führende Rolle in der Strukturierung und Thematisierung größerer zusammenhängender Analysemodule im Gesamtprojekt, die Entscheidungen über Schwerpunkte, Methodik und Ablauf sowie die verantwortliche Kommunikation und Präsentation der Projektergebnisse. Beim Klienten entwickelt der Consultant vom Experten klar abgegrenzte Fragestellungen zum Problemlöser und „Advisor", indem er zunehmend lernt, die General Manager-Perspektive in die Projektarbeit einzubringen. Er vertritt nicht mehr nur Ergebnisse einer Analyse, sondern zunehmend die Implikation dieser Ergebnisse auf die Gesamtzusammenhänge der Aufgabenstellung und des Klientenunternehmens. Die effiziente Einbindung,

Steuerung und Koordinierung von Kundenteams aus vielen Funktionsbereichen und Hierarchieebenen sind dabei ebenso wichtig wie die Key Accounter-Funktion für einzelne Führungskräfte des Klienten. Der Consultant setzt hier seine Fähigkeiten und Erfahrung im Strukturieren und Durchführen von Workshops ein, er ist Moderator, Motivator, Experte und Advisor zugleich. Auch auf der Teamseite übernimmt der Consultant erste Führungsaufgaben.

Dazu gehört effizientes Strukturieren der Aufgaben und Anleiten von zwei und mehreren Junior-Beratern im Team ebenso wie die direkte Einbindung in die Teamsteuerung durch Projektleiter und Partner. Hier gilt dir Regel: Je mehr Erfahrung ein Consultant auf dieser Dimension gesammelt hat, desto größer wird sein Aufgabenbereich, bis hin zum Führen ganzer Case-Teams von vier bis sechs Beratern. Letzteres gilt dann schon als „Bewährungsprobe" auf dem Sprung zum Manager, dem Projektleiter.

Generalist und Spezialist

Der Manager ist verantwortlich für alle wesentlichen Aspekte eines Projektes. Das reicht von der Unterstützung im Verkaufsprozeß, der Teamplanung und inhaltlichen Strukturierung bis hin zur Betreuung der Klienten über den Projektumfang hinaus. Gleichzeitig ist er Mitglied der erweiterten Geschäftsführung und übernimmt intern im Beratungsunternehmen Führungs- und Fachverantwortung. Die Fähigkeit zu strukturieren, zu delegieren, aber auch zu motivieren und effizient zu kommunizieren sind hier besonders gefragt. In immer geringerem Umfang wird der Manager in die Details der analytischen Projektarbeit eingreifen, wohl aber deren Ergebnisse in das Gesamtbild des Projektes einfügen. Dabei arbeitet er sehr eng mit dem Team und dem verantwortlichen Partner zusammen. Typischerweise betreut der Manager am Anfang nur ein Projekt, im weiteren Verlauf jedoch durchaus zwei oder mehr Projekte. Auf dieser Karrierestufe entwickelt der Berater gleichfalls neben dem vielseitigen Einsatz als Generalist spezifische Präferenzen,

Interessensgebiete. Das kann zum einen fachlich-funktionale Arbeitsgebiete betreffen oder zum anderen sich an Branchen orientieren.

Als Projektleiter habe ich beipielsweise einen besonderen Interessenschwerpunkt auf Fragestellungen von internationalen Wachstumsstrategien entwickelt. So arbeite ich derzeit mit einem Team von vierzehn Beratern auf drei Kontinenten an einer „Wachstumsstrategie 2010" für einen europäischen Klienten. Darüber hinaus bin ich mitverantwortlich für die Intensivierung der europäischen Unternehmensbeteiligungsaktivitäten der Bain-Gruppe.

Einsatz gefordert

Die Wahl zum Partner schließlich markiert das formale Ende der Karriereleiter. Er ist Teilhaber der weltweiten Firma und repräsentiert eine sogenannte „Practice Group". Die Mitglieder einer solchen Gruppe befassen sich schwerpunktmäßig mit branchenspezifischen Themen wie etwa Telekom, Finanzdienstleistungen oder Automobilindustrie und auch funktionalen Aufgabenstellungen wie Wachstumsstrategie, Organisatorische Effizienz oder Informationstechnologie. In dieser Funktion arbeitet er eng mit seinen Partnerkollegen in aller Welt, die sich auf ähnliche Fragestellungen konzentrieren, zusammen. Er ist federführend in der Neukundenakquise, gibt wesentliche Impulse für die Projektarbeit und ist „Point Person" für das Top-Management beim Klienten. Im Team mit seinen weltweiten Partnerkollegen bestimmt er darüber hinaus die strategische und operative Ausrichtung der Firma.

Während die oben beschriebenen Karriere-Etappen weitgehend vordefiniert sind, können sich einzelne Karrieren in der Unternehmensberatung deutlich voneinander unterscheiden. Der Einstieg erfolgt nach abgeschlossenem Hochschulstudium als Associate Consultant und mit Arbeitserfahrung und Promotion oder MBA als Consultant. Wie schnell man dann die nächste Stufe erreicht, ist weitgehend von der Eignung und der Leistung des einzelnen abhängig. Dennoch erklimmt nur ein sehr geringer Teil der Einsteiger die letzte Karrierestufe. „Grow or go" ist die Devise in fast allen großen und vor allem internationalen Firmen der Branche. Auf einen Partner kommen in der Regel 10 bis 15 Berater. Der gelungene Einstieg trotz strenger Auswahl ist also kein Garant für eine erfolgreiche Karriere in der Beratung. Natürlich ist dieses Prinzip nicht der alleinige Grund für die branchentypisch hohe Personalfluktuation von 10 bis 20 Prozent im Jahr.

Was sind also die wesentlichen Gründe für den Ausstieg? Ungefähr 5 bis 10 Prozent der Berater verlassen jährlich die Beratung, um an einer der Top-Business-Schools einen MBA zu erwerben oder eine Promotion anzustreben. Fast alle dieser Berater kommen dann nach erfolgreichem Abschluß in die Beratung zurück.

Weitere zehn Prozent steigen jedoch jährlich aus, um ihre Karriere in anderen Bereichen fortzusetzen. Ex-Berater sind auf dem Arbeitsmarkt begehrt. Vielfach suchen Headhunter gezielt nach Nachwuchstalenten für Führungsaufgaben in Industrie, Handel und Dienstleistungsunternehmen. Dabei wird Beratern besonders die generalistische Ausrichtung und die erwiesenermaßen überdurchschnittliche Leistungsfähigkeit geschätzt. Wer in der Beratung seine ersten Sporen verdient hat, vereint in sich eine solide praxisbezogene Grundausbildung, überdurchschnittliche analytische Fähigkeiten, das Denken in gesamtheitlich unternehmerischen Zusammenhängen und unbedingte Team- und Kommunikationssicherheit.

Diese Qualitäten werden auch andernorts gesucht. Viele Top-Positionen in der Wirtschaft sind heute daher mit ehemaligen Beratern besetzt. Einige Aussteiger wählen aber auch den Weg in die Selbständigkeit. Wer langfristig in diese Richtung denkt, wird in der Beratung schnell und effizient die richtigen General Manager-Fähigkeiten lernen können.

Ehemalige bleiben dem Unternehmen meist eng verbunden. Vor allem internationale Beratungsunternehmen halten regelmäßigen Kontakt zu ihren Alumnis. Durch gemeinsame Veranstaltungen gibt sich Gelegenheit zum Gedankenaustausch und Kontakteknüpfen zwischen Aktiven und Alumnis. Alumnis sind dabei mitunter auch Auftraggeber für Beratungsprojekte und zukünftiger Arbeitgeber heute noch aktiver Berater.

Karriere in der Unternehmensberatung ist vielseitig, intellektuell und persönlich herausfordernd, aber auch verbunden mit einer überdurchschnittlichen Arbeitsbelastung und mitunter erheblichen Einschränkungen für das Privatleben. Daß das nicht jedermanns Sache ist, ist verständlich. Wer Spaß an den positiven Aspekten findet, entsprechend leistungsfähig ist und lernen kann, mit den Schattenseiten umzugehen, wird in der Beraterkarriere einen außergewöhnlich erfüllenden Berufsweg erleben.

Wer langfristig seine Zukunft in anderen Bereichen sieht, wird dennoch in der Beratung eine solide Ausbildung in einem jungen und dynamischen Umfeld genießen können und darüber hinaus von einem der besten „Sprungbretter" in den weiteren Berufsweg durchstarten können. „Grow or go" ergibt sich damit ganz natürlich.

7.2 So kam ich ans Ziel

Walter Hagemeier, Partner bei Roland Berger & Partner

Als ich 1985 meine Trainee-Ausbildung bei Bosch startete, hatte ich alles andere vor Augen als eine Karriere als Berater. Doch fangen wir von vorne an: Nach Abitur und Bundeswehr stand ich vor der Entscheidung: Was studieren? Meine Interessen und Qualitäten zeigten keine außergewöhnlichen Schwerpunkte So schwankte ich zwischen Architektur, Wirtschaftsingenieurwesen, Volks- und Betriebswirtschaftslehre - wahrscheinlich gingen mir damals sogar noch mehr Ideen durch den Kopf. Fest steht, ich habe schließlich Betriebswirtschaft studiert, zunächst in Bochum und dann in Essen.

Übrigens war das - zumindest nach heutigen Maßstäben - ein langes Studium: 13 Semester. Das hatte zwei Gründe: Zum einen hatte ich mich nach dem Grundstudium für VWL entschieden, dies aber - nachdem wir in die mathematische Ableitung eines 60 bis 80 Jahre andauernden Konjunkturzyklus eingestiegen waren - aufgegeben und mich der eher „erdverbundenen" Betriebswirtschaft zugewandt. Zum anderen habe ich insgesamt 20 Monate parallel zum Studium gearbeitet, um vom elterlichen Geldbeutel unabhängig zu sein. So übte ich mich zwischenzeitlich als Fahrer, Briefzusteller - sogar als Nachtpförtner(!)

Berufsstart als Trainee

Mit meinem Diplom in der Tasche habe ich mich dann Anfang 1985 in der Industrie beworben. Industrie - das war klar für mich, ich weiß heute selbst nicht mehr, warum. Damals verlief die Bewerbungsprozedur noch etwas erfreulicher als Mitte der neunziger Jahre. Auf zwanzig Bewerbungen erhielt ich elf Einladungen und sechs Stellenangebote - und das bei einem gutem Diplom von einer nicht besonders renommierten Universität.

Schließlich bin ich bei Bosch eingetreten - als einer von insgesamt 15 Trainees im Rahmen eines Führungsnachwuchsprogramms Marketing und Vertrieb. Die ersten Tage sind mir heute noch vor Augen: Nachdem die Stuttgarter Zentrale vergleichsweise prunkvoll gewirkt hatte, empfand ich meinen Einstieg in einem regionalen Verkaufsbüro, in diesem Fall ein umgebautes Lagerhaus, triste Möbel - als ziemlich ernüchternd. Doch die Arbeit lenkte von dieser Umgebung rasch ab: Als Assistent für den damaligen Leiter des Verkaufshauses - mit immerhin 600 Millionen Mark Umsatz jährlich - erarbeitete ich Analysen zur Neuorganisation der regionalen Bosch-Vertriebsstrukturen, wochenlang war ich mit Außendienstmitarbeitern unterwegs.

Nach sechs Monaten folgte die nächste Station - in der Bosch-Zentrale eines Geschäftsbereiches. Meine Aufgabe: Überarbeitung des Konzeptes zur Betreuung großer Schlüsselkunden (Key-account). Das war eine Arbeit, die mich wieder durch halb Deutschland führte und mir die Gelegenheit bot, mit zentralen und regionalen Großkundenbetreuern zusammenzuarbeiten.

Nach einem Jahr stand dann die sechsmonatige Auslandsstation auf dem Programm. Mein Wunsch war London, gelandet bin ich in Mailand - auch nicht schlecht. Dort beschäftigte ich mich mit der Anpassung paneuropäischer Marketingkonzeptionen auf die spezifischen Landesverhältnisse - eine Aufgabe im Spannungsfeld zwischen Konzepten der Zentrale, dem Geschäftsbereich und der differenzierten Welt in den Regionen. Schließlich erreichte mich ein unerwarteter Ruf in die Zentrale - Asisstent eines der Geschäftsführer von Bosch sollte ich werden – ein Novum bei Bosch, denn dort gibt es normalerweise keine Assistenten in der zentralen Geschäftsführung. Als Trainee unter den Top-Ten von Bosch - ein tolles Gefühl!

Assistent der Geschäftsführung

Die Zeit in der Zentrale wurde dann auch sehr ereignisreich, die Stille auf der Top-Etage mit den dicken Teppichböden ist nämlich trügerisch. Mein Schreibtisch befand sich gleich neben dem der Sekretärin. Und so war ich letztlich Zeuge, wie ein solches Unternehmen geführt wird. Knappe, kurzgehaltene Gespräche mit Vertretern des Stabs, eines Geschäftsbereiches oder einer Auslandsgesellschaft wechselten sich mit Führungssitzungen und einer schier endlosen Zahl von täglichen Telefongesprächen ab. Kurze Notizen des Geschäftsführers bildeten neben direkten persönlichen Anweisungen das zentrale Führungsinstrument. Ich konnte hautnah beobachten, welche imposante Wirkung die Macht des geschriebenen Wortes entwickeln kann: Zweizeilige Anweisungen der Geschäftsführung verursachten mitunter die Bearbeitung wahrer Aktenberge in den jeweiligen Stäben und operativen Einheiten.

Nach Ablauf der von vornherein begrenzten Assistentenzeit mußte ich mich entscheiden: Immerhin drei interessante Aufgaben hatte mir das Haus Bosch angeboten. Doch es wurde nichts daraus, denn durch Zufall reaktivierte sich ein Kontakt zu einem Mitarbeiter von Roland Berger & Partner, den ich in meiner Münchner „Bosch-Zeit" kennengelernt hatte. Mit abgeschlossenem Trainee-Programm und als Assistent in der Geschäftsführung sei ich Idealkandidat für die Beratung, und der Job sei „einfach spitze". Dermaßen geschmeichelt und gelockt entschloß ich mich, den direkten Kontakt aufzunehmen, und es kam schon bald zum Vorstellungsgespräch.

Nach einem Check durch meinen späteren unmittelbaren Chef folgte ein sehr eindrucksvolles, immerhin vierstündiges Bewerbungsgespräch mit einem der Partner von Roland Berger & Partner. Ausgestattet mit einem Vertragsangebot fuhr ich dann noch am gleichen Abend nach Stuttgart zurück.

Da stand ich nun mit zwei hochinteressanten Alternativen. Wie entscheiden? Sechs Wochen habe ich gebraucht, alle Vor- und Nachteile abgewogen - Konzern und Führungsverantwortung versus breite Ausbildung und noch interessantere Aufgaben auf der anderen Seite. Schließlich habe mich „aus dem Bauch heraus" entschieden - für Roland Berger & Partner. Das darauf folgende Gespräch mit meinem Geschäftsführer bei Bosch war nicht leicht, aber es löste endlich die persönliche

Spannung. Noch weitere zwei Monate blieb ich in meiner Funktion und verließ dann das Unternehmen. Heute weiß ich, meine Zeit bei Bosch war eine Periode, die mich prägte und von der ich heute und wahrscheinlich auch morgen noch zehre. Ich habe dort aus unmittelbarer Nähe die Arbeit in unterschiedlichen Hierarchie-Ebenen eines Konzerns beobachten dürfen und ansatzweise verstanden, wie ein solches Unternehmen geführt wird. Ich habe eine Vielzahl von Führungskräften auf verschiedenen Ebenen und in Führungsbereichen in Führungssituationen erleben können und dabei ein gewisses Grundverständnis dafür aufgebaut, warum sich wer wann wie verhält.

Nach drei Jahren Consultant

Dann also - im Frühjahr 1988 - startete ich als „Berater mit Industrie-Erfahrung" bei Roland Berger & Partner, wo ich ein Team von fünf Mitgliedern unter der Führung eines Geschäftsbereichsleiters verstärkte. Das erste Jahr war ziemlich hart; die persönlichen „Opportunitätskosten" im Vergleich zu einer fast schon gesicherten Karriere bei Bosch erschienen mir immens. Als Ex-Mitarbeiter eines Elektrokonzerns war ich geradezu prädestiniert für den Einsatz bei der Ausarbeitung einer Studie für einen anderen deutschen Elektrokonzern.

Mit mir rechnete man. Das hieß Workshops und kleine Präsentationen vorbereiten, Berichte schreiben, große oder kleine Teambesprechungen arrangieren, eine schier endlose Zahl an Interviews im Markt durchführen. Vier oder fünf Monate ging das so. Und schließlich mein erster Bericht: Drei Wochen Arbeit, jeden Tag 15 Stunden - inklusive Wochenenden - entsprangen meinem eigenen Ehrgeiz.

Dann las der Projektleiter das Ergebnis (fast 70 Seiten hatte ich produziert). Die ersten Seiten las er intensiv, die nächsten weniger intensiv, den letzten Teil gar nicht mehr. „Nicht brauchbar", so lautete sein Befund. Mit viel Sarkasmus habe ich die Situation durchgestanden. Innerhalb von zwei Tagen à 16 Stunden gemeinsamer Arbeit entstand dann ein neuer Bericht, immerhin inklusive einiger Seiten meines ersten Versuchs. Warum berichte ich das so ausführlich? Nun: Gespräche führen mit Klienten oder Experten, quantitative Analysen erstellen - alles machbar und lernbar. Aber vom Kopf etwas aufs Papier bringen - einen substantiellen Bericht, den jeder versteht - das ist hohe Schule und zentrale Fähigkeit eines Beraters. Daran arbeite ich übrigens - und wie ich vermute, auch viele andere - heute noch und permanent.

Nach dieser Studie, an der ich als Junior-Berater mitwirkte und Teilanalysen verantwortete, folgte ein Projekt bei einem mittelständischen Unternehmen. „Strategische Neuausrichtung" lautete das Thema, und diesmal war ich für ein gesamtes Projekt-Modul zuständig. Die Ergebnisse durfte ich selbst der Geschäftsführung präsentieren. Wir waren zu dritt in diesem Team tätig, und spätestens bei der Zusammenführung der Detailergebnisse war es erforderlich, gemeinsam zu agieren.

Was hatte ich im ersten Jahr gelernt? Berichte schreiben und präsentieren fiel mir deutlich leichter; das Handling des Kunden klappte eigentlich von Anfang an - da konnte ich einfach das gewonnene Gefühl aus meiner Zeit bei Bosch transferieren. In das Beraterteam hatte ich mich relativ schnell eingelebt, wenngleich die „Kulturunterschiede" zwischen einem Konzern und einem Beratungsunternehmen gewaltig sind. Gelernt hatte ich auch, daß die Fähigkeit beziehungsweise das Wissen von Berater zu Berater erheblich differieren und die richtige Kombination für den Erfolg eines Projektes entscheidend ist. Diese Kenntnisse nutzten mir bei den folgenden Projekten, denn ich hatte inzwischen Verantwortung für gesamte Module oder Teilprojekte übernommen und vergewisserte mich deshalb der Unterstützung durch Berater, die eigene Lücken ausglichen.

Nächste Stufe: Projektleiter

Nach rund 15 Monaten übernahm ich inoffiziell, das heißt „Berger-intern", die Leitung eines Projekts, nach 18 Monaten das erste Mal offiziell eine Projektleiterfunktion auch gegenüber dem Kunden. Dabei baute sich langsam ein Team im Team auf, das denn auch - im nachhinein betrachtet - den Kern für den heutigen Partnerbereich bildet.

Wie kam das? Ende 1989 verließ mein direkt vorgesetzter Geschäftsbereichsleiter das Haus, um in die Industrie zu gehen, und ein Nachfolger wurde gesucht.. Das kam mir zupaß: Ohne offiziell befördert zu werden, übernahm ich den „Nachlaß" meines Vorgesetzten und ging dann als Projektmanager an den Aufbau eines eigenen Teams. Vier Leute waren wir schließlich Ende 1990, als ich zum Geschäftsbereichsleiter ernannt wurde. Mein damaliger Partner wechselte in dieser Zeit mit dem Großteil der Beratermannschaft nach Berlin, um direkt an den Konsequenzen der Wiedervereinigung zu partizipieren. Mein kleines Team und ich blieben in München. Im nachhinein bedeutete das für mich eine große Freiheit, andererseits auch eine noch größere Verantwortung.

Ich ging also daran, das eigene Team weiter auszubauen. Bald waren wir sieben Berater plus Sekretariat und Graphik. Die damit verbundenen Führungsaufgaben wurden mir dadurch erleichtert, daß ich schon seit längerer Zeit intensiv im Personal-Recruiting mitgewirkt hatte; so arbeite ich heute noch mit Mitarbeitern zusammen, die ich von der ersten Stunde - quasi von der Bewerbungsphase an - her kenne. Übrigens habe ich mich - parallel zu meinen klassischen Projektaufgaben - immer auch persönlich um eine Reihe von internen Aufgabenstellungen gekümmert, sei es die Ausbildung von Beratern oder die Arbeit in verschiedenen Komitees.

Und schließlich: Partner

Mit Beginn des Jahres 1994 wurde ich in den Partnerkreis von Roland Berger & Partner berufen. Damit bin ich auch - mit entsprechender Kapitaleinlage - Gesellschafter. Die Aufgaben haben sich erweitert, die Perspektiven des Teams auch.

Anläßlich dieses Rückblicks auf meinen beruflichen Werdegang erscheinen mir mehrere Faktoren ausschlaggebend für meinen „Erfolg" als Berater.

1. Ich versuche, jede Sache, auch kleinere Dinge, gut zu machen – nicht perfekt, aber zumindest ordentlich.

2. Ich habe grundsätzlich immer mehr getan als ich durfte. Oder: Ich habe mich immer für mehr interessiert als mich eigentlich interessieren sollte, und ich habe mich auch immer um das gekümmert, was um mich herum passierte.

3. Ich habe fast immer darauf geachtet, Reserven zu halten (80/20-Regel).

4. Ich habe mir nicht das Korsett einer Karriereplanung angezogen oder von Dritten anziehen lassen.

5. Ich versuche, offen zu kommunizieren und in der Sache konsequent zu bleiben. Das klingt einfach, erfordert aber viel Fingerspitzengefühl, und ich habe auch hier so meine Erfahrungen machen müssen.

6. Ich versuche, Dinge zu lassen, die ich nicht kann. Auch das ist mir bis heute einigermaßen gelungen.

Das Wichtigste zuletzt: Der Beraterberuf ist ein spannender, aber knallharter Job; er legt schonungslos Qualitäten und Schwächen offen. Ich habe immer versucht, so zu sein, wie ich tatsächlich bin, und im Zweifel - alles läßt sich nicht rechnen - habe ich aus dem Bauch heraus entschieden. Damit bin ich bisher gut gefahren.

7.3 Eine spätberufene Profession

Dr. Heinz Benölken, Dr. Benölken + Partner GmbH

Kennen Sie das Bild von der „seitlichen Arabeske"? Als Alternative zur Ochsentour? Sie können nach ersten Praxiserfahrungen eine Tätigkeit in einer Unternehmensberatung aufnehmen, um sich dort bis zum Projektleiter und vielleicht sogar Geschäftsfeld-Manager in einem kreativen Umfeld in einem überschaubaren Zeitraum zu entwickeln – und von dort können Sie dann in eine leitende Position in die Praxis starten.

Vielen jungen Beratern gelingt dieser Schritt auf der Basis der beiden Säulen Praxiserfahrung und gelerntem Projekt-Management. Auch unser Unternehmen hatte im vergangenen Jahrzehnt mehrere Mitarbeiter, die diesen Weg gegangen sind und sich inzwischen in der Praxis auch durchgesetzt haben. Hingegen bin ich sozusagen in Umkehrung der seitliche Arabeske zur Unternehmensberatung gestoßen: Nach dem Studium zunächst noch 15 Jahre in unterschiedlichen Funktionen bei Banken und Versicherungen tätig – stand für mich eines Tages fest: Unternehmensberater als „spätberufene" Profession.

„Intensivstation" einer Bank

Meine erste Stellung nach einem BWL-Studium – vorher hatte ich eine Lehre als Bankkaufmann absolviert – fand ich in einer Großbank zunächst als Sachbearbeiter für das Firmenkreditgeschäft, später als Firmenkundenberater. Die Bereinigung einiger Problemfälle brachte mir augenscheinlich den Ruf eines brauchbaren betriebswirtschaftlichen Analytikers ein, der, auch für einen Diplom-Kaufmann durchaus nicht gewöhnlich, sogar nicht nur Bilanzen lesen, sondern sie auch in hartnäckigen Kundengesprächen qualitativ geschickt hinterfragen konnte. So wurde ich nach 18 Monaten mit der neuen Organisationseinheit „betriebswirtschaftliches Büro der zentralen Kreditabteilung" (kurz „Intensivstation" genannt) betraut. In den folgenden 18 Monaten bearbeitete ich ausschließlich Problemengagements, wobei in nahezu allen Fällen die Frage der Aufnahme weiterer Gesellschafter oder gar der Verkauf von Unternehmen im ganzen mit in Betracht kam. Mein persönlicher Gewinn in dieser Zeit: Ich bekam in sehr jungen Jahren schon einen tiefen Einblick in die vielleicht schwierigsten Situationen, in denen sich ein Banker in seinem Berufsleben gestellt sieht, nämlich ob und wie lange er es verantworten kann, den Regenschirm hinzuhalten und nicht wegzuziehen.

Das ich nach insgesamt drei Jahren aus dieser Bank ausschied, verdanke ich dem Zusammenfall von zwei Ereignissen: einer Fusion dieser damals noch großen Regionalbank mit einer anderen gleich großen Bank, wodurch auch mein Aufgabenbereich tangiert war. Der zweite Punkt war das Angebot eines mir noch aus Studienzeiten bekannten Professors, bei ihm zu promovieren.

Neben Promotion erste praktische Erfahrungen

Das Thema meiner Dissertation, „Langfristige Personalplanung im Kreditinstitut" setzte eine ganzheitliche Unternehmensplanung voraus. Die damit verbundenen Diskussionen brachten mich mit dem Vorstandsvorsitzenden einer Großsparkasse in Nordrhein-Westfalen zusammen, der mich parallel zur Weiterführung meines Promotionsvorhabens als Berater für die Neuorganisation des gesamten Kreditgeschäfts dieses Geldinstituts engagierte. Das Ergebnis der Neukonzeption wurde realisiert. Ist es Zufall, daß dieses Institut im Großsparkassenvergleich ein Jahrzehnt mit einem Betriebsergebnis von rund zwei Prozent zu den Spitzenreitern gehörte?

Nach meiner Promotion war ich in einem Beziehungsgeflecht drin und wurde aufgrund einer gegebenen Vakanz von einem Spitzenverband der Kreditwirtschaft angesprochen, ob ich nicht Interesse hätte, ein wichtiges betriebswirtschaftliches Referat zu übernehmen. Ich machte dies mit voller Motivation, und in den

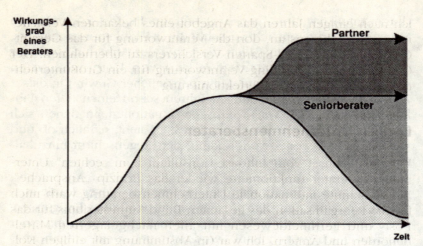

nächsten Jahren zog ich als eine Art „Wanderprediger" für Kundenorientierung und marktorientierte Aufbauorganisation durchs Land, in der Funktion eines Quasi-Unternehmensberaters von der Ebene des Verbandes. Das ich in dieser Zeit vielfache persönliche Kontakte, die auch heute für das Geschäft unseres Unternehmens durchaus kein Nachteil sind, gewann, ist dem Leser sicherlich plausibel.

Schriftlich beworben hatte ich mich im Jahre 1968 nur um meine erste Position direkt nach dem Studium. Danach funktionierte alles nach dem Prinzip „Ansprache". Innerhalb einer großen Landesbank hatte ich das Glück, mit dem Controlling für das gewerbliche (einschließlich Agrar- und Schiffs-) Kreditgeschäft sowie das Realkreditgeschäft (einschließlich der Verbindungen zur zugehörigen LBS) beauftragt zu werden. Diese Bereichscontroller-Aufgabe brachte mir einen stetigen Wechsel von tagespolitischen Erfordernissen, risikopolitischen Abwägungen und grundsätzlicher Stabsarbeit. Da ich zudem in diesem Bereich für die Erarbeitung der strategischen Ausrichtung der Bank verantwortlich war, verdoppelte sich für mich noch der Know-how-Gewinn.

Aufgrund eines personellen Wechsels an der Spitze der Bank und der damit verbundenen „politischen" Veränderungen, nahm ich nach einigen Jahren das Angebot eines bekannten Versicherungsunternehmens an, dort die Verantwortung für das Gesamt-Controlling dieses All-Sparten-Versicherers zu übernehmen. Der Gewinn: volle Controlling-Verantwortung für ein Großunternehmen und methodische „Perfektionierung".

Endlich Unternehmensberater

Beim Wechsel vom Inhouse-Consultant zum „echten" Unternehmensberater funktionierte wieder das Prinzip „Ansprache": Eine bekannte internationale Unternehmensberatung warb mich für die Reorganisation des gesamten Bundesministeriums für das Post- und Fernmeldewesen mit allen nachgelagerten Mittelbehörden und Ämtern. Ich war (in Abstimmung mit einigen Kollegen) für den Bereich Postbank-Dienste verantwortlich. Parallel dazu akquirierte ich mehrere Beratungsprojekte in der Kreditwirtschaft und Assekuranz, so daß ich das erste Beratungsunternehmen, für das ich persönlich tätig wurde, in „meinen" Branchen nach und nach positionieren konnte. Diese Tätigkeit, in deren Mittelpunkt die Verantwortung für das Geschäftsfeld Bank/Versicherungen (neben gelegentlicher Mitarbeit bei Sanierungsprojekten in anderen Geschäftsfeldern der industriellen Beratung) stand, erwies sich für mich als persönliche Erfüllung meiner Berufstätigkeit, so daß ich keinen Gedanken an möglicherweise verpaßte Chancen im Linien-Management der betrieblichen Praxis verschwendete.

Das eigene Unternehmen

Es kam natürlich aufgrund meines Entwicklungsweges, was kommen mußte: der „Kick-off" in die Selbständigkeit, zunächst vorübergehend als Einzelunternehmer und Freelancer sowohl für mein altes, wie auch als Sub-Contractor für weitere Beratungsunternehmen. Das mündete im Jahr 1986 in die Gründung einer partnerschaftlichen Unternehmensberatung, die ich auch heute, also im zehnten Jahr, gemeinsam mit einigen Partnern mit hoher Motivation betreibe. Die Initialzündung war ein mög-

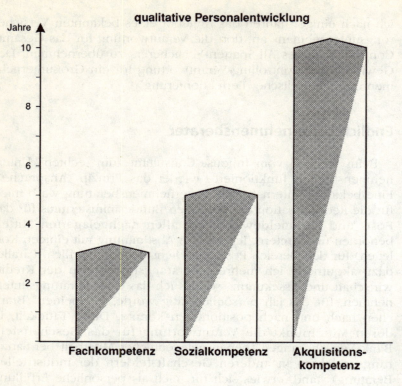

licher Auftrag von einem der größten Dienstleister Deutschlands, getreu nach dem Motto: „Wir wollen Sie persönlich, Ihr Trikot ist uns egal." Wer jemals Gedanken an die eigene Selbständigkeit ernsthaft erwogen hat, wird nachvollziehen, daß man dann zuschlagen muß, denn solche Situationen kommen nicht wieder – siehe Gorbatschow.

An dieser Stelle ein zarter Hinweis auf unweigerliche Klippen der jungen Selbständigkeit: Der Zwang zur vollen Konzentration auf den Startauftrag, denn eigene Referenzen und Module aus dem eigenen Back-office sind noch rar. Daneben aber auch der Druck zur parallelen Akquisition, um nicht einige Monate später in ein Auftragsloch zu fallen. Und weiter parallel der Aufbau einer ersten (kleinen) Mannschaft, die man zur Auftragsabwicklung und als Basis braucht, um sich über Delegation selbstmultiplizieren zu können. Wer das in den ersten zwei bis drei Jahren durchhält, hat es geschafft. Ansonsten bleibt man Einzelkämpfer, gerät in die Gefahr, von Amts wegen im Handelsregister wieder gelöscht zu werden.

Kow-how gut genutzt

Meine bisherigen Erfahrungen spiegeln sich in den drei Kerngeschäftsfeldern wider, die unser Unternehmen betreibt:

- klassische Unternehmensberatung für Kreditinstitute, wo wir uns neben den in diesem Bereich sehr intensiv agierenden Beratungsstellen der Regionalverbände der großen Gruppen des Kreditgewerbes als „Spezialitätenanbieter", also der „Facharzt" in Koplementärfunktionen zum „Hausarzt", auf dem Markt behaupten müssen;
- ebenfalls eine „klassische" Assekuranzberatung, die inzwischen von einem Geschäftsführer-Kollegen (genauer: Geschäftsführerin) geleitet wird;
- eine Gesellschaft für Unternehmensberatung in Problemsituationen (Branchenjargon: Sanierungsberatung), die primär im Bankauftrag oder auf Vermittlung von Fachverbänden/Kammern tätig wird.

Fazit: Das von uns betriebene Beratungsunternehmen – inzwischen auf über 25 Mitarbeiter angewachsen – ist ein Spiegelbild der in der Praxis gewonnenen Kernerfahrungen, in das auch einige Kollegen ihre in der „Arabeske verkehrt" erworbenen praktischen Erfahrungen einbringen. Da die eigene Praxiserfahrung bei uns hoch angesiedelt ist, liegt unser Schwerpunkt neben dem Pflichtprogramm Analyse und Konzeptentwicklung vor allem in der Umsetzungsbegleitung und im Coaching, wo wir manchmal sogar „interne Konzepte" gemeinsam mit Kunden umsetzen – nach dem Prinzip: Das Konzept allein ist nichts, die gelungene Umsetzung ist das Ziel. Und dabei verweben sich mäanderförmig die seitlichen Arabesken, egal welcher Spielart.

7.4 Vom Consultant zum Partner

Prof. Dr. Klaus Deckert, intra-Unternehmensberatung GmbH

Den Klienten mit Spitzenleistungen zum Erfolg zu führen bei Sicherung der langfristigen Lebensfähigkeit der eigenen Firma ist die tägliche Herausforderung, der wir uns im Markt für klassische Unternehmensberatung stellen. Spitzenleistungen im komplexen Beratungsumfeld erfordern ein Gefühl der Zugehörigkeit, Zusammengehörigkeit und der Identifikation mit der Firma. Den Zusammenhalt von selbstbewußten Gesellschaftern in der Beratung garantiert nichts besser als das Konzept der gleichen Partner.

Consulting – eine Partnerschaft auf Zeit

Dieses Konzept bedeutet totale Gleichberechtigung der Gedanken und Ideen bei nur einem Mindestmaß an Hierarchie und Bevormundung. Es läßt Entfaltung und persönliche Entwicklung bei freiem Spiel der Kräfte zu, wahrt jedoch die Integrationsfähigkeit jedes einzelnen unter dem Leitbild des Unternehmens. Dieses stellt das Interesse des Klienten vor das der eigenen Firma und das Gemeinwohl der Firma vor das Eigeninteresse des Partners. Den großen Handlungsspielraum füllen die gleichen Partner in ihrer Arbeit mit Unternehmertum. Für den Partner in einer Unternehmensberatung steht ein hoher persönlicher Einsatz nicht allein im Vordergrund. Es wird erwartet, daß er die Möglichkeit zur ungehinderten Leistungsentfaltung nutzt, um die Firma als Unternehmer nach vorne zu bringen. Er realisiert Ideen in Eigenverantwortung und übernimmt zugleich Verantwortung für Mitarbeiter.

Trotz aller Freiräume und der Vielfalt der Ideen ist für ein gesundes, kontinuierliches qualitatives und quantitatives Unternehmenswachstum ein hohes Maß an Stabilität im Zusammenwirken der gleichberechtigten Partner vonnöten. Das große

Spektrum sämtlicher Qualifikationen und Begabungen muß sich durch Zusammenarbeit und das Erzielen kreativer Ergebnisse wieder zu einem Unternehmen vereinigen. Fähigkeiten dürfen letztlich nicht einzeln nebeneinander stehen, sondern müssen nutzbringend integriert und zusammengeführt werden. Gerade in diesem Punkt ist Beratung Chefsache. Eine solide Geschäftsbeziehung zu dem Klienten basiert auf Stabilität in Gedanken und Handlungen und damit auf der Berechenbarkeit und der Zuverlässigkeit aller Partner, die dem Klienten gegenüber verantwortlich tätig werden.

Personalentwicklung in der Beratung

Alle Mitarbeiter sind Träger der Leistung und des Erfolges eines Unternehmens. In der Beratung steht neben der quantitativen besonders die qualitative Personalsplanung im Vordergrund. Im Rahmen eines Personalentwicklungssystems ist der Aussage „die *richtige* Frau, der *richtige* Mann am *richtigen* Arbeitsplatz" möglichst nahezukommen. Personalentwicklung ist demnach nicht nur eine Frage der Zeit, sondern den persönlichen Fähigkeiten angepaßt.

Ausgehend von einem wohldefinierten Anforderungsprofil bei Berufsstart ist die Entwicklung des Beraters entsprechend der Abbildung in mehrere Richtungen möglich.

Der Berater startet in der Regel mit einem hervorragenden akademischen Abschluß, hoher Leistungsmotivation, sehr guten EDV- und Organisationskenntnissen und hoher Belastbarkeit. Er begegnet damit bereits zu Beginn seiner Karriere

- ständig wechselnden, komplexen Problemen der Klienten, die er zu analysieren, strukturieren und zu bewerten hat,
- der Anforderung, für diese Probleme Lösungskonzepte zu erarbeiten und
- der Pflicht, den Klienten bei der Durchführung von Veränderungen zu unterstützen.

Was für die Weiterentwicklung wichtig ist

Ziel der ersten Entwicklungsphase eines Beraters ist dessen Vervollkommnung bei der Erfüllung dieser Aufgaben. Hohe Leistungsbereitschaft gilt es mit hohem Leistungsvermögen zu kombinieren. Nirgendwo ist die Produktivität des einzelnen derart geschäftsentscheidend wie im Consulting.

Gemessen an diesen Anforderungen ist nach ungefähr drei Jahren die Leistungsspitze des Beraters erreicht.

Weiterentwicklung ist forthin auf drei Achsen möglich:

Botschaften entwickeln: Botschaften verkörpern Know-how und Kreativität. welche die Kernelemente des Consulting sind und die Beratungsfirma weiterentwickeln können. Will sich also ein Berater zum Unternehmer wandeln, ist sein persönliches Fortkommen an das der Firma unmittelbar gebunden.

Personal führen: Karriere im Consulting bedeutet neben Verantwortung für die Firma und sich selbst die Übernahme von Verantwortung für andere, jüngere Mitarbeiter. Personal zu fordern und zu fördern heißt auch, den Blick abzuwenden von der eigenen Person und Personalführung, -politik- und -planung, globaler als bis zu dem eigenen Karrieresprung zu verstehen.

Akquisitionspotentiale erschließen: Die Unternehmensberatung hängt von der Erschließung innovativer Geschäftsfelder und der Akquisition neuer Aufträge mindestens ebenso stark ab wie von der erstklassigen Arbeit in bestehenden Projekten. Dabei setzt die erste Aufgabe den Zielgruppen-Insiderstatus des Akquisiteurs voraus. Der Berater muß Kernkompetenzen in Geschäftsfeldern und Branchen aufbauen sowie Kontakte entwickeln und pflegen.

All diese Aufgaben bewältigt der Partner mit einem Höchstmaß an fachlicher, sozialer und akquisitorischer Kompetenz, die über seinen langen Berufsweg gereift ist. Gelingt es dem Berater nicht, sich auf diesen drei Achsen persönlich weiterzuentwickeln, endet die Karriere im Consulting an diesem Punkt, und es ist klug, über einen rechtzeitigen und dann vorteilhaften Ausstieg aus dem Beratungsunternehmen nachzudenken.

Seniorberater

In dem günstigeren Falle erfolgt nach etwa fünf Jahren Beraterpraxis der Karrieresprung zum Seniorberater. Dieser hat eine profunde Kenntnis aller Beratungstechniken und beherrscht weitgehend die Felder der klassischen Unternehmensberatung.

Mit dem Sprung zum Seniorberater ändert sich vor allem das Aufgabenspektrum. Der Senior übernimmt die Führung von Projektteams in Beratungsaufträgen und zieht sich stärker aus der operativen Ausführung von Tätigkeiten zurück. Er wirkt koordinierend und integrierend, kann Wesentliches von Unwesentlichem trennen, ist Vorbild für Jungberater und kann diese motivieren. Die Verknüpfung eines Höchstmaßes an sachlicher und menschlicher Kompetenz ist Voraussetzung für fast alle Aufgabenkomponenten eines Seniorberaters.

Partner

Der Partner einer Unternehmensberatung bringt schließlich eine Eigenschaft in das Unternehmen ein, die ihn von dem Seniorberater deutlich unterscheidet: Auf der höchsten Karrierestufe im Consulting steht nicht mehr der Angestellte, sondern der Unternehmer. Der Partner – der Unternehmer – empfindet die Unternehmenskultur als Quelle für die Freude an seiner Arbeit und gestaltet die Normen durch sein Handeln und seine Kommunikation. Mit Weitsicht und Überblick schafft er längerfristige Perspektiven für die Firma und Mitarbeiter. Er fokussiert seine Aussagen und macht deutlich, worauf es wirklich ankommt. Richtungsweisend bewahrt er einfache Systeme und die flache Organisation. Die Hauptaufgabe des Unternehmens im Außenverhältnis der Beratung ist die Akquisition. Als Zielgruppen-Insider ist der Miteigentümer der Firma für die ständige Generierung neuer Geschäftsfelder sowie neuer Aufträge verantwortlich, um die Fortentwicklung seines Unternehmens zu sichern.

Partner als Coach und visionärer Macher

Partner in einer Unternehmensberatung tragen die Verantwortung für die langfristige Lebensfähigkeit der Gesellschaft. Sie vermitteln das Gefühl der Zugehörigkeit, der Zusammengehörigkeit und der Identifikation mit dem Unternehmen. Partner kommunizieren, daß alle Mitarbeiter eines Unternehmens in einem Boot sitzen:

- In einem Boot müssen sich alle bewegen. Es geht nicht, daß sich nur einige bewegen, andere nicht.
- Auch wenn alle gleichzeitig rudern, kommt noch lange keine Leistung heraus.
- Um eine gute Leistung hervorzubringen, muß der Einsatz aller rhythmisch und koordiniert sein.
- Das ist eine Methode, die alle zu lernen und unbedingt zu meistern haben.
- Einige beherrschen diese Methode schon gut, andere weniger gut; und die Leistung, die dabei herauskommt, könnte noch viel besser sein.
- Also müssen wir das rhythmische und koordinierte Zusammenspiel der einzelnen Elemente unseres Unternehmens trainieren.

Der Partner ist dabei gleichzeitig Coach und visionärer Macher im eigenen Unternehmen und beim Klienten. Die Partnerschaft im Consulting ist Karriere, Verantwortung, Herausforderung und Freude. Sie ist kein einfacher Weg, jedoch ein Weg, den es sich zu gehen lohnt.

7.5 Wieviel verdienen Unternehmensberater?

Thomas Römer, von Stockhausen Consulting GmbH

Nach dem Studium fühlte ich mich in einer starken Position: Das Diplom war „sehr gut" ausgefallen, ich hatte eine halbe Stelle an der Uni und somit viel Zeit, mir den richtigen „Job" als Berater in Ruhe auszusuchen: Die Kriterien lauteten

- gute Bezahlung
- abwechslungsreiche Tätigkeit
- schnelle Übernahme von Verantwortung.

Ob beratende Unternehmen mich (Berufsanfänger!) überhaupt als Berater akzeptieren würden, das fragte ich mich natürlich nicht. Und erstaunlicherweise sollte dieses auch weniger ein Problem sein, genausowenig wie die gewünschte Abwechslung und die Übernahme von Verantwortung, die sich teilweise auch als „Wurf ins kalte Wasser" entpuppen sollte.

Die anfängliche Ernüchterung

Meine Vorstellungen waren geprägt von Artikeln in Absolventenzeitschriften, Beilagen großer Zeitungen und dem, was man so hört. „Einstiegsgehälter bis 100 TDM möglich", „Uni-Absolventen deutlich vor FH-Absolventen im Gehaltsvergleich" und „in der Beratung sind die höchsten Gehälter realisierbar". Stimmt alles, sagt aber nichts über das konkrete Einstiegsgehalt aus. Und wer glaubt, nur wegen seines Uni-Diplomes und des Interesses an der Beraterzunft werde er mit offenen Armen und von mit Tausender-Scheinen winkenden zukünftigen Chefs empfangen, der irrt.

Immer wieder weisen die Kollegen darauf hin: Beim Einstiegsgehalt (und auch später!) nicht am „bis-zu-XXX-möglich-

Fall" aus der Literatur und auch nicht am „Durchschnittsverdienst" orientieren, sondern an der persönlichen Situation - und zwar aus Sicht des Einstellenden! Wissen Sie, welche Schwerpunkte das Beratungsunternehmen hat, bei dem Sie sich bewerben möchten? Weshalb sind Sie gerade dafür besonders geeignet? Beinahe täglich hat fast jeder Personalverantwortliche Initiativbewerber am Telefon und natürlich auch in schriftlicher Form auf dem Tisch, die den Einstieg in die Beratung suchen. Fast allen stellen wir die Frage, die auch ich zu hören bekam, als es ernster wurde: „Was haben Sie sich denn gehaltlich vorgestellt?" Da ich schon einmal mein eigenes derzeitiges Gehalt, also mehr als das, was man sich so für einen Anfänger-Kollegen denkt. Das war bei mir als Absolvent nicht anders, und so schienen mir die konkreten Zahlen, die mir als Bewerber dann als Angebot genannt wurden, ein Hungerlohn zu sein. Das Angebot von 3.500 Mark Fixgehalt Ende 1990 schlug ich übrigens aus.

Was besonders zu beachten ist

Wohin also konnte die Zahlenspielerei noch führen? Bei welchem Angebot sollte ich zuschlagen? Drei Dinge habe ich schließlich gelernt:

Es wird nicht immer ein Fixgehalt sein!

Dieses zu akzeptieren fällt vielen Berufseinsteigern schwer. Gehaltsvergleiche orientieren sich vor allem an großen Unternehmen, in denen wesentlich formalisiertere Gehaltsgefüge notwendig sind als in kleineren - und mitarbeiterzahlenmäßig sind Beratungsunternehmen in der Regel „klein". Größere sind zumeist auf mehrere, unabhängig agierende Standorte aufgeteilt und lassen so der jeweiligen Einheit wenigstens etwas Spielraum in gehaltlichen Dingen. Hierbei kann es sich um den Prozentsatz vom Gesamtumsatz der Einheit handeln, an dem die Berater beteiligt sind, oder um den Prozentsatz vom Umsatz des einzelnen Beraters oder um ein Vergütungssystem, das auf Zielvorgaben und -erfüllungsgraden beruht oder oder oder...

Einige Unternehmensberatungen arbeiten übrigens nur mit „festen freien" Mitarbeitern zusammen. In diesem Fall schreibt der Berater monatlich seine Honorarrechnung und zählt für das Finanzamt als Selbständiger. Allgemein kann gelten: Je mehr der einzelne Berater (theoretisch) am Mißerfolg beteiligt wird (durch hohe variable Anteile), desto mehr kann er bei Erfolg des Beratungsunternehmens auch verdienen.

Ich habe 1991 mit einer Mischung aus Fixum und einer für sechs Monate garantierten Umsatzprovision von zusammen 3.800 Mark angefangen - die ich bereits im zweiten Monat real übertroffen hatte! Laut Vertrag hatte ich also ein (hochgerechnetes) Jahreseinkommen von zwölf mal 3.800, also 45.600 Mark Das tatsächliche Zieleinkommen lag jedoch etwa 15.000 Mark höher! Eine weitere Steigerung ergab sich aufgrund meiner „Bewährung": Ich kletterte nach acht statt wie angepeilt nach zwölf Monaten eine Honorarstufe höher.

Im übrigen scheint sich allgemein herauszukristallisieren, daß die Top-Gehälter bei den „Großen" der Branche höher liegen als bei den „Kleinen". Der Bewerbungsdruck (Anzahl der Bewerber auf eine Einstiegsposition) ist jedoch ungleich höher und die Auswahl entsprechend härter. Steigen Sie bei einem „Großen" ein, ist Ihr höheres Gehalt in der Regel durch vorhandene Zusatzqualifikationen und die überzeugende Persönlichkeit auch gerechtfertigt.

Der Durchschnitt muß nicht auch für mich gelten!

Hochschulabsolventen orientieren sich an einem vermeintlichen „Durchschnitt". Dieser (speziell Gehaltszahlen) kommt aber erst nach einem unglaublich hohen Selektionsdruck zustande, in dem die „Besten" bestehen und dann zur Statistik beitragen dürfen. Ich gehe davon aus, daß das untere Leistungsdrittel der Absolventen (wie auch immer genauer definiert und einschließlich derjenigen, die keinen adäquaten Einstieg ins Berufsleben finden) in sämtlichen Statistiken gar nicht erfaßt ist.

Im übrigen habe ich lernen müssen, daß ein Gehaltsdurchschnitt in der Regel keinerlei Aussagen über das Gesamtpaket macht: Hier meine ich nicht die zusätzliche Unfallversicherung, das Funktelefon oder gar das Auto (das sowieso die wenigsten gestellt bekommen). Vielmehr gibt es auch Inhalte und Bedingungen, die man gar nicht in Mark und Pfennig messen, vielleicht gar nicht einmal aufwiegen kann. Wie können zum Beispiel ein Traineeprogramm, externe Schulungen, die Mentorentätigkeit der Erfahrenen und ähnliche Dinge mit dem Gehalt verrechnet werden? Wie der Abwechslungsreichtum der Aufgabe, wie die Selbständigkeit des Handelns - vielleicht bis hin zur weitgehenden unternehmerischen Freiheit? All diese „Verdienste" können kaum in Zahlen ausgedrückt werden - und fallen daher nur allzu häufig unter den Tisch! Dabei müßte gerade der Einsteiger nach genau diesen Dingen fragen, die seinen späteren Erfolg und damit sein späteres Gehalt nicht unwesentlich mitbestimmen. Kurz: Wichtiger als die Frage nach dem Gehalt von heute muß die Frage sein: „Wo will ich in fünf oder zehn Jahren stehen, was Erfahrung, Persönlichkeit und Gehalt angeht?"!

Es geht nicht darum, der Beste zu sein!

Sondern darum, der am besten Passende zu sein. Erst wenn ich meine persönlichen Stärken in einer Aufgabe und in einem Unternehmen (und ganz besonders in einem Beratungsunternehmen) einbringen kann, dann bin ich ein „wertvoller" Mitarbeiter. Die Zahl der Einsen auf dem Diplomzeugnis sagt nichts über die Eignung als Berater aus - und damit auch nichts über die „Wertigkeit".

Was also darf der Berater in seiner Lohntüte erwarten? Nochmal: das, was er wert ist! Ein sattes Gehalt, auch sechsstellig, ist nach wenigen Jahren tatsächlich zu erzielen - bei hohem Einsatz und voller Konzentration auf das Beraterdasein. Eine hohe wöchentliche „Einsatzstundenzahl" ist dabei selbstverständlich, ebenso wichtig ist aber auch das völlige Anpassen an die Rolle, die einem Unternehmensberater zukommt. Dazu gehört die passende Kleidung genauso wie ein angemessenes Auftreten, der nicht allzu ungewöhnliche Wagen usw. usw. Denn nicht die reine Fachkenntnis wird belohnt (und entlohnt), sondern das Ausfüllen der Beraterrolle - indirekt durch das beratene Unternehmen (Zahlung des Honorars an die Unternehmensberatung), direkt durch den eigenen Arbeitgeber.

Jeder Absolvent muß sich im klaren darüber sein, ob er bereit ist, sich diesen, auch finanziellen Bedingungen zu „unterwerfen" weil er als Berater seine Stärken wirklich voll zur Geltung bringen kann. Als Alternative bleibt die „normale" Position in einem „normalen" Unternehmen (also beim potentiellen Auftraggeber der Unternehmensberatung).

Top-Gehalt muß kein Wunschtraum bleiben

Fazit: Einstiegsgehälter in der Beratung können zwischen 50.000 und 75.000 Mark liegen. Von außerordentlich hoher Bedeutung ist in diesem Zusammenhang die Frage des persönlichen Anspruchs und der Entwicklungsmöglichkeiten. Allgemeiner formuliert gilt: Der Weg zum Wunscheinkommen ist auch in der Beratung in der Regel der zum Gehalt passende: Durchschnittliches Engagement führt zu durchschnittlichem Gehalt und Top-Engagement zum Top-Gehalt. Sie haben die Wahl.

7.6 „Up or out"

Andreas Schneider-Frisse, DIC Deutsche Industrie Consult

Wer heute die Bewerbungstour in die Beratungsbranche startet, tut dies nicht zuletzt in der Erwartung einer schnellen persönlichen Karriereentwicklung, deren Geschwindigkeit weniger von organisatorischen Sachzwängen als vielmehr von der eigenen Leistungsfähigkeit bestimmt wird. Und weil das Fokussieren komplexer Zusammenhänge auf knackige Anglismen zu einer der unumstrittenen Stärken der Berater gehört, erfand man die gängige Formal „up or out". Sie soll heißen: In der Beratung gibt es nur einen Weg, und der führt steil nach oben. Wer nicht mitkommt, scheidet aus. Noch Fragen?

Nun gehört es zum Wesen derartiger Schlagworte, daß sie sich mit der Zeit verselbständigen, insbesondere dann, wenn sie immer öfter von immer mehr Leuten verwendet werden, so daß der eigentliche Hintergrund am Ende bis zur Unkenntlichkeit simplifiziert wird.

Was aber steckt hinter „up or out", wo liegen Vor- und Nachteile dieser polarisierenden Formel, die bei Berufsstartern meist Faszination und Respekt gleichermaßen auslöst? Faszination vor dem „up", Respekt vor dem „out" – die Chance des Einen ist ohne das Risiko des Anderen nicht zu haben.

Vorteile

Für „up oder out" spricht die Dynamik des Beratungsgeschäftes, die von jedem Mitarbeiter konsequent umgesetzt und auch ausgestrahlt werden muß. Schließlich zahlt der Klient für die Beratungsleistung viel Geld und lagert einen Teil seiner ureigensten Kompetenz aus. Dafür erwartet er auf der einen Seite eine langjährige Erfahrung in der Bearbeitung ähnlich gelagerter Aufgabenstellungen, gleichzeitig aber auch eine individuelle, mit dem Enthusiasmus des „ersten Mals" entwickelte Lösung. Ein auf den ersten Blick schwer zu lösender Widerspruch, der schnell in die Grundsatzdiskussion von Breite und Tiefe der Beratungskompetenz führt. Konkret stellen sich folgende Fragen: Kann jemand, der zum X-Mal in der gleichen Verantwortungsfunktion die Vertriebsstrategie eines Klienten bewertet, noch wirklich individuelle und kreative Lösungen erarbeiten? Strahlt er noch den ansteckenden Optimismus während der Arbeit aus, ohne den kaum ein Klient zu überzeugen ist, weil Beratung immer eine Kombination aus Leistungserbringung und -verkauf ist? Läuft er nicht Gefahr, gerade der Betriebsblindheit zu erliegen, die in vielen Unternehmen einer der Gründe für den Erfolg von externen Beratern ist?

Ja, alle drei Fragen können zu Ungunsten der Beratungsleistung ausfallen, und zwar deshalb, weil auf Dauer die Motivation des Einzelnen nicht mehr ausreicht, um sich den oft extremen Anforderungen des Beratungsgeschäftes offensiv zu stellen. Nun ist Mitarbeitermotivation keine Erfindung der Berater, aber hier ist sie enorm wichtig, weil in der Umgebung des Klienten die Beratungsleistung nahezu stündlich auf dem Prüfstand steht. Eine schlecht vorbereitete Präsentation kann ein Millionenprojekt kippen, auch Berater haben schwache Tage, nur merken darf es keiner.

Weiterentwicklung durch „neue Köpfe"

Aber es ist nicht nur eine Frage der Motivation. Auch wenn die Kreativität der Beratungsleistung oft überschätzt wird, ist es doch wichtig, bestehende Lösungen weiterzuentwickeln, ein Prozeß, der auf Dauer auch neue Köpfe erfordert. Köpfe, die gesteuert von der gesammelten Erfahrung und Kompetenz der Beratungsfirma agieren.

Diese Anforderungen an Motivation und innovativer Flexibilität lassen die ständige Weiterentwicklung von Inhalten und Verantwortlichkeiten und damit verbunden natürlich auch der

Stellung des Einzelnen als nahezu einzige Lösung erscheinen, zumal die Struktur der meisten Beratungsunternehmen eine derartige Entwicklung auch zuläßt und das Image der Branche es an Nachwuchs nicht fehlen läßt.

Nachteile

Aber wie bei einem Produktionsprozeß, bei dem Flexibilität und Effizienz von möglichst kurzen Durchlaufzeiten abhängen, gilt als einschränkender Parameter die Sicherstellung der notwendigen Qualität auf jeder Stufe. Genau an dieser Stelle beginnen die Probleme der reinen „up or out"-Lehre.

Ist der Einzelne bei derartigen Entwicklungsgeschwindigkeiten überhaupt noch in der Lage, die notwendige Kompetenztiefe bei einer durchschnittlichen Verweildauer pro Verantwortungsstufe von teilweise unter zwei Jahren zu erreichen? Oder umgekehrt, ist es für das Beratungsunternehmen langfristig von Nutzen, auf einen Spezialisten für Logistikkonzepte oder den perfekten Systemdesigner zu verzichten, nur weil dieser von seiner Persönlichkeit her nie der große Akquisiteur werden wird, eine Fähigkeit, die aber auf der nächsten Stufe verlangt wird?

Zwei Fragen, die auch etablierten Beratungsfirmen mit „up or out"-Prinzip Kopfzerbrechen bereiten, weil zur Lösung der immer komplexer werdenden Fragenstellungen der Wirtschaft die eigentlich notwendige Kombination aus Generalisten und Spezialisten kaum noch in einer Person abzubilden ist. „Up or out" bevorteilt aber in seiner ursprünglichen Form den Generalisten, eine Grundhaltung, die die Beratungsentwicklung der 70er und frühen 80er Jahre widerspiegelt, aber heute nicht mehr den Anforderungen gerecht wird.

Grundsätzlich sinnvoll

Andererseits sind Leistungsorientierung, Motivation, neue Aufgaben und Ziele, flache Hierarchien Prinzipien, die für „up or out" sprechen und in aller Munde sind. Deshalb halte ich diese Philosophie in der Beratungsbranche grundsätzlich für sinnvoll, allerdings unter klaren Nebenbedingungen:

1. „Up or out" erfordert eine sehr professionelle Personalentwicklung, die durch gezielte Identifikation von Stärken und Schwächen im Hinblick auf die kurz- und langfristige Entwicklung des Einzelnen eindeutige Unterstützungsmaßnahmen anbietet. Dabei muß insbesondere zur Entwicklung von Führungs- und Akquisitionskompetenz immer die Frage nach der mittelfristigen Erreichbarkeit der übernächsten Stufe gestellt und konstruktiv beantwortet werden.

2. Der inhaltliche Know-how-transfer muß konsequent sichergestellt werden, um auf jeder Stufe ein Maximum an Fachwissen zu garantieren.

3. Es muß für die Bereiche, wo es sinnvoll ist, auch eine Art Spezialistenlaufbahn geschaffen werden, da anderenfalls die konsequente „up or out"-Anwendung eventuell zu empfindlichen Know-how-Verlusten führt oder Spezialisten in Generalistenfunktionen überfordert.

4. Die Struktur des Beratungsunternehmens muß nach oben hin offen sein, das heißt, die Erreichung der nächsten Stufe darf nur von der Leistung und nicht von freien Positionen abhängen.

5. Es muß ein standardisiertes, transparentes und gerechtes Beurteilungsverfahren existieren.

Diese fünf Punkte erheben keinen Anspruch auf Vollständigkeit, zeigen aber bereits, daß mit „up or out" erhebliche Anforderungen an das Beratungsunternehmen gestellt werden.

Was Berufseinsteiger beachten sollten

Wenn Sie also im Bewerbungsgespräch mit „up or out" konfrontiert werden, dann sind die daraus resultierenden Ansprüche durchaus gegenseitig. Scheuen Sie sich daher nicht, in die Offensive zu gehen und nachzufragen, wie denn das Unternehmen seiner Verantwortung gegenüber den Mitarbeitern gerecht wird. Wie sieht die konkrete Mitarbeiterentwicklung aus, welche Anforderungen sind für welche Stufe zu erfüllen, wie funktioniert das Beurteilungsverfahren? Sind die Antworten nicht eindeutig und logisch, können Sie davon ausgehen, daß hier mal wieder ein Schlagwort überstrapaziert wird und im Zweifelsfall das Unternehmen mehr fordert als es zu geben bereit ist. Ist die Darstellung aber glaubwürdig, müssen Sie sich aller Konsequenzen bewußt sein. Wo „up " ist, ist auch „out", das System funktioniert nur, wenn beide Alternativen konsequent umgesetzt werden. Dies kann eine sehr belebende Wirkung haben, bedeutet aber auch einen erheblichen Leistungsdruck; wer den scheut, wird im „up or out"-Klima nicht glücklich werden.

☞ Wenn Sie sich schließlich dafür entscheiden, in einer „up or out"-Beratung zu starten, gibt es einige Dinge, die Sie besonders beachten sollten:

- Nehmen Sie Bewertung und Schwächenprofile ernst, auch wenn Sie persönlich vielleicht anderer Meinung sind.
- Schätzen Sie Ihre eigene Leistung realistisch ein, arbeiten Sie ständig an sich.
- Wenn Sie unsicher sind, was zu tun ist, um Schwächen auszugleichen, sprechen Sie offen mit Ihren Vorgesetzten.
- Es reicht nicht, nur Schwächen auszugleichen, Sie müssen auch konsequent Stärken weiterentwickeln.
- Ruhen Sie sich nicht auf Erfolgen aus, Beratung ist wie Sport: Höhen und Tiefen liegen dicht beieinander.
- Orientieren Sie sich stärker an Ihren eigenen Leistungspotentialen als an Kollegen.

Chancen nach dem „Out"

Was aber, wenn Sie trotz allem irgendwann in Ihrer Laufbahn mit den „out" konfrontiert werden? Das Wichtigste: Es gibt ein „Leben" nach der Beratung, und es gibt nicht Wenige, die nach solch einem „out" in anderen Bereichen Karriere gemacht haben. Allerdings sollten Sie die Gründe, die zum Ausscheiden geführt haben, sehr selbstkritisch prüfen, und auch an dieser Stelle das offene Gespräch suchen. Es ist menschlich, daß bei negativen Entwicklungen die Schuld gerne bei anderen gesucht wird. Dies kann auch durchaus sein, kein Bewertungssystem ist perfekt, auch Unternehmensberatungen machen Fehler. Die Erfahrung zeigt aber, daß öfter ein „Out-Kandidat" im Unternehmen verbleibt, als daß ein Potentialträger auf die „Out-Schiene" gesetzt wird.

Insbesondere dann, wenn das Ausscheiden mit consultingspezifischen Argumenten begründet wird, sollten Sie die Gründe sehr ernst nehmen. Dabei handelt es sich oft mehr um die persönliche als um die fachliche Qualifikation, was die Situation nicht gerade einfacher macht. Aber die Anforderungen an Selbstdisziplin, Eigeninitiative, Streßunempfindlichkeit bis hin zu eloquentem Auftreten und „sich verkaufen können" treten hier konzentrierter auf als in vielen anderen Jobs. Sind Defizite in diesen Bereichen ausschlaggebend, sollte der oft naheliegende Wechsel in eine andere Beratung sehr kritisch geprüft werden. Meistens treten dort früher oder später die gleichen Probleme auf, und dann kann es wirklich kritisch werden.

Allgemein gilt, je weniger Sie vorher die Tätigkeit in der Beratung überschätzt haben, desto leichter fällt Ihnen der Wechsel in andere Branchen.

„Es gibt ein Leben nach dem Consulting"

Bei allem Glimmer, der der Beratung oft anhaftet, gibt es interessantere, aufregendere, ja sogar besser bezahlte Jobs, auch wenn das viele Berater nicht glauben.

Überlegen Sie sich genau, was Sie gelernt haben, wo Ihre Stärken und Schwächen liegen. Haben Sie spezifische Branchenkenntnisse, in welchen Unternehmensbereichen lag Ihr Beratungsschwerpunkt? Berater unterschätzen oft ihre Fachkenntnisse, weil sie sich selbst am liebsten als Generalisten sehen. Beim Wechsel in die Linienfunktion eines Unternehmens ist aber gerade dieses Know-how gefragt. Wer es schafft, derartige Kenntnisse in Kombination mit der in der Beratung normalerweise gelernten strukturierten und zielorientierten Denk- und Arbeitsweise glaubwürdig darzustellen, ist auch für andere Unternehmen sehr interessant.

Auf einen möglichen negativen Effekt sollte man sich allerdings einstellen. Die gehaltlichen Entwicklungspfade von Beratung und Linienfunktionen in der Industrie weichen insbesondere in den ersten zehn Berufsjahren erheblich voneinander ab. Gehälter von 150.000.00 Mark sind vom Berater nach relativ kurzer Zeit zu erreichen, die 200.000.00-Grenze kann nach fünf bis acht Jahren deutlich überschritten werden.

Dies sind Regionen, in denen sich viele Geschäftsführer im Mittelstand oder Bereichsleiter bei Großunternehmen mit erheblicher Budget- und Personalverantwortung aufhalten. Positionen, die vom Ex-Berater auf Grund fehlender Branchentiefe oder mangelnder Personalverantwortung selten direkt eingenommen werden können.

Werden Sie sich bewußt, daß in der Beratung nicht nur Fachkompetenz, sondern auch Flexibilität und Mobilität mit bezahlt werden. Wechseln Sie an einen festen Standort mit geregelter 40- Stundenwoche, müssen Sie akzeptieren, daß hier finanzielle Einbußen möglich sind. Dafür ist die Wahrscheinlichkeit, daß Sie sich eine Woche später für ein Jahr auf einem Projekt 80 Kilometer. südlich von Prag wiederfinden auch relativ gering. Betrachten Sie Ihr geregeltes Sozialleben als geldwerten Vorteil, dann kann die Umstellung auch ungeahnte Pluspunkte bringen.

Anpassung gefordert

Und noch etwas ist beim Wechsel in die Linie zu beachten: Es gelten andere Spielregeln, die dem projektorientiert arbeitenden Berater oft Schwierigkeiten bereiten. Es dauert vermutlich eine Zeit, bis er akzeptiert, daß nicht jedes Problem im Unternehmen mit einigen Folien im Harvard-Querformat zu lösen ist – eine Erfahrung, die übrigens auch für viele derzeitige Berater sicherlich ganz lehrreich wäre. Darüber hinaus sind oft die politischen Entscheidungswege, insbesondere bei Beförderungen und Gehaltsentwicklungen, für den ehemaligen Berater Neuland.

Um hier den Erfahrungsvorsprung von Kollegen aus der Linie auszugleichen, sollte der ehemalige Berater versuchen, beratungsspezifische Stärken gezielt einzusetzen, ohne ständig bestehende Regeln oder Widerstände grundsätzlich in Frage zu stellen. Besteht die Möglichkeit zum Einsatz bei unternehmensinternen Projekten, ist dies sicherlich eine gute Möglichkeit zur Profilierung und damit zur Senkung der Eintrittsbarriere in die Linie.

Sie sehen, das Thema „up or out" hat viele Facetten, die es wert sind, beleuchtet zu werden. Natürlich können Sie im Vorfeld Ihrer Berufswahlentscheidung nicht jegliche Unwägbarkeit vorwegnehmen. Aber wer die Spielregeln der Beratungsbranche vorher kennt, kann besser einschätzen, ob er sich grundsätzlich für diese Tätigkeit eignet und interessiert. Die meisten in diesem Artikel dargestellten Zusammenhänge sind für die ganze Branche gültig, egal ob ein Beratungsunternehmen „up or out" als Basisphilosophie apostrophiert oder nicht. Versuchen Sie, sich in ein derartiges Umfeld hineinzuversetzen, und prüfen Sie selbstkritisch, ob Sie sich darin wohnfühlen. Wenn ja, haben Sie den ersten Schritt in Ihrer Consultingkarriere bereits hinter sich.

8. Ein Job ohne Langeweile
Die vielfältigen Beratungsgebiete

Unternehmensberater haben es mit Kunden aus den unterschiedlichsten Branchen zu tun. Dort, wo die Wünsche und Ansprüche der Klienten Fachwissen erfordern, haben sich Unternehmensberatungen längst spezialisiert, um das erforderliche Wissen anbieten zu können. Im folgenden erzählen drei Unternehmensberater über die Anforderungen, die an spezialisierte Unternehmensberatungen gestellt werden.

8.1 Lernen durch Herausforderung

Ulrich Hoppe, Hoppe Unternehmensberatung, Beratung für Informationsmanagement, Heusenstamm

Sicherlich haben Sie schon einmal mit Menschen zu tun gehabt, die sich bei ihrer Arbeit offensichtlich gelangweilt oder frustriert fühlen. Manchmal liegt es daran, daß für die beruflichen Tätigkeiten keine wohldurchdachten Ziele formuliert wurden. Die Unzufriedenen haben sich bei der Wahl ihres Berufes nicht die Frage gestellt: „Was will ich in diesem Beruf erreichen?". Als Berater sind Sie nicht gelangweilt. Sie erhalten genügend Motivationsaspekte. Langeweile entsteht nicht, wenn sich eine Fülle von aufregenden Dingen ereignet, die Ihre volle Aufmerksamkeit fordern. Als Berater verwirklichen Sie neue Ideen.

Vielfältige Einsatzmöglichkeiten

Ganz selten gibt es Beratungen, die nur ein einziges Tätigkeitsfeld mit ihrem Dienstleistungsangebot abdecken. Zum Beispiel kann ein Projekt, in dem es um die Auswahl von neuen Mitarbeitern geht, ebenso mit Weiterbildungsmaßnahmen oder Personalentwicklungsmaßnahmen gekoppelt sein. Im folgenden möchte ich die einzelnen Tätigkeitsbereiche der Beratungsbranche nach einer Unterteilung des BDU vorstellen:

Unternehmensführung/Organisation

Hierzu zählen Unternehmensanalysen, strategische Unternehmensplanung und -gestaltung, aber auch Management auf Zeit, das heißt, eine Berater unterstützt ein Unternehmen etwa en bis zwei Jahre. Der Bereich Büroplanung stellt nur ein Randgebiet dar. Dabei beschäftigen Sie sich zum Beispiel damit, wie der Flächenbedarf für ein umzustrukturierendes Unternehmen ermittelt wird. Auftraggeber, die ihre Büroaufgaben und Tätigkeiten optimieren wollen, geben Unternehmensberater die Aufgabe, ihre Erfahrungen und das aus anderen Projekten gewonnene Know-how auch in ihrem Unternehmen erfolgreich umzusetzen.

Personalberatung, Personalwesen

Personalberatung ist mehr als bloß eine Arbeitsvermittlung. Für die ernsthafte Suche eines Schlüsselmitarbeiters, aber auch für den Aufbau eines breiten Personal-Marketing-Konzeptes muß auf Besonderheiten des jeweiligen Unternehmens Rücksicht genommen werden. Damit ist die Personalberatung nicht nur Personalvermittlung, sondern Unternehmensberatung in bezug auf den gesamten Bereich Personal. Das setzt Präsenz im Arbeitskräfte suchenden Unternehmen voraus, erfordert Kenntnisse des Marktes und des Wettbewerbs, um daraus die Unternehmensperspektiven abzuleiten, für die mit konkreten Vorstellungen ein Mitarbeiter gesucht wird. Professionelle Personalbeschaffung umfaßt als Full-Service die folgenden Leistungskategorien: Ein Personalberater muß ständig die Marktaktivitäten beobachten. Er sollte zu Hochschulen und Ausbildungseinrichtungen Kontakte haben, um Berufseinsteiger rechtzeitig für seine Kunden gewinnen zu können. Ebenso muß er Messen besuchen, um neue Kontakte zu knüpfen. Auch das Lesen von Veröffentlichungen in Fachzeitschriften oder in Zeitschriften einer Branche gehört zu den Aufgaben eines Personalberaters. Um einen Kundenauftrag zu erhalten, muß ein kompetenter Personalberater ein fachlich qualifizierter und engagierter Gesprächspartner sein.

Der Personalberater ist aber auch der Ansprechpartner für Mitarbeiter, die sich umorientieren möchten. Wenn ein Unternehmen sich beispielsweise von einem langjährigen Mitarbeiter trennen muß und eine hohe Abfindung vermeiden möchte, so kann ein Personalberater in Form von „Outplacement" für den Mitarbeiter eine Karriere in einer anderen Firma planen.

So wie es Finanzberater für die Finanzen gibt, so gibt es auch Personalberater, die für das Personalwesen immer auf dem neuesten Stand sein müssen. Hierbei spreche ich insbesondere die richtige Wahl eines Vergütungssystems oder eines Entgeltsystems in einem Unternehmen an. Qualifizierte Mitarbeiter, die das wichtigste Gut eines Unternehmens sind, können nur dann gehalten werden, wenn eine gezielte Lohn- und Gehaltspolitik durchgeführt wird. Der Personalberater wird als neutrale und externe Person beratend zur Seite gezogen. Seit dem 1. August 1994 gibt es eine gesetzliche Abgrenzung zwischem einem Personalberater und einem Arbeitsvermittler. Damit hat der Bundestag unmißverständlich festgelegt, daß Personalberater der Aufsicht der Bundesanstalt für Arbeit nicht unterstellt sind, im Gegensatz zu privaten Arbeitsvermittlern. Das heißt, der Markt wird überschaubarer. „Pseudo-Berater" oder Arbeitskraftmakler werden in die Vermittlungsbranche überwechseln müssen.

Weiterbildung & Training

In unserer Zeit, die von schnellen Veränderungen geprägt ist, stellt Weiterbildung in allen Bereichen eines Unternehmens die wichtigste Investition dar. Veränderungsprozesse werden durch Weiterbildung offenkundig und für alle akzeptabel. Maßnahmen der Weiterbildung schaffen qualifizierte Mitarbeiter und dienen der Qualifizierung des gesamten Unternehmens. Dieses Angebot ist jedoch bei fast jeder Beratung zu finden. Entweder ist es ein reines Schulungsunternehmen, oder es handelt sich lediglich um einen Geschäftszweig der Beratung. In Anbetracht dessen, daß Weiterbildungs- und Trainingsaufträge oftmals kleine und gering dotierte Projekte sind, bietet sich in diesem Aufgabengebiet ein optimaler Einstieg, der vielleicht sogar zu einer langfristigen Zusammenarbeit mit dem Kunden führt. Der Berater kann im Rahmen eines klar definierten Seminarziels seine persönliche Ausstrahlung und sein Know-how unter Beweis stellen. Manchmal entwickelt sich für die Unternehmensberatung aus einem kleinen Projekt ein großer Auftrag in einem anderen Sektor der Dienstleistungspalette. Ganz selten erhält eine kleine Beratung einen größeren Auftrag, wenn Sie nicht zuvor schon einmal einige kleinere Aufträge erfolgreich abgewickelt hat.

Hinzugefügt sei noch, daß der Wettbewerb im Trainingsbereich, insbesondere im DV-Sektor, sehr hart umkämpft wird. Dies macht sich vor allem in den niedrigen Tageshonoraren bemerkbar. Anders ist es bei den Seminaren, die sich mit dem Thema Verkaufsförderung, Management und Kommunikation beschäftigen. Dies mag wohl daran liegen, daß die Umsetzung eines solchen Seminars mit diesen Zielen erst langfristig möglich ist.

Marketing

Die Marketingberatung beinhaltet die Planung aller auf die aktuellen und potentiellen Absatzmärkte ausgerichteten Unternehmensaktivitäten im Sinne einer dauerhaften Befriedigung der Kundenbedürfnisse einerseits und der Realisierung der Unternehmensziele andererseits. Hier müssen Marktinformationen gewonnen und nach den Wünschen der Kunden aufbereitet werden. Der Unternehmensberater stellt einen Marktforschungsplan auf und wählt eine geeignete Methode für die Informationsgewinnung. Oft werden in groß angelegten Projekten die Basisinformationen gesammelt, interpretiert und aufbereitet. Aus Kundensicht besteht das Projekt oft nur aus der Übermittlung der bedarfsgerecht erarbeiteten Marktinformation. Die Beratung betreibt gezielte Marktforschung für ihre Kunden. Der Terminus „Forschung" weist darauf hin, daß es sich um einen umfassenden, systematisch und wissenschaftlich fundierten Informationsprozeß handelt.

Technik

Diese Art der Beratung umfaßt die Entwicklung und Konstruktion von technischen Wirtschaftsgütern. Die Voraussetzung ist oftmals eine technische Ausbildung oder ein Ingenieurstudium.. Auch hier handelt es sich um eine Dienstleistung: Die Berater entwickeln Arbeitsablaufpläne, Fertigungs- und Arbeitssysteme für ihre Kunden. Dies geschieht unter Verwendung moderner CIM-Konzeptionen. Das technische Basiswissen ist notwendig für die CAD/CAM computergestützte Konstruktion und Fertigung, aber auch für mögliche NC-Programmierung.

Datenverarbeitung

Beratungen für Datenverarbeitung sind keine Softwarehäuser. Sie arbeiten nicht auf der reinen Programmierebene, sondern liefern Komplettlösungen, die erst konzipiert, anschließend realisiert und schließlich im Unternehmen eingeführt werden. Hierbei geht es nicht um Standardsoftwarelösungen, sondern um komplexe Arbeitsabläufe, die auf die EDV umgestellt werden sollen. Die Kunden kommen aus den unterschiedlichsten Branchen. Dies sind Banken, Handels- und Industrieunternehmen, die ihre Arbeitsabläufe optimieren wollen. Der Standardsoftwaremarkt bietet in einem solchen Fall selten die richtige Lösung für den Kunden. Reporting Systeme, Fragebogen- und Kostenanalysen oder Berichtswesen für das Controlling sind nur einige Beispiele, die zeigen, wie Lösungen speziell auf die Kunden zugeschnitten werden müssen. Ganz selten ist eine Lösung auch für einen anderen Kunden wieder verwertbar. In diesem Tätigkeitsgebiet gibt es viele kleine Unternehmensberatungen mit einem jungen Durchschnittsalter. In einer kleineren Beratung übernehmen Sie alle Aufgaben. Dazu zähle ich Akquisitionsgespräche, Projektgespräche mit Kunden und Kollegen, Vorbereitung von Präsentationen, Reisen und Telefonate. Sie betreuen ein Projekt von der Akquisition über die Realisierung, die Einführung im Unternehmen bis hin zur Fakturierung. Insbesondere in kleineren Beratungen gehört es zu Ihren Aufgaben, Akquisitionsgespräche zu führen. Wenn Sie Vertrauen in Ihr Dienstleistungsangebot haben, so werden Sie auch bei Ablehnung eines Angebotes keine Abneigung gegen diese Art der Gespräche haben.

Logistik

Optimale Analysen entfalten ihre volle Wirksamkeit vor allem in der langfristigen Betrachtungsweise. Entwicklungen, die sich in der Praxis bewährt haben, kommen individuell angepaßt immer wieder zum Einsatz. Im Bereich der Logistik ist dies oft der Fall. Von der Planung und Disposition über die Einkaufsorganisation bis hin zum Warenfluß und zur Lagerplanung finden Sie in vielen Unternehmen Parallelen.

Ein einmal erstelltes Konzept, das für eine Branche und für ein Unternehmen erfolgreich eingesetzt wurde, kann auf ein anderes Unternehmen angepaßt werden. Berater entwickeln eine Lösung, die sich auf andere Kunden in abgewandelter Form umsetzen lassen. Erst die Vielzahl von Projekten macht einen Berater frei von speziellen branchenspezifischen Gegebenheiten. Der Profit an Projekten mit wiederverwertbaren Inhalten ist selbstverständlich höher, als wenn eine Lösung neu erarbeitet werden muß.

Controlling/Finanz- und Rechnungswesen

Die Aufgabengebiete eines Beraters im Controllingbereich umfassen insbesondere die Entwicklung von Unternehmenskonzepten. Sie bereiten das zur Verfügung stehende Zahlenmaterial ihrer Kunden auf. Beispiele hierzu finden Sie in im Berichtswesen, Aufbereitung von Statistiken, Break-Even-Analysen, Budgetierung, Cash-Flow-Analysen und Finanzplanungen. Hier ist der Berater kein Steuerberater oder Wirtschaftsprüfer, sondern der Fachmann, der das betriebliche Rechnungswesen, die Finanzbuchhaltung und den Zahlungsverkehr so gestaltet, daß alles reibungslos verläuft.

Vielfach zählen zu den Aufgaben auch die

- Ausgestaltung der strategischen Planung,
- Ableitung der taktischen und operativen Planung,
- Informationsgewinnung und -auswertung,
- Planungsmanagementaufgabe einschließlich der Entwicklung von Planungssystemen,
- Auswahl von Planungsinstrumenten und EDV-Unterstützung,
- Formalisierung der Planung und die
- Personalbeschaffung und -entwicklung für Planungsfunktionen

Der Vorteil für den Kunden besteht darin, daß die innerbetrieblichen Planungsträger entlastet werden und das Berater-Know-how auf dem neuesten Stand ist. Ebenso sind die Unvoreingenommenheit und Neutralität sowie die bedarfsgerechte Inanspruchnahme von großem Vorteil für den Kunden.

Unternehmensgründung, Management-Buy-Out

Durch die zahlreichen Neugründungen und Übernahmen bestand und besteht in den neuen Bundesländern ein vielfältiger Beratungsbedarf. Auftraggeber sind vor allem die Unternehmen, die nach der Wende privatisiert wurden und bis jetzt überlebt haben, aber nun in die nächste Expansionsphase kommen. Stark nachgefragte Beratungsleistungen konzentrierten sich auf die Bereiche Investition, Finanzierung und Absatz. Unternehmen im Osten nahmen nach der Wende eher die Hilfe von Unternehmensberatern in Anspruch als jene im Westen. Seriöse Unternehmen fanden daher in den neuen Bundesländern ein enormes Auftragspotential. Ausschlaggebend war und ist hierbei jedoch die Kompetenz des Beraters und seine Präsenz vor Ort.

Diese Beratungen unterstützen ihre Kunden bei dem Aufbau eines neuen oder bei der Übernahme eines bestehenden Unternehmens. Zu den wichtigsten Dienstleistungen zählen auch die Bewertung von Gründungs- beziehungsweise Übernahmekonzepten und Marktsituationen sowie die Erstellung und Präsentation von Finanzierungsmodellen.

Projektmanagement

Jeder Kundenauftrag einer Unternehmensberatung muß als ein eigenes Projekt angesehen werden. Dies ist eigentlich das Hauptmetier eines Beraters. Für jeden Berater sollte es selbstverständlich sein, ein Projekt für seinen Kunden erfolgreich durchzuführen. Wenn der Kunde ein eigenes Projekt plant, so unterstützt der Berater ihn bei der Strukturierung. Er teilt das Projekt in Meilensteine oder Phasen ein, kalkuliert und organisiert. Es werden Teams gebildet, die gewisse Teilaufgaben lösen sollen. Dies alles wird mit dem Begriff der Projektplanung und Vorbereitung umschrieben. Bei der Projektdurchführung geht es dann um die eigentliche Umsetzung. Hierzu gibt es Werkzeuge – Planungsinstrumente –, die den Projektstand immer wieder kontrollieren. Nach Abschluß eines Auftrages werden die Ergebnisse aufgrund von Qualitätsmanagementinstrumenten sichergestellt und eventuellen DIN-Vorschriften oder ISO-Standards angepaßt. Ein Training der Mitarbeiter hilft, das gewonnene Wissen aus dem Projekt langfristig zu sichern.

Umweltschutz

Hierbei geht es darum, Marktstrategien zur Einführung eines umweltfreundlichen Produktes zu entwickeln. Die Berater erstellen eine Ökobilanz und kalkulieren die Umweltschutzkosten. Außerdem werden Studien zur Umweltverträglichkeit durchgeführt. Die Beratung umfaßt die strategische Umweltplanung und den betrieblichen Umweltschutz.

Spezialgebiete Informationstechnik

Das Dienstleistungsangebot ähnelt dem Tätigkeitsfeld eines Software- und Systemhauses. Der BDU zählt hierzu die DV-Beratung und Systemintegration, die projektbezogene Individualsoftware, aber auch die Entwicklung von verkaufseigener Standardsoftware.

Selbstverständlich gehört auch die DV-Schulung und die objektorientierte Programmierung sowie die Realisierung von DBMS (Datenbank Management Systemen) zum Aufgabenbereich dieser Beratungform.

8.2 Die Beratungszweige in Zahlen

Ulrich Hoppe, Hoppe Unternehmensberatung, Beratung für Informationsmanagement, Heusenstamm

Sicherlich stellt sich für Berufseinsteiger die Frage, ob es einen bestimmten Zweig der Unternehmensberatung gibt, der mehr Erfolg verspricht als andere Bereiche.

Ich habe hierzu einige Kennzahlen des Statistischen Bundesamtes aufbereitet, welches 1990 eine Untersuchung zur Kostenstruktur von Unternehmensberatungen durchgeführt hat. Hierbei wurden Unternehmensberatungen gemäß den Tätigkeistbereichen des BDU in Gruppierungen unterteilt.

Tätigkeitsbereich	Anzahl	Umsatz in TDM	Marktanteil in Prozent
Management einschließlich Organisationsberatung	163	245,2	39,6
Personalberatung einschließlich Aus- und Weiterbildung, Training	55	288,7	15,2
Rechnungswesen, Controlling	54	179,7	9,3
Marketing, einschließlich Werbung, Public Relation, Marktforschung	65	301,8	18,5
DV-Beratung	119	152,4	17,3

Quelle: Statistisches Bundesamt, Wiesbaden

Betrachtet man nur die Einzelbüros der Unternehmensberatungen, die in Form von freiberuflicher Tätigkeit ausgeübt werden, so lassen sich hinsichtlich der durchschnittlichen Umsätze in den verschiedenen Tätigkeitsbereichen Differenzen erkennen.

Einzelbüros: Umsatz in TDM

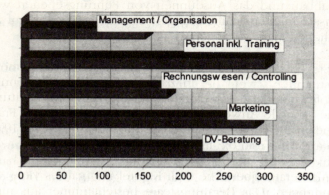

Quelle: Statistisches Bundesamt, Wiesbaden 1990

Bitte beachten Sie, daß dies nur die Umsatzzahlen für Einzelbüros sind. Auch der BDU gibt jährlich einen Rückblick über das vergangene Jahr heraus. Für das Jahr 1993 liegt ein Vergleich der beiden Tätigkeitsbereiche Management Beratung und Personalberatung vor.

Einzelbüros: Umsatz in TDM

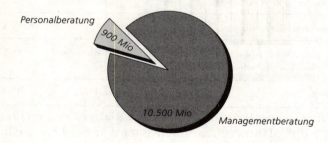

Quelle: BDU, Bonn

Der Verband führt die Umsatzabnahme bei Personalberatungen gegenüber 1992 auf den starken Wachstumsrückgang des realen Bruttosozialproduktes zurück. Die damit einhergehende Verunsicherung der Wirtschaft und die Umsetzung von Lean-Konzepten hatte große Auswirkungen auf die Personalpolitik und den Führungskräftebedarf der Unternehmen. Durch Personalabbau und das Ausdünnen von Führungsebenen wurde der Umsatz für Personalberatungen um fast ein Drittel auf rund 900 Millionen Mark verringert

Umfrage Um den Markt der Unternehmensberater in Zahlen einkleiden zu können, habe ich 56 namhafte Unternehmens- und Personalberatungen um eine schnelle Anwort auf einen eigens konzipierten Fragebogen gebeten. Beantwortet wurden 32 Prozent (insgesamt 19) der Formulare. Hier nun die Ergebnisse

Als Beratungbereiche (vgl. Kapitel 8.1) gab es viele Mehrfachnennungen. Das Beratungsteam besteht immer aus mindestens 55 Prozent Beratern und Junior Beratern und nur aus einem kleinen Teil von Mitarbeitern im Back-Office. Der durchschnittliche Prozentsatz für externe Mitarbeiter liegt bei etwa zehn Prozent.

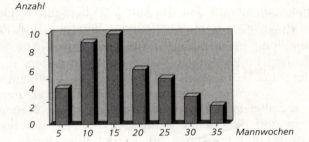

Quelle: Hoppe Unternehmensberatung, Heusenstamm

Die Dauer eines Projektes ist sehr variabel. Sie reicht von einer bis zu 35 Mannwochen. Interessant war die Fragestellung, warum die Berater keine Langeweile kennen. Als Anworten wurden genannt:

- weil wir uns an den Bedürfnissen unserer Kunden orientieren und wegen der guten Auftragslage;
- weil wir einen hochinteressanten Job haben;
- weil unsere Arbeit das ganze Spektrum abdeckt;

- weil wir in vielen Branchen arbeiten;
- wegen der ständig neuen und wechselnden Aufgaben;

Warum sind die Berater, die ich befragt habe, eigentlich Berater geworden? Als Antworten kamen Argumente, wie:

- die persönliche Freiheit;
- der Umgang mit Menschen und der sichtbare Erfolg;
- bessere Verdienstmöglichkeiten und
- kaum Routine, hohe Herausforderung, Gestaltungsmöglichkeiten.

Es wurde aber auch geantwortet, daß

- der Beruf einen optimalen Anforderungsmix an intellektuellen, organisatorischen und kommunikativen Fähigkeiten fordert beziehungsweise bietet,
- „ich jeden Tag etwas dazu lerne" und
- Wissen und Können weitergegeben beziehungsweise multipliziert werden können.

Die Einarbeitungszeit wird unabhängig von dem Tätigkeitsbereich als Crash-Kurs und „learning by doing" angeboten. Die Zusammenarbeit mit erfahrenen Beratern und die Realisierung von einfachen Projekten mit Teilverantwortung steht im Mittelpunkt der Einarbeitungsphase. Hospitation, Co-Training und Theorieblöcke werden manchmal für Juniorberater angeboten. Das Einstiegsalter ist abhängig vom Tätigkeitsfeld. Managementberatungen und Personalberatungen haben ein durchschnittliches Einstiegsalter von etwa 50 Jahren. Beratungen mit dem Tätigkeitsbereich Training und Datenverarbeitung liegen deutlich unter der 35 Jahres Grenze. Als Ansprechpartner beim Kunden wird die Geschäftsleitung, das gehobene Management, das mittlere Management und das Fachpersonal gleichermaßen genannt.

Resümee von Berater Ulrich Hoppe:

Die Beratung ist ein Begleiter auf dem Weg nach oben. Persönliches und sicheres Auftreten sind die Voraussetzung für den Erfolg. Für viele Studienabgänger ist die Beratung das Sprungbrett zu einem guten Job bei einem Kunden. Dies gilt insbesondere für Junior-Berater bei namhaften Unternehmen.

8.3 Jedes Projekt eine neue Herausforderung ...

Claudia E. Landmann, MCN Management Consulting Network – Managementberatung für marktorientierte Unternehmensführung, Bad Homburg v.d.H.

Immer schnellerer Wandel ist heute die einzige Konstante in nahezu allen Produkt- und Dienstleistungsmärkten. Die Wettbewerbsstärke von Unternehmen hängt entscheidend von der Fähigkeit ab, relevante Marktsignale früher zu erkennen, Marktumfelder aktiv zu gestalten und höheren Kundennutzen zu schaffen. MCN - als Managementberatung für marktorientierte Unternehmensführung - setzt an diesem Punkt an und unterstützt seine Klienten bei der ganzheitlichen Ausrichtung auf aktuelle wie zukünftige Markt- und Kundenbedürfnisse. Aufbauend auf der Unternehmensstrategie entwickeln Beraterteams Konzepte und konkrete Maßnahmen, die gewährleisten, daß die Unternehmen ihre Vision sowohl intern als auch extern bis zum Kunden hin umsetzen. Für die Berater bei MCN bedeutet dies, Strategien in ihren Grundprinzipien und Stoßrichtungen zu definieren und daraus konkrete Zielvorgaben und Maßnahmen mit dem Klienten vor Ort in meßbare Ergebnisse umzusetzen.

Diese komplexen Aufgabenstellungen erfordern individuelle und kreative Lösungen. Allen gemeinsam ist ihre strategische Ausrichtung auf die Märkte des Unternehmens. In diesem Sinne füllt sich der Begriff der marktorientierten Unternehmensführung konkret mit Leben. Dieser Ansatz der Managementberatung hat sich in den vergangenen Jahren als sehr erfolgreich erwiesen und wird gezielt weiter ausgebaut: seit der Gründung Anfang 1993 ist MCN stetig gewachsen und beschäftigt heute 20 Berater. Einige der Aufgabenstellungen von Klienten sind weitgehend typisch und beschreiben zugleich das Kompetenzspektrum von MCN sowie die Anforderungen an MCN-Berater:

Marktorientierte Unternehmensstrategien

Marktorientierte Unternehmensstrategie bedeutet für MCN, Unternehmen darin zu unterstützen, ständig wandelnde Märkte noch besser zu bedienen, Chancen zu nutzen und Risiken zu begegnen. Konkret heißt das, den Klienten bei der Definition ihres Kerngeschäftes zu helfen und ihre Ressourcen entsprechend zu bündeln. Letztendlich steht dahinter eine systematische Planung zur Schaffung von Marktinnovationen mit dem Ziel, dauerhafte Wettbewerbsvorteile durch spürbaren Mehrwert für den Kunden zu erzielen.

Vor diesem Hintergrund ist die Entwicklung marktorientierter Unternehmensstrategien ein Kernbereich von MCN. Ausgehend von einer vorhandenen - oder erst zu erarbeitenden - Gesamtunternehmensstrategie werden detaillierte Teilstrategien für Geschäftsfelder und Produktbereiche von Unternehmen erarbeitet. Themenfelder, die innerhalb dieser Projekte behandelt werden umfassen u.a.:

die Definition der zielführenden Marktstrategie („Wo" und „Wie" konkurrieren?)

die Wahl der optimalen Markterschließung (Alleingang, Kooperation, Akquisition etc.)

die Erarbeitung detaillierter Business-Pläne (Umsatz-, Gewinnziele, Personalbedarf, Budgetansätze, ROI, etc.)

In einem konkreten Projekt erarbeitete MCN eine Markteintrittsstrategie in ein neues Segment des Reisemarktes für ein europäisches Verkehrsunternehmen. Auf Basis umfassender Marktanalysen entwickelte ein dreiköpfiges Beraterteam gemeinsam mit dem Klienten in wenigen Wochen verschiedene Eintrittsszenarien, die systematisch bewertet und priorisiert wurden. Für die favorisierte Alternative wurde anschließend eine Geschäftsstrategie mit Business-Plan und konkreten Maßnahmen zur

Umsetzung erstellt. Mitentscheidend für den Projekterfolg war die von Anfang an enge Zusammenarbeit mit dem Klienten, die zu einer außerordentlichen Akzeptanz der Empfehlungen und dadurch schnellen Entscheidungsfindung im Top-Management führte.

Markt- und Wettbewerbsanalysen

Eine umfassende Markt- und Wettbewerbsanalyse erfordert ein detailliertes Researchprogramm, um über die Situationsbeschreibung hinaus die zu erwartenden Entwicklungen zuverlässig prognostizieren zu können. Solche Analysen befassen sich u.a. damit, zukünftige Kundenbedürfnisse und -präferenzen zu ermitteln und die Strategien der relevanten Wettbewerber zu bewerten. Die Ergebnisse erlauben z.B. Aussagen über erschließbare Marktpotentiale und helfen dabei, innovative Marktsegmentierungen entwickeln zu können.

Ein MCN-Beraterteam untersuchte in einem Projekt die Erfolgsfaktoren bei der Betreuung einzelner Handelskanäle für einen ausländischen Hersteller technischer Gebrauchsgüter. Entsprechende Benchmarks wurden aus anderen Branchen ermittelt. Im Rahmen dieses Projektes wurden u.a. folgende Fragen geklärt:

Welche Handelskanäle werden in den nächsten 5 Jahren marktbestimmend sein?

Wie stellen sich die Vertriebsstrukturen der Wettbewerber dar?

Was sind die wichtigsten Faktoren bei der Betreuung von Key Accounts?

Wo und wie lassen sich Stärken und Schwächen im Vertriebskonzept meßbar in Erfolgspotentiale umwandeln?

Wie ist das Preis-/Konditionensystem zu gestalten, so daß den einzelnen Vertriebsstufen gleichermaßen Rechnung getragen wird?

Anworten auf diese und weitere Fragen bildeten die Grundlage, um gemeinsam mit dem Klienten eine neue Vertriebsstrategie zu erarbeiten. In der täglichen Arbeit bedeutete das für die Berater, zahlreiche Expertengespräche zu führen, eine Flächenbefragung durch ein assoziiertes Marktforschungsinstitut aus dem MCN-Netzwerk zu koordinieren und aus den Analyseergebnissen die richtigen Empfehlungen abzuleiten. Auch dabei zählte für das Team: Für den Klienten stets mehr leisten als dieser erwartet.

Optimierung des Marketing-Mix

Zahlreiche Grundsatzarbeiten und Untersuchungen, Diskussionen und Konzepte sind erforderlich, bis die Marketing Mix-Faktoren tatsächlich richtig aufeinander abgestimmt sind. In der Regel gilt es, das bestehende Konzept einer kritischen Überprüfung zu unterziehen und anschließend zu optimieren. Häufig haben Unternehmen noch kein fertiges Marketing-Mix-Konzept, wie z.B. die sich z.Zt. formierenden neuen Telekommunikationsunternehmen. Themen wie die zukunftsorientierte Produkt-, Sortiments- und Preisgestaltung sind in dieser Branche hochaktuell und fordern die Beraterteams sowohl in ihren analytischen Fähigkeiten wie in ihrer Kreativität.

In einem konkreten Fall sollten zielgruppenspezifische Angebotspakete für Telekommunikationsdienste im Geschäfts- und Privatkundenbereich erarbeitet werden.

Ausgehend von vorhandenen Netztechnologien, Übertragungswegen und Basisdiensten wurde in enger Zusammenarbeit mit Mitarbeitern des Klienten ein kundenorientiertes, vermarktbares Produktportfolio geschaffen, das heute die Grundlage des Kerngeschäftes darstellt.

Wenn Managementberater mit Klienten zusammenarbeiten, erfordert dies von den Beratern, konsequent die Projektziele zu verfolgen und gleichzeitig mit den Mitarbeitern des Klienten auf einer vertrauensvollen Basis zusammenzuarbeiten. Nur die gemeinsame Erarbeitung der Lösungen durch Klienten und Berater kann eine erfolgreiche Projektarbeit gewährleisten. Der einzige Maßstab für den Erfolg einer MCN-Empfehlung ist schließlich deren gelungene Umsetzung im Markt.

Vermarktungskonzeptionen

Zur Optimierung des Marketing-Mix zählen auch umfassende Vermarktungkonzeptionen im Rahmen von Neuprodukteinführungen oder Relaunches. Ein anschauliches Projektbeispiel dafür ist die Entwicklung, Konzeption und Einführung eines neuen Mobilfunkdienstes für Privatkunden. Aufbauend auf einer Potentialanalyse entwickelte ein MCN-Beraterteam in 90 Tagen das Produktkonzept inklusive Preis- und Endgerätestrategie und erarbeitete eine Vertriebskonzeption mit zielgruppenspezifischen Einführungsmaßnahmen, die von den beteiligten Service-Unternehmen direkt umgesetzt wurden. Ergebnis für das Unternehmen war eine um drei Monate vorgezogene, erfolgreiche Produkteinführung sowie die Überschreitung der Absatzziele um mehr als 40% in den ersten sechs Monaten.

Dieses Projekt zeigt, welche hohen Anforderungen an ein MCN-Beraterteam gestellt werden: unter starkem Zeitdruck müssen anspruchsvolle Konzepte und praxisgerechte Maßnahmen erarbeitet werden, um diese konsequent und termingerecht im Team mit dem Klienten konkret umzusetzen.

Marktgerechte Organisations- und Prozeßgestaltung

Restrukturierungen sind die Anpassungen von Unternehmensstrukturen an geänderte Markterfordernisse. Der MCN-Ansatz verfolgt dabei eine konsequent von den Markt- und Kundenbedürfnissen getriebene Optimierung bzw. Neugestaltung von Ablauf- und Aufbauorganisationen. Neben Marketing- und Vertriebsorganisationen stehen dabei vor allem marktnahe Unternehmensprozesse im Mittelpunkt, speziell im Bereich Service und Customer Care. Für einen führenden Hausgeräte-Hersteller erarbeitete ein Beraterteam gemeinsam mit Mitarbeitern des Klienten eine neue Vertriebsorganisation. Ausgehend von einer vom Markt her abgeleiteten Sollstruktur erfolgte eine Bestandsaufnahme der internen Prozesse. In der Folge der Neuausrichtung wurden Standorte reduziert und wichtige Abläufe im Innen- und Außendienst gestrafft. Das Unternehmen konnte dadurch erhebliche Kosteneinsparungen realisieren. Entscheidend bei solchen Restrukturierungen ist die konsequente und nachhaltige Umsetzung der organisatorischen und funktionalen Veränderungen im Unternehmen. Dies ist nur gemeinsam mit den Führungskräften des Unternehmens zu erreichen. Häufig entscheiden sich Klienten daher für ein systematisches Managementcoaching, das von Anfang an die Fähigkeit des Klienten sicherstellt, die neuen oder veränderten Funktionen erfolgreich wahrnehmen zu können. Von den Beratern werden dabei vor allem Führungskompetenz und Überzeugungskraft gefordert. Das Vertrauen des Klienten in „seine" Berater entscheidet letztendlich darüber, ob Neuanstöße und Veränderungen angenommen werden und zu nachhaltigen Markterfolgen führen.

Anforderungen an MCN-Berater

Die Beispiele in diesem Beitrag verdeutlichen die Vielseitigkeit, aber auch die Komplexität typischer Beratungsprojekte. Sie spiegeln sich wider im Qualifikationsprofil der MCN-Berater und der Art und Weise, wie Projekte gemeinsam mit dem Klienten zum Erfolg geführt werden. Neben fundiertem Fach- und Methodenwissen werden von MCN-Beratern umfassende Fähigkeiten und herausragende persönliche Eigenschaften gefordert. Für die verschiedenen Projektaufgaben sind Ausbildungshintergründe wie die von Betriebswirtschaftlern, von Ingenieuren oder Physikern bis hin zu Psychologen wichtig. Hinzu kommen Zusatzqualifikationen wie Promotion oder MBA und z.T. langjährige, internationale Industrie- und Consultingerfahrung. Dieses interdisziplinäre Erfahrungsspektrum erlaubt die Zusammenstellung exzellenter Beratungsteams mit aufgabenspezifischem Know- und Do-How.

Insgesamt wird durch den MCN-Beratungsansatz „Marktorientierte Unternehmensführung" ein weites Arbeitsfeld aufgespannt, das von grundlegenden Unternehmensstrategien bis hin zu operativen Maßnahmen in Marketing und Vertrieb reicht und damit garantiert: Jedes Projekt – eine neue Herausforderung!

8.4 Berufsstart Consulting im Controlling

Prof. Dr. Jürgen Weber, Dozent für Betriebswirtschaftslehre an der WHU Koblenz/ Dr. Christian Bungenstock, CTcon GmbH, Vallendar

Den Berufsstart Consulting im Controlling auf empirischer Basis zu beleuchten ist gewagt. Praxisorientierung aber gehört zu den Markenzeichen der Wissenschaftlichen Hochschule für Unternehmensführung, Otto-Beisheim-Hochschule. Grund genug für Professor Jürgen Weber, das Wagnis einzugehen und gemeinsam mit einem Unternehmensberater Stellung zu nehmen. Dr. Christian Bungenstock ist Geschäftsführer der CTcon - Consulting & Training im Controlling GmbH.

Controlling ist eine Entwicklung aus der Unternehmenspraxis. Häufig genug gilt das Urteil Anthonys aus dem Jahr 1965 bis heute. Die jeweils prägende Controllingauffassung hat bei der Suche nach einem Arbeitgeber erhebliche Bedeutung. Dies gilt nicht nur für künftige Controller in Industrie- und Dienstleistungsunternehmen, sondern auch für jene, die Interesse am Consulting im Controlling haben. Differenzen in der Controllingphilosophie offenbaren besonders die Unternehmensberatungen. Trotzdem lassen sich Leitideen aufzeigen, die eine Berufswahl erleichtern.

Das eherne Gesetz des Consulting gilt auch für das Beratungsgebiet Controlling. Der Klient steht im Mittelpunkt. Als Führungskraft mit querschnittsorientierten Aufgaben ist es häufig der Controller auf seiten des Klienten, der Beratungsbedarf erkennt. Die Auseinandersetzung mit seinen Aufgaben und seinem Profil erleichtert das Verständnis für das Consulting im Controlling. Beides wird thematisiert.

Bisweilen profitiert das Consulting im Controlling von der Serviceorientierung der Controller in der Praxis. Besonders herausfordernd ist die Zusammenarbeit dann, wenn sich die Klientenvertreter als interne Berater begreifen. Ihre Gestaltungsmöglichkeiten sollte der junge externe Berater verstehen. Er muß seine Beratungsleistung demgegenüber abgrenzen können, wenn er einen für den Klienten nachhaltigen Nutzen erzielen will. Auch dazu werden Denkanstöße vermittelt.

Aufgaben

Obwohl sich in breiten Kreisen allmählich die Erkenntnis festigt, daß Controlling nicht mit Kontrolle zu verwechseln ist, wird Controlling von einigen mit trockener, primär zahlenbezogener Arbeit assoziiert. In der Wissenschaft setzt sich die Ansicht durch, daß Controlling - ganz unbescheiden - eine „Koordinationsfunktion im Führungssystem" einnimmt. Dieser scheinbare Widerspruch kann durch die Beobachtung entkräftet werden, daß Aufgaben des Controlling nicht immer durch Controller wahrgenommen werden. Einerseits übernehmen Controller in der Praxis auch Pflichten, die nichts mit dem Controlling gemein haben, andererseits wird ein beträchtlicher Anteil der Aufgaben des Controlling von anderen Führungskräften ausgeübt.

Eine 1995 erschienene empirische Erhebung von Stoffel hat belegt, daß deutsche Controller im Vergleich zu ihren französischen und US-amerikanischen Kollegen überproportional häufig an strategischen wie operativen Planungen und an Investitionskalkülen beteiligt sind. Hingegen ist die Beteiligung deutscher Controller am externen Rechnungswesen, an der Liquiditätssteuerung, der Steuerverwaltung, der Debitorenbuchhaltung, Versicherungsfragen und der EDV gering.

Die Unterschiede in der Aufgabenwahrnehmung finden Stoffel zufolge ihren Niederschlag in einer signifikant höheren hierarchischen Einstufung der deutschen Controllerbereiche im Vergleich zu den französischen und den US-amerikanischen. Für Controller und Controllingberater, insbesondere Einsteiger, wirkt dies motivierend.

Der Dreiländervergleich von Controlleraufgaben deckt auch Gemeinsamkeiten auf: Budgetierung und internes Berichtswesen gehören überall zu den Kerngebieten. Für die praktische Arbeit von Controllern - insbesondere in Phasen unternehmerischen Umbruchs - bedeutet dies weniger eine Beschränkung als eine „solide" Arbeitsbasis. Die Budgetierung kann zum Anlaß genommen werden, geplante Einzelmaßnahmen und die gewählte Gesamtrichtung konstruktiv-kritisch zu beleuchten. Ein führungsgerechtes Berichtswesen als Teil systembildender Controlleraufgaben leitet die Aufmerksamkeit des Managements gezielt auf vernachlässigte Problemfelder und Kenngrößen. Systemverändernde Controllerbeiträge gewinnen an Bedeutung, wenn ein dynamisches Unternehmensumfeld organisatorischen Wandel erfordert. Controller müssen dann in besonderem Maße unternehmerisch denken. Strategische Orientierung und Initiativkraft sollten ihnen nicht fremd sein. Mit kleinlichen Buchhalterattitüden oder Argumentationen im „luftleeren Raum" sind die Aufgaben von Controllern nicht zu lösen. Das Consulting im Controlling stellt sich auf diese Situation ein.

Eignungsprofil

Für Berufseinsteiger wird damit das Eignungsprofil der Controller bedeutsam. Eine 1991 publizierte Analyse zu Stellenanzeigen der Frankfurter Allgemeinen Zeitung von 1949-1989 zeichnet Entwicklungslinien der Praxis auf. Aktuelle Persönlichkeitsanforderungen an Controller zeigen, daß wertvolle Managementqualitäten hoch im Kurs stehen.

Mit den Stellenangeboten macht die Praxis erneut deutlich, daß die Anforderungen an Controller über „Rechenfertigkeiten" weit hinausgehen. Eine hohe analytische Fähigkeit wird benötigt, um aus Daten des Rechnungs- und Berichtswesens, die Controllern besonders gut zugänglich sind, Folgerungen abzuleiten. Führungs- und Durchsetzungsfähigkeiten sind gefragt, um diese Überlegungen in unternehmerisch wirksame Maßnahmen umzusetzen. Dem Image einer grauen Eminenz ist vor allem mit Kooperationsbereitschaft und Teamgeist zu begegnen. Als Vorbild für das Serviceverständnis marktferner Funktionen verfügt der Controller über eine gute Kommunikationsfähigkeit. Derjenige, der den Berufsstart Consulting im Controlling anstrebt, muß sich daher auf vielseitig kompetente Partner bei den Klienten vorbereiten und selbst entsprechende Fähigkeiten unter Beweis stellen.

Gestaltungsmöglichkeiten

Controller haben, ausgehend vom fest umrissenen Bereich der Budgetierung und des Berichtswesens, weitreichende Gestaltungsmöglichkeiten hinsichtlich der Wahrnehmung prioritärer Aufgaben. Besonders attraktiv ist der dabei entstehende Spielraum, weil die Controllertätigkeit nicht auf einzelne betriebliche Funktionen wie Marketing, Produktion oder F & E beschränkt bleibt. Im Gegenteil vertritt Controlling in der betrieblichen Praxis die klassische Querschnittsperspektive, die besonders funktionsübergreifenden Koordinationsinteressen Geltung verschafft. Diese Sichtweise der Klienten ist es, die sich auch auf den Berufsstart Consulting im Controlling auswirkt.

Das Beispiel Budgetierung verdeutlicht diesen Aspekt der funktionsübergreifenden Koordination. Die Konzentration auf zahllose Einzelentscheidungen für oder gegen bestimmte Budgetpositionen wäre verfehlt. Der Nutzen der Budgetierung liegt in der unternehmensweit betrachteten Allokation knapper Ressourcen. Neben der Unternehmensführung ist der prozeßverantwortliche Controller die einzige Instanz, die umfassend den gesamten Budgetierungsablauf überblickt. Die Koordinationsfunktion wird demjenigen verständlich, der die Budgetierung als vermittelnde, gemeinsame „Unternehmenssprache" begreift. Alle Bereiche „übersetzen" ihre Ziele in spezifische Zahlen. Da diese leichter vergleichbar sind als qualitative Ziele, wird transparent, wo Einzelmaßnahmen nicht harmonieren oder kritisch zu hinterfragen sind.

In ähnlicher Weise lassen sich Kostenrechnungsinstrumente einerseits als reine Zahlenwerke interpretieren, andererseits aber als Kommunikationsinstrumente verstehen, die auf die Formulierung der richtigen Fragen auf objektivierter Basis abstellen.

In gewisser Hinsicht läßt sich der Controller als interner Berater charakterisieren. Die Aufgaben des Consulting im Controlling müssen daher um so schärfer herausgearbeitet werden.

Consulting im Controlling

Externe Berater haben gegenüber internen Controllern spezifische Vor- und Nachteile. Beratungsprojekte sind oftmals kurzfristig angelegt, insoweit ist die langfristige Wirkung der eigenen Arbeit schwerer meßbar. Aufgewogen wird dieser für das Consulting typische Nachteil durch eine höhere Aufgabenvielfalt.

Zudem bietet das Consulting im Controlling eine Dienstleistung an, die über Konzeptstudien klar hinausgeht. Wird die Beratungsleistung bis zur Implementierung verstanden, wirkt dies der Kurzfristigkeit tendenziell entgegen. Vom Consulting im Controlling ist ein sehr starker Umsetzungsbezug der Maßnahmenvorschläge gefordert: Die Beratungsleistung muß nicht auf der Basis von perfekten Abschlußpräsentationen bewertet werden, sondern über ihre langfristige Wirksamkeit.

Dem Berater kommt der explizit erhaltene Auftrag zugute. Einerseits unterliegt das Consulting im Controlling einem besonderen Erfolgsdruck, andererseits signalisiert der Auftraggeber die Bereitschaft, sich konstruktiv mit neuen Vorschlägen auseinanderzusetzen. Dabei können Berater auf vielfältige Erfahrungen mit der praktischen Durchsetzung in anderen Organisationen zurückgreifen. Auf diese Weise trifft sie der häufig bei internen Controllern beobachtete Nachteil nicht, daß „der Prophet im eigenen Land nichts gilt".

Das Consulting im Controlling setzt in steigendem Maße auf eine schnelle Ausarbeitung und organisationsweite Umsetzung konzeptioneller Neuerungen. Insofern ist das Tätigkeitsfeld von Beratern im Controlling noch abwechslungsreicher als das Controllinggeschäft im Unternehmen, das durch die erforderlichen Routineaufgaben belastet ist. Die Herausforderung für Berater besteht darin, durch langfristige Orientierung und Verbindung mit flächendeckenden Maßnahmen den Umsetzungsbezug ihrer Vorschläge nachhaltig zu sichern.

Zusätzlich bieten sich dem Consulting im Controlling weitergehende Möglichkeiten der Überzeugung durch Multiplikatoren. Viele neue Managementansätze, wie beispielsweise TQM, werden nur über die unternehmensweite Mitwirkung aller Mitarbeiter wirksam. Unternehmensinterne Controller können selten eine unternehmensweite betriebswirtschaftliche Neuorientierung aller Führungskräfte bewirken. Erfolgversprechender sind hier Weiterbildungskonzepte externer Anbieter, die als „Maßanzüge" gefertigt werden. Spezifische Angebote können sich streng an den Zielen und an den beteiligten Personen des jeweiligen Klienten orientieren und die heterogenen Vorbildungsprofile genauso berücksichtigen wie die organisationseigene Terminologie. Die herausgehobene Stellung der Querschnittsfunktion Controlling wird zum Erfolgsfaktor. Unternehmen, die Beratungs- und Schulungsangebote unter einem Dach verknüpfen, stellen sich dem Trend zur umfassenden Begleitung von Prozessen der Organisationsentwicklung. Für den Berufseinsteiger mit Ziel Consulting im Controlling bieten sie eine Vielfalt, die nicht nur die fachliche Weiterqualifizierung begünstigt, sondern auch die Persönlichkeitsentwicklung fördert.

Über die Autoren

Dr. Heinz Benölken
   Kap. 7.1: So kam ich an's Ziel
Beruf: Diplom-Kaufmann
Studium: Betriebswirtschaftslehre an den Universitäten Münster, München und Köln; Promotion
Berufliche Stationen: '68 bis '71: Kreditsachbearbeiter, Firmenkundenberater in einer Großbank; '74 bis '78: Betriebswirtschaftlicher Referent bei einem Verband der Kreditwirtschaft; '78 bis '81: Bereichs-Controller Kreditgeschäft in einer Landesbank; '82 bis '84: Abteilungsdirektor Controlling in einem Versicherungsunternehmen; seit 1984 Geschäftsführer in der Unternehmensberatung
Derzeitige berufliche Funktion: Geschäftsführer in der Unternehmensberatung Dr. Benölken + Partner GmbH
   Kontaktadresse: Dr. Benölken + Partner GmbH
Am Ginsterberg 35
40627 Düsseldorf
Tel.: 0211/772013

Jörg Bordt
   Kap. 5.2: Gemini Consulting: Hohe Meßlatte
Beruf: Diplom-Kaufmann, Unternehmensberater
Studium: Betriebswirtschaftslehre an der Universität Bayreuth
Berufliche Stationen: während des Studiums Praktika in Verkehrsflugzeugbau, Konsumgüter, Handel; viele Projektpraktika; Gründer des Market Team e.V. GS Bayreuth
Derzeitige berufliche Funktion: Consultant bei Gemini Consulting, eingesetzt in der Value Chain Marketing&Sales-discipline; zuständig für Hochschulkontakte im Rahmen des Recruiting von Gemini Consulting Central Europe

Kontaktadresse: Gemini Consulting
DuPont-Str. 4
61352 Bad Homburg
Tel.: 06172/ 485-0

Dr. Michael Böttger

Kap. 6.3: Mit MBA oder Promotion bessere Einstiegschancen?
Beruf: Unternehmensberater
Studium: BWL und Promotion zum Dr. rer. pol. an der Uni Frankfurt
Berufliche Stationen: Marketing Manager bei IC-Design-Firma in den USA, Senior Manager Automotive Practice bei Arthur D. Little
Derzeitige berufliche Funktion: Partner im meó consulting team, Wiesbaden
Kontaktadresse: Michael Böttger
Wilhelminenstr. 43
65193 Wiesbaden
Tel.: 0611/ 185 18 18

Dr. Christian Bungenstock

Kap. 8.2: Berufsstart Consulting im Controlling
Beruf: Consultant
Studium: Studium der Betriebswirtschaftslehre an der Wissenschaftlichen Hochschule für Unternehmensführung Koblenz (WHU), an der Ecole Supérieure de Commerce de Lyon (Frankreich) und an der Cranfield School of Management (Großbritannien); Promotion zum Dr. rer. pol. an der WHU Koblenz
Berufliche Stationen: Vorstandsassistent bei der Kapitalbeteiligungsgesellschaft der Deutschen Versicherungswirtschaft AG, Düsseldorf; seit 1993 Geschäftsführer der CTcon – Consulting & Training im Controlling GmbH
Derzeitige berufliche Funktion: Geschäftsführer

Kontaktadresse: CTcon – Consulting & Training
im Controlling GmbH
Weitersburger Weg 10
56179 Vallendar bei Koblenz
0261/ 96 27 40

Prof. Dr. Klaus Deckert
Kap. 7.3: Vom Consultant zum Partner
Beruf: Wirtschafts-Ingenieur und Dozent
Studium: Maschinenbau und Wirtschafts-Ingenieurwesen an der TH Aachen; Promotion
Berufliche Stationen: 1970 Unternehmensberater bei der PA Management Consultants GmbH; 1973 Mitbegründer der intra-Unternehmensberatung GmbH und geschäftsführender Gesellschafter; 1978 Professor für BWL an der FH in Köln
Derzeitige berufliche Funktion: Geschäftsführender Gesellschafter bei der intra-Unternehmensberatung GmbH
Kontaktadresse: intra-Unternehmensberatung GmbH
Königsallee 60B
40212 Düsseldorf
Tel.: 0211/13631-0

Jürgen Dormann
Kap. 2.2: Faszination und Frustration
Kap. 4.1: Welche Firma darf's denn sein? Das Überangebot an Beratungsdienstleistungen
Beruf: Staatlich geprüfter Betriebswirt
Studium: Betriebswirtschaftslehre auf der Deutschen Angestellten Akademie in Nürnberg
Berufliche Stationen: freiberufliche Projektassistenz und -mitarbeit in verschiedenen Organisations- und DV-Projekten
Derzeitige berufliche Funktion: Projektleitung in Organisationsprojekten mit unterschiedlichen Aufgabenstellun-

gen, Einsatzbereich vorwiegend bei Finanzdienstleistern
Kontaktadresse: Michel-Institut für Unternehmensberatung GmbH
Mühlgasse 149
96179 Rattelsdorf
Tel.: 09547/ 94020

Peter Euringer
Kap. 3.3: Fachliche Voraussetzungen
Beruf: Diplom-Wirtschaftsingenieur
Studium: Wirtschaftsingenieurwesen mit Schwerpunkt Unternehmensplanung an der Universität Karlsruhe
Berufliche Stationen: studienbegleitend dreieinhalb Jahre Fraunhofer-Institut für Systemtechnik und Innovationsforschung; zwei Jahre Berater im Geschäftsbereich öffentliche Verwaltung und sonstige Dienstleister bei der Mummert + Partner Unternehmensberatung GmbH in Hamburg
Derzeitige berufliche Funktion: seit vier Jahren Berater für die Knight Wendling Management Consulting GmbH in Düsseldorf; zur Zeit tätig als Projektleiter/Manager im Geschäfts--feld Industrie mit der Verantwortung für die Beratungsfelder/Tätigkeitsgebiete Strategieberatung Business Plan-Entwicklung Business Process Redesign Design von Beratungsleistungen für die Gießereiindustrie
Kontaktadresse: Knight Wendling Consulting GmbH
Heinz-Schmöle-Straße12
40227 Düsseldorf
Tel. 0211/77006-0

Otto Graf
Kap. 6.1: Die ersten 100 Tage: Herausfordernd und abwechslungsreich
Beruf: Diplom-Kaufmann
Studium: Betriebswirtschaftslehre an der Wissenschaftlichen Hochschule für Unternehmensführung (WHU) in Koblenz

Derzeitige berufliche Funktion: seit 1993 Consultant bei
A.T. Kearney
Kontaktadresse: A.T. Kearney GmbH
Jan-Wellem-Platz 3
40212 Düsseldorf
Tel.: 0211/1377-0

Walter Hagemeier
Kap. 7.2: So kam ich an's Ziel
Beruf: Diplom-Kaufmann
Studium: Betriebswirtschaftslehre an den Universitäten in Bochum und Köln
Berufliche Stationen: Vorstandsassistent bei Bosch
Derzeitige berufliche Funktion: Partner der Roland Berger & Partner GmbH
Kontaktadresse: Roland Berger & Partner GmbH
Arabellastr. 33
81925 München
Tel.: 089/9223-0

Dr. Wilhelm-Christian Helkenberg
Kap. 5.3: Roland Berger & Partner: Individuelles Recruiting
Beruf: Diplom-Kaufmann, Dr. rer. pol.
Studium: Betriebswirtschaftslehre an der Universität Hamburg
Derzeitige berufliche Funktion: Geschäftsbereichsleiter für Recruiting und Personalentwicklung der Roland Berger & Partner GmbH
Kontaktadresse: Roland Berger & Partner GmbH
Arabellastr. 33
81925 München
Tel.: 089/9223-0

Dr. Dr. Ulrich Hemel
Kap. 5.1: The Boston Consulting Group: „Kundenfreundliches" Recruiting
Beruf: Unternehmensberater BCG
Studium: Studium der Theologie, Philosophie, Wirtschafts- und Sozialwissenschaften (lic. rer. soc.) in Mainz und Rom, Promotion (1983) und Habilitation (1988) in katholischer Theologie/Religionspädagogik
Berufliche Stationen: Tätigkeit als Gerichtsdolmetscher und Übersetzer; Gründung eines eigenen EDV-Unternehmens „Ecclesia Data GmbH"; 1989 Privatdozent an der Universität Regensburg; seit 1991 bei The Boston Consulting Group, Recruiting Director (1993)
Derzeitige berufliche Funktion: Manager bei The Boston Consulting Group
Kontaktadresse: The Boston Consulting Group
Sendlinger Straße 7
80331 München
Tel: 0 89/2 31 74-0

Ulrich Hoppe
Kap. 8.1. - 8.2.: Lernen durch Herausforderung; Die beratungszweige in Zahlen
Beruf: Diplom-Mathematiker
Studium: Mathematik mit Nebenfach Psychologie und Informatik sowie Lehramt Mathematik und Sport an der TH Darmstadt
Berufliche Stationen: 1985 Assistent der TH-Darmstadt/Fachbereich Mathematik; 1985-87 projektverantwortlicher Systemprogrammierer bei dem Aachener Softwarehaus GEI; 1987 Gründer der Hoppe Unternehmensberatung
Derzeitige berufliche Funktion: Unternehmensberater, Konzeptionierung von DV-Lösungen, Entwicklung von Planungs- und Steuerungsprojekten sowie Reporting-Systemem, Durchführung von Trainings und Workshops, Organisationsberatung

Kontaktadresse: Hoppe Unternehmensberatung
Beratung für Informationsmanagement
und Softwareentwicklung
Borsigstraße 7
63150 Heusenstamm
Tel. 06104/65327

Karoline von Kretschmann
Kap. 1.1.: Mehr als Alltag
Beruf: Lic.oec, Consultant
Studium: Banklehre Deutsche Bank Frankfurt,
Studium der Betriebswirtschaftslehre
an der Hochschule St. Gallen
Berufliche Stationen: Seit 1. Januar 1995 bei
Bossard Consultants.
Projekte im Bereich Konsumgüter, Nutzfahrzeuge,
Reimport,
Derzeitige berufliche Funktion: Consultant,
Mitglied der Practice Group Transportation
bei Bossard Consultants
Kontaktadresse: Bossard Consultants
Schackstraße 2
80539 München
Tel.: 089/ 38 15 98 0

Matthias Kunst
Kap. 1.2.: Von Träumen, die wahr werden
Beruf: Unternehmensberater
Studium: Studium der Wrtschaftsmathematik an der
Universität Ulm
Berufliche Stationen: Assistent am Institut für Entscheidungstheorie und Unternehmensforschung, Lehrstuhl Marketing der Universität Fridericana (TH) Karlsruhe, ab 1986 Unternehmensberater bei Gemini Consulting, Bad Homburg.

Derzeitige berufliche Funktion: Projektleiter, Mitarbeit in zahlreichen nationalen und internationalen Beratungsprojekten, Beratungsschwerpunkte: Konsum- und Gebräuchlichkeitsindustrie, Marktorentierte Transformationen
Kontaktadresse: Gemini Consulting
DuPont-Straße 4
61352 Bad Homburg v.d.H.
Tel.: 06172/ 48 5-0

Ulrich Kurth
Kap. 6.4: Vom Spezialisten zum Generalisten: Wie wichtig ist die Erfahrung in anderen Berufszweigen?
Beruf: Diplom-Volkswirt
Studium: Volkswirtschaftslehre an der Universität zu Köln
Berufliche Stationen: Unilever, Braun, Krups
Derzeitige berufliche Funktion: Geschäftsführender Gesellschafter bei Kurth Consulting GmbH
Kontaktadresse: Kurth Consulting GmbH
Bockenheimer Landstraße 39
60325 Frankfurt am Main
Tel.: 069/97 12 21 0

Claudia E. Landmann
Kap. 8.1: Marketing- und Vertriebsberatung
Beruf: Diplom-Kauffrau
Studium: Studium der Betriebswirtschaftslehre in Nürnberg
Berufliche Stationen: Nach mehrjähriger Tätigkeit als Consultant bei Gruber, Titze & Partner/ Gemini Consulting in Deutschland und den USA Mitbegründerin von MCN Management Consulting Network, Bad Homburg, Anfang 1993
Derzeitige berufliche Funktion: Manager
Kontaktadresse: MCN Management Consulting Network
Ferdinandsplatz 18

61348 Bad Homburg v.d.H.
Tel.: 06172/ 90 30 0

Dr. Wolfgang W. Pasewald
Kap. 1.2: Von Träumen, die wahr werden
Beruf: Vice-President
Studium: Studium der Betriebs- und Handelswissenschaften an der Wirtschaftsuniversität in Wien mit dem Abschluß des Doktorats
Berufliche Stationen: Assistent an der Wirtschaftsuniversität Wien im Institut für Organisation und Personalwesen. 1984 Studium an der Universität von Illinois (USA), Abschluß mit MBA. Von 1985 bis 1992 Mitarbeiter bei Unilever in Österreich und den USA, dort zuletzt Geschäftsführer Vertrieb für die Lebensmittelgesellschaft in Österreich.
Derzeitige berufliche Funktion: Vice President, Mitglied des Executive Committees for Central Europe und für den Geschäftsbereich Marketing & Sales weltweit verantwortlich.
Kontaktadresse: Gemini Consulting
DuPont-Straße 4
61352 Bad Homburg v.d.H.
Tel.: 06172/ 48 5-0

Henriette Quade
Kap. 6.1: Die ersten 100 Tage: Die richtige Entscheidung
Beruf: Diplomkauffrau
Studium: Marketing, Strategieentwicklung, Führungslehre an der Universität Bayreuth
Berufliche Stationen: Freie Mitarbeit bei der Marketing- und Managementberatung, UNIC (Bonn)
Derzeitige berufliche Funktion: Junior-Beraterin im Bereich Marketing-/Strategieentwicklung und Vertriebsberatung
Kontaktadresse: Deutsche Gesellschaft für

Mittelstandsberatung mbH
Arabellastraße 11
81925 München
Tel.: 089/926968-0

Thomas Römer
Kap. 7.4: Wieviel verdienen Unternehmensberater?
Beruf: Diplom-Psychologe
Studium: Psychologie und Pädagogik an der Universität Bielefeld
Berufliche Stationen: Junior-Berater bei der Strametz & Partner GmbH in Eschborn
Derzeitige berufliche Funktion: Berater bei der von Stockhausen Consulting GmbH in Bielefeld
Kontaktadresse: von Stockhausen Consulting GmbH Management- und Personalberatung
Wilhelmstraße 6
33602 Bielefeld
Tel.: 0521/ 96 41 80

Dr. W. Wolfgang Schirra
Kap. 3.1: Gibt es ein consulting-spezifisches Anforderungsprofil?
Beruf: Diplom-Mathematiker
Studium: Mathematik mit Nebenfach Physik an der Universität Kaiserslautern; Promotion
Berufliche Stationen: zwei Jahre Projektleiter in einem Teilgebiet der Künstlichen Intelligenz im Bundeskriminalamt in Wiesbaden; 13 Jahre Unternehmensberater bei McKinsey & Co., Inc. in Düsseldorf, davon 6 Jahre als Partner
Derzeitige berufliche Funktion: Geschäftsführer der Knight Wendling Consulting GmbH, Düsseldorf
Kontaktadresse: Knight Wendling Consulting GmbH
Heinz-Schmöle-Straße 12
40227 Düsseldorf
Tel. 0211/77006-0

Hans Schlipat
Kap. 3.2: Persönliche Voraussetzungen
Beruf: Diplom-Betriebswirt
Studium: Betriebswirtschaftslehre FH Bielefeld, MBA in Henley
Berufliche Stationen: Lehre zum Industriekaufmann; neun Jahre im internationalen Management eines zur Bertelsmann-Gruppe gehörenden Dienstleistungsunternehmens
Derzeitige berufliche Funktion: seit vier Jahren Unternehmensberater für die Knight Wendling Management Consulting GmbH in Düsseldorf, zur Zeit als Principal mit der Verantwortung für die Geschäftsfelder „Industrie" und „Business Effectiveness".
Kontaktadresse: Knight Wendling Consulting GmbH
Heinz-Schmöle-Straße
1240227 Düsseldorf
Tel. 0211/77006-0

Roman Schneider
Kap. 2.3: Imageprobleme von Unternehmensberatern
Beruf: Dipl.-Ök., Dipl.-Betriebswirt
Studium: Studium der Betriebswirtschaftslehre, Volkswirtschaftslehre, Jura
Berufliche Stationen: Dozent in Erwachsenenbildung, Mittelstandsberatung, Top-Management-Beratung (Roland Berger & Partner).
Derzeitige berufliche Funktion: Geschäftsführender Gesellschafter FRASER GmbH
Kontaktadresse: FRASER Gesellschaft für Unternehmensberatung mbH
Zindelstraße 12
45128 Essen
Tel. 0201/ 17 55 0

Andreas Schneider-Frisse
Kap. 7.4: „Up or Out"
Kap. 7.5: Chancen nach dem „Out"
Beruf: Unternehmensberater
Studium: Wirtschaftsingenieurwesen an der Universität Karlsruhe
Berufliche Stationen: 1989 Berater bei der Andersen Consulting, Arthur Andersen & Co. GmbH; 1991 Seniorberater bei Andersen Consulting; 1992 Manager, Unternehmensführung/Strategie bei der DIC Deutsche Industrie Consult; 1995 Leiter Geschäftsfeld Marketing/Vertrieb
Derzeitige berufliche Funktion: Geschäftsfeldleiter
Kontaktadresse: DIC Deutsche Industrie Consult
Parsevalstraße 9b
40468 Düsseldorf
Tel.: 0211/951200

Susanne Schwemer
Kap. 4.2: Was ist bei der Wahl des Arbeitgebers entscheidend?
Beruf: Unternehmensberater
Studium: Betriebswirtschaftslehre an der Universität Mannheim
Berufliche Stationen: Praktika während des Studiums in den Bereichen Energiewirtschaft und Dienstleistungen; Projektarbeit bei MARKET TEAM e.V. in Mannheim
Derzeitige berufliche Funktion: Management Consultant bei MC Marketing Corporation AG
Kontaktadresse: MC Marketing Corporation AG
Saalburgstraße 155
61350 Bad Homburg v.d.H.
Tel. 06172/964-437

Dr. Holger M. Sepp
Kap. 2.3: Imageprobleme von Unternehmensberatern

Beruf: Dr. rer. pol., Dipl.-Volkswirt
Studium: Bankkaufmann, Studium VWL, Promotion BWL
Berufliche Stationen: 1985 – 1987 Ausbildung zum Bankkaufmann, 1987 – 1992 diverse Praktika (Roland Berger & Partner, OTTO-Versand), 1992 Wissenschaftliche Mitarbeit am Lehrstuhl für Marketing, Bilanzierung und Finanzierung, seit 1993 Management Consultant der FRASER Gesellschaft für Unternehmensberatung mbH
Derzeitige berufliche Funktion: Senior-Consultant, Fachbereichsleiter
Kontaktadresse: FRASER Gesellschaft für Unternehmensberatung mbH
Zindelstraße 12
45128 Essen
Tel. 0201/ 17 55 0

Michael Thiess
Kap. 1.3: Kein Tag wie der andere
Beruf: Diplom-Kaufmann und Diplom-Psychologe
Studium: Wirtschaft und Psychologie an der Universität Mannheim
Derzeitige berufliche Funktion: Partner der Roland Berger & Partner GmbH
Kontaktadresse: Roland Berger & Partner GmbH
Arabellastraße 33
81925 München
Tel.: 089/9223-0

Dr. Sven Ullrich
Kap. 6.5: Trainingsmethoden für Einsteiger und Quereinsteiger
Beruf: Personalmanager
Studium: Psychologie und Wirtschafswissenschaften an der Universität Landau; Promotion
Berufliche Stationen: seit 1989 in der isp/ift-Sozietät

Derzeitige berufliche Funktion: Projekt- und Teamleiter im ift-Institut für Trainings- und Personalberatung für den Bereich Personalmanagement
Kontaktadresse: ift-Institut für Trainings- und Unternehmensberatung
Neusser Straße 30-32
50670 Köln
Tel.: 0221/973060-19

Rainer H. Wagner
Einleitung zu Kap. 2; Kap. 2.1: „Beratung" oder „Consulting";
Kap. 2.4. Wo werden Consultants gebraucht?
Beruf: Consultant
Studium: Sozialwissenschaften
Berufliche Stationen: verschiedene Personal- und Marketingfunktionen innerhalb der Deutschen Unilever-Gruppe; Personal- und Unternehmensberater bei Spencer Stuart
Derzeitige berufliche Funktion: geschäftsführender Gesellschafter der SIPA Unternehmer Beratung und der Praxis Personal Marketing
Kontaktadresse: SIPA Unternehmer Beratung GmbH
Altneugasse 25
66117 Saarbrücken
Tel.: 0681/5846061

Jürgen Weber
Kap. 8.2: Berufsstart Consulting im Controlling
Beruf: Prof. Dr.
Studium: Studium der Betriebswirtschaftslehre an der Georg-August-Universität in Göttingen; Promotion zum Dr. rer. pol. an der Universität Dortmund; Habilitation zum Dr. rer. pol. habil. an der Friedrich-Alexander-Universität in Erlangen-Nürnberg.
Berufliche Stationen: Seit 1986 Inhaber des Lehrstuhls für

Betriebswirtschaftslehre, insbesonder Controlling und Logistik an der WHU Koblenz.
Derzeitige berufliche Funktion: Lehrstuhlinhaber
Kontaktadresse: CTcon Consulting & Training im Controlling mbH
Weitersburger Weg 10
56179 Vallendar
Tel.: 0261/ 96 27 40

Rolf-Magnus Weddigen
Kap. 7.1: Grow or go
Beruf: Manager
Studium: Universität Karlsruhe, Diplom-Wirtschaftsingenieur, INSEAD, Fontainebleau, France; MBA
Berufliche Stationen: ICL International Computers Ltd., London; Business Development; Bain & Company: München, Beratung
Derzeitige berufliche Funktion: Manager bei Bain & Company, Inc.
Kontaktadresse: Bain & Company Germany, Inc.
Thomas-Wimmer-Ring 3
80539 München
Tel.: 089/ 290 11-0

Volker Wittberg
Kap. 6.2: Nach dem Examen als Assistent, Fellow oder Consultant
Beruf: Diplom-Kaufmann
Studium: Betriebswirtschaftslehre an der Universität Bielefeld
Derzeitige berufliche Funktion: Assistent der Geschäftsführung bei der intra-Unternehmensberatung GmbH
Kontaktadresse: intra-Unternehmensberatung GmbH
Königsallee 60B
40212 Düsseldorf
Tel.: 0211/13631-0

JOB-FIT
Ratgeberreihe:
Erfolgreich Bewerben - Erfolg im Beruf

JOB-FIT Band 1:
Aktive Stellensuche & Schriftliche Bewerbung
Bewerbung auf Stellenanzeigen, Initiativbewerbung, Stellengesuche, Arbeitsämter, Personalberater, Alternative Bewerbungswege + Die schriftliche Bewerbung: Wie Sie sich am besten verkaufen + Ihre Bewerbung aus Sicht des Personalchefs + Verschiedene Formen der schriftlichen Bewerbung + Tabellarischer Lebenslauf, Zeugnisse, Paßfoto + Wie Sie Ihr Anschreiben formulieren sollten + Problempunkte bei der schriftlichen Bewerbung und wie sie umgehen können + Kommen Sie Ihrem möglichen Arbeitgeber auf die Spur + Testen Sie sich selbst + Wie Sie Ihre Schwächen durch Weiterbildung verringern können + Welche Zusatzqualifikation Arbeitgeber schätzen

ISBN 3-905440-13-X
3.Aufl. Juli 1996, 240 S., kt.,
DM 24,80 SFr 24,80 öS 175,-

JOB-FIT Band 2:
Sich gut verkaufen im Vorstellungsgespräch
Welche Informationen Sie vor dem Vorstellungsgespräch unbedingt einholen müssen + Wie Sie die Zeit vor dem Gespräch nutzen + Wie Sie sich während des Gesprächs verhalten sollten + Wie ein gutes Gespräch vom Ablauf her strukturiert ist + Welche Fragen erlaubt sind und welche nicht + Kleidung und Aussehen: Wie Sie sich optimal präsentieren + Nach welchen Kriterien Unternehmen auswählen + Assessment Center, Streß- und Eintagesinterviews + Wie Sie einen guten Arbeitsvertrag aushandeln + Was der Gesprächsstil über den Interviewer verrät + Wie Sie Ihr Wissen geschickt im Vorstellungsgespräch anwenden + Sollte man im Gespräch seine Stärken und Schwächen ehrlich nennen? + Was das Unternehmen von Ihnen im Gespräch erwartet

ISBN 3-905440-14-8
1.Aufl. Nov. 1993, 240 S., kt.,
DM 24,80 SFr 24,80 öS 175,-

JOB-FIT Band 3:
Tips für den Karriere - Start
Wie Sie Ihre Probezeit erfolgreich meistern + Wie Sie schon in der ersten Woche einen guten Eindruck machen + Wie Sie den Praxisschock überwinden + Einarbeitungskonzepte der Unternehmen: Was die Firmen für Sie tun + Was Sie selbst tun müssen + Typische Fehler von Berufseinsteigern und wie sie vermieden werden + Orientierung und Taktik im Firmendschungel + Wie Sie Ihre Karriere von Beginn an planen können + Die Spielregeln im neuen Unternehmen kennenlernen + Sich Namen und Gesichter merken + Unterschiede von Trainee-Programmen und Direkteinstiegen beim Berufseinstieg + Wie Sie sich in die neue Gruppe einfinden können + Was Ihnen den Einstieg erleichtert + Probezeitbeurteilungen + Paten und Mentoren + Schwache Vorgesetzte + Auslandsaufenthalte planen

ISBN 3-905440-15-6
1.Aufl. Nov. 1993, 240 S., kt.,
DM 24,80 SFr 24,80 öS 175,-

JOB-FIT Band 4:
Assessment Center - Training
Wie mit ACs Right Potentials ausgewählt werden + Praxis-Beispiele: ACs von Bayer, Commerzbank, Deutsche Lufthansa, Deutsche Unilever, Auswärtiges Amt + Postkorbübungen: Wie man Aufgaben schnell erledigt + Fallstudien: Wie man ein Problem löst + Eigenpräsentation: Wie man ein Publikum überzeugt + Führerlose Gruppendiskussion: Wie man sich in einer Diskussion behauptet + Rollenspiele und Konstruktionsübungen: Wie man Konflikte löst + Interview: Wie man sich selbst darstellt + Test: Psyche auf dem Prüfstand + Hinter den Kulissen: Wie werden die Teilnehmer ausgewählt + Welchen Nutzen kann man als Teilnehmer aus einem AC ziehen? + Kann man mit einem AC eine Karriere vorhersagen?

ISBN 3-905440-16-4
1.Aufl. Nov. 1993, 240 S., kt.,
DM 24,80 SFr 24,80 öS 175,-

JOB-FIT Band 5:
Todsünden bei der Bewerbung
Fehler in der Planungsphase: Bewerben beginnt nicht erst mit dem Anschreiben + Überschätzung der eigenen Fähigkeiten + Unterschätzung überfachlicher Anforderungen + Fehler im eigenen Stellengesuch + Eine unerschöpfliche Fehlerquelle: Die schriftlichen Bewerbungsunterlagen - Lebenslauf, Foto, Zeugnisse, Arbeitsproben, Faxbewerbung + Fehlgriffe im Anschreiben in Bezug zur Stelle, Stilistische Fehler, Sprachstil, Vorsicht bei Musterbriefen + Was Sie im Vorstellungsgespräch nicht machen sollten + Fehlverhalten im AC: Einzelübungen, Dyadische Übungen, Gruppenübungen + Sturz kurz vor dem Ziel: Todsünden im Vertragsgespräch + Fehlerfallen in der Probezeit

ISBN 3-905440-18-0
1.Aufl. Aug. 1994, 260 S., kt.,
DM 24,80 SFr 24,80 öS 175,-

JOB-FIT Band 6:
PR in eigener Sache
Sich verkaufen können und müssen + Das gelungene Anschreiben: Was den Arbeitgeber interessiert - äußere Gestaltung, Inhalt, Stil, was nicht hineingehört + Der Lebenslauf: Die richtigen, lückenlosen Inhalt, was man alles zu verkaufen hat, was der Lebenslauf so alles aussagt, Foto + Zeugnisse: Wichtig oder überflüssig Werdegang, Praktika, Arbeitszeugnisse, äußere Form, Inhalt, Geheimcodes, Auswahl, Referenzen + Das Outfit der Mappe: Äußere Form, Material und Farben, Anordnung, Verpackung + Das Vorstellungsgespräch: Was Sie vorher wissen müssen, Verhaltensregeln, Profilierungsmöglichkeiten + Gesprächsverlauf: Agieren und reagieren, Präsentation, Fragen, Abschluß, Erlaubtes und Unerlaubtes, Fangfragen

ISBN 3-905440-20-2
1.Aufl. Sept. 1994, 260 S., kt.,
DM 24,80 SFr 24,80 öS 175,-

Weitere Job-Fit Bände erhältlich:

Band 7	Aktive Bewerbungsstrategien	1.Aufl. Sept. 1994	240S., kt.,	DM 24,80	SFr 24.80 öS 175,-
Band 8	Anschreiben die Sie umhauen	2.Aufl. Juli 1996	240S., kt.,	DM 24,80	SFr 24.80 öS 175,-
Band 9	Todsünden im Vorstellungsgespräch	2.Aufl. Juli 1996	240S., kt.,	DM 24,80	SFr 24.80 öS 175,-
Band 10	Bewerber-Training für Absolventen	2.Aufl. Juli 1996	240S., kt.,	DM 24,80	SFr 24.80 öS 175,-
Band 11	Perfekte Bewerbungsunterlagen	1.Aufl. April 1995	240S., kt.,	DM 24,80	SFr 24.80 öS 175,-
Band 12	Erfolgreiche Bewerbungstechnik	1.Aufl. Mai 1995	240S., kt.,	DM 24,80	SFr 24.80 öS 175,-
Band 13	Individuelle Bewerbungsstrategien	1.Aufl. Feb. 1995	240S., kt.,	DM 24,80	SFr 24.80 öS 175,-
Band 14	Bewerbung: Ihre Persönlichkeit ist gefragt	1.Aufl. April 1994	240S., kt.,	DM 24,80	SFr 24.80 öS 175,-

Kontakte und Bewerbungs-Knowhow für den Fach- und Führungsnachwuchs

Wie man sich Praxiskontakte aufbaut + Wie man sich für die erste Stelle entscheidet: Arbeitsmarkt, Einsatz- und Tätigkeitsfelder, die Wirtschaftszweige - Branchenreports und Rankings- Formen des Berufseinstiegs: Direkteinstieg, Assistenzfunktion, Traineeprogramme, Großunternehmen oder Mittelstand, Auslandsaufenthalte + Anforderungen der Praxis an Absolventen: Hochschulort, Examensnote, Studiendauer, außeruniversitäres Engagement, persönliche Qualifikationsmerkmale, Einstiegsgehälter, Startprogramme und vieles mehr bietet der Praxisführer, das Nachschlagewerk für den Berufseinstieg.

Insgesamt 400 Seiten im Format DIN A4. Mit 400 Adressen und aktuellen Stelleninseraten von Unternehmen für Ihre Bewerbung für nur DM 19,80.
ISBN 3-905440-11-3

600 Porträts und Kontaktadressen von Unternehmen für Ihre Bewerbung

Für einen optimalen Berufseinstieg ist es wichtig, über die richtigen Kontaktadressen und Unternehmensinformationen zu verfügen. Die zweibändige Publikation DIE TOP 300 porträtiert auf über 1.000 Seiten für Berufseinsteiger oder -wechsler die jeweils 300 größten Industrie- und Dienstleistungsunternehmen. Das zweibändige Werk bietet Ihnen einen Überblick über die einzelnen Geschäftsbereiche, über die Größe, Geschichte und Entwicklungsperspektiven.

Band 1: 29,80,-   ISBN 3-905440-08-3
Band 2: 29,80,-   ISBN 3-905440-09-1
Sparpaket: Beide Bände für 55,-   ISBN 3-905440-12-1

Chancen im öffentlichen Dienst

Das Buch zeigt, wie man den Sprung in den öffentlichen Dienst schafft und informiert über Zulassungsvoraussetzungen und Entwicklungsmöglichkeiten. Für alle Studienabschlüsse und Fachrichtungen werden die möglichen Laufbahnen im höheren und gehobenen Dienst bei Bund und Ländern aufgeführt. Die entsprechenden Bewerbungsanschriften runden das Buch zu einem aktuellen Nachschlagewerk ab.
2. überarb. und erweiterte Auflage jetzt DM 19,80. (ermäßigt)   ISBN 3-905440-10-5

Das Doktorstudium

Dieses Werk informiert über Promotionsmöglichkeiten bei 1.400 Professoren der Fakultäten Wirtschafts-, Rechts-, Ingenieurwissenschaften und Informatik in Deutschland, Österreich und der Schweiz. Das Nachschlagewerk beschreibt die besten Promotionsmöglichkeiten und verschiedene Zulassungsvoraussetzungen. Es hilft bei der Suche nach dem geeigneten Promotionsbetreuer und bei einer sinnvollen Zeitplanung der Promotion. Das Buch mit aktuellen Stelleninseraten für promovierte Absolventen hat über 256 Seiten und kostet DM 24,80.
ISBN 3-905440-19-9

Neue Reihe: Praxis konkret

In einer neuen Serie beschreibt FORUM berufliche Einsatzfelder für Hochschulabsolventen. Geschrieben von Insidern, Experten und Autoren, die sich auskennen. Eine Reihe, die gezielt auf die Fragen zum Einstieg in eine bestimmte Branche eingeht, und keine Fragen offenläßt.

Berufsstart Banking:

Karrierewege — Der steile Weg nach oben + In and up: Viele Wege führen in die Bank + Banker ist nicht gleich Banker: Typische Berufsbilder + Was Banken noch brauchen: Weitere Möglichkeiten + Wer und wie wird gesucht? Wie Kreditinstitute auswählen + So gelingt der Einstieg: Sich bewerben bei Banken +Insitute nicht nur für Kredite: Chancen bei diversen Banktypen. Das Buch mit aktuellen Stelleninseraten für Absolventen hat 272 Seiten und kostet DM 24,80
ISBN 3-905440-33-4

Berufsstart Marketing:

Der Weg zum Erfolg: Karrierebeispiele + Mit Spürsinn und Zähigkeit + Die Marketing-Praxis: Berufsbilder + Konsumgüter-, Handels-, und Dienstleistungsmarketing + Neue Perspektiven im Marketing: Trends und Entwicklungen + Wie Unternehmen auswählen: Der Generalist ist gefragt + Traineeberichte: Ist aller Anfang schwer? + Professionelles Selbstmarketing: Sich richtig bewerben + Selbstanalyse. Das Buch mit aktuellen Stelleninseraten für Absolventen hat 228 Seiten und kostet DM 24,80
ISBN 3-905440-31-8

Firmeninformationen

Mit diesen grünen Seiten bietet Ihnen FORUM in Zusammenarbeit mit den inserierenden Unternehmensberatungen einen ganz besonderen Service: Anhand der hier aufgeführten Informationen können Sie sich bereits vorab ein erstes Bild von den Unternehmen machen, bei denen Sie sich vielleicht bewerben wollen.

Von direkten Ansprechpartnern über Unternehmensinfos, Einstiegsmöglichkeiten und Einstellungskriterien bis zu Angaben bezüglich gewünschter Bewerbungsunterlagen erfahren Sie alles Notwendige, um sich konkret auf Ihren Berufseinstieg vorzubereiten. Nutzen Sie diesen Wissensvorsprung und bereiten Sie damit Ihre Kontaktaufnahme gründlich vor. Je besser Sie Ihren potentiellen Arbeitgeber kennen, desto höher sind Ihre Chancen, sich im Bewerbungsrennen durchzusetzen und Ihren Traum vom BERUFSSTART im Bereich Consulting zu verwirklichen.

Einfacher geht es nicht: Für telefonische Vorabinformationen stehen Ihnen die genannten Ansprechpartner gerne zur Verfügung. Scheuen Sie sich nicht, dort anzurufen, aber bedenken Sie bei Ihrer Kontaktaufnahme, daß Sie bereits dann einen ersten Eindruck hinterlassen. Überlegen Sie sich daher Ihre Fragen gründlich und vergessen Sie den Namen Ihres Ansprechpartners nicht. Beachten Sie genau, welche Unterlagen die Unternehmen von Ihnen zu sehen wünschen. Stellen Sie sie in ansprechender Form zusammen und übersenden Sie sie in einem stoß- und reißfesten Umschlag an die richtig geschriebene Adresse. Beziehen Sie sich in Ihrer Bewerbung auf „Berufsstart Consulting", dann fällt Ihnen der Einstieg im Anschreiben ein wenig leichter.

Das FORUM-Team wünscht Ihnen für Ihren Start ins Consulting viel Erfolg!

Andersen Consulting Unternehmensberatung GmbH
Otto-Volger-Straße 15
65843 Sulzbach/Frankfurt

Personalabteilung/Kontaktperson: Abteilung Recruiting,
Tel.: 06196/ 57 64 85, Fax: 06196/ 57 62 07
Branche, in der das Unternehmen tätig ist:
Unternehmensberatung
Anzahl der Beschäftigten 1995: ca. 38.000 weltweit
Umsatz/Geschäftsvolumen 1995: ca. 4,22 Mrd. US-Dollar weltweit
Voraussichtliche Einstellungszahlen Absolventen 1996/97:
ca. 300 bis 400
Einstiegsmöglichkeiten: Direkteinstieg mit systematischem und kontinuierlichem – auch internationalem – Trainingsprogramm.
Benötigte Bewerbungsunterlagen: Komplette Unterlagen inclusive Anschreiben, Lebenslauf, Foto, Zeugniskopien
Einstellungskriterien: Überdurchschnittlicher Hochschulabschluß, qualifizierte praktische Erfahrungen, sehr gute aktive Englischkenntnisse, Interesse für Informationstechnologie, außeruniversitäres Engagement
Auswahlverfahren: Assessment Center und Interviews
Einstiegsgehälter: je nach Qualifikation und Einstiegsniveau unterschiedlich ab 67.500 Mark
Erhältliches Informationsmaterial: Material auf Anfrage

Arthur Andersen
Wirtschaftsprüfungsgesellschaft
Steuerberatungsgesellschaft mbH
Mergenthalerallee 10-12
65728 Eschborn/Frankfurt/M.

Personalabteilung/Kontaktperson: Linda Brinkmann
Tel.: 06196/ 99 60
Branche, in der das Unternehmen tätig ist:
Wirtschaftsprüfung, Steuerberatung, Unternehmensberatung

Anzahl der Beschäftigten 1995: 1.400 in Deutschland
Umsatz/Geschäftsvolumen 1995: 324 Mio in Deutschland
Voraussichtliche Einstellungszahlen Absolventen 1996/97: ca. 200
Einstiegsmöglichkeiten: Training on the job.
Benötigte Bewerbungsunterlagen: Anschreiben, Lichtbild, tabellarischer Lebenslauf, Arbeitszeugnisse, Praktikantenzeugnisse, Schulzeugnisse (Abitur), Diplomzeugnis
Einstellungskriterien: Noten, Praktika, Schwerpunkte, außeruniversitäre Aktivitäten, Englisch- und EDV-Kenntnisse
Auswahlverfahren: Einzelgespräche
Einstiegsgehälter: keine Angaben
Erhältliches Informationsmaterial: Bewerberbroschüre „Karriere"

BAIN & Company Germany, Inc.
Thomas-Wimmer-Ring 3
80539 München

Personalabteilung/Kontaktperson: Roman Zeller (Vice President), Tel.: 089/ 29 01 10
Branche, in der das Unternehmen tätig ist: Unternehmensberatung
Anzahl der Beschäftigten 1995: Weltweit über 1.300 Berater
Umsatz/Geschäftsvolumen 1995: keine Angaben
Voraussichtliche Einstellungszahlen Absolventen 1996/97: 30 bis 40
Einstiegsmöglichkeiten: 1. Universitätsabgänger als „Associate Consultant". 2. Mit MBA, Promotion oder Berufserfahrung als „Consultant".
Benötigte Bewerbungsunterlagen: Detaillierter, tabellarischer Lebenslauf, Zeugnisse von Schule und Universitäten (inkl. Vordiplom), Praktikantenzeugnisse, Zeugnisse früherer Arbeitgeber
Einstellungskriterien: Hervorragende Examensnoten, Promotion, MBA oder Praxiserfahrung, sehr gute Englischkenntnisse, exzellente analytische und kommunikative Fähigkeiten, Eigeninitiative, Kreativität, Teamgeist und Humor!
Auswahlverfahren: Einzelgespräche mit Beratern

Einstiegsgehälter: Je nach Qualifikation
Erhältliches Informationsmaterial: Bewerberbroschüre, anzufordern bei: Brigitte Wiedeck (Head of Human Resources)

Booz. Allen & Hamilton GmbH
Königsallee 106
40215 Düsseldorf

Personalabteilung/Kontaktperson: Angelika Sonnenschein, Tel.: 0211/ 38 90 0
Branche, in der das Unternehmen tätig ist: Unternehmensberatung
Anzahl der Beschäftigten 1995: 6.000 Berater weltweit
Umsatz/Geschäftsvolumen 1995: keine Angaben
Voraussichtliche Einstellungszahlen Absolventen 1996/97: ca. 30
Einstiegsmöglichkeiten: Direkteinstieg
Benötigte Bewerbungsunterlagen: Vollständige Unterlagen: Lebenslauf, Abitur-, Vordiplom-, Diplomzeugnis, Arbeitszeugnisse, Praktikumsbescheinigungen etc.
Einstellungskriterien: ein weit überdurchschnittlicher Hochschulabschluß, sehr gute analytische Fähigkeiten, Kreativität, Praxiserfahrung (Lehre, Praktika), Auslandserfahrung, sehr gute Englischkenntnisse, möglichst eine weitere Fremdsprache, gerne auch Promotion und/oder MBA und mehrjährige Berufserfahrung, reife Persönlichkeit
Auswahlverfahren: 2 Runden: 1. Runde: Einzelgespräche, 2. Runde: Einzelgespräche
Einstiegsgehälter: nach Qualifikation
Erhältliches Informationsmaterial: Bewerberbroschüre „Face to Face"

Bossard Consultants GmbH
Schackstraße 2
80539 München
Tel.: 089/ 38 15 98 - 0

Personalabteilung/Kontaktperson: Dipl.-Oec. Sylvia Stelzer, Recruit-

ing Manager, Dr. Michael Trautmann, Manager und Recruiting Director
Branche, in der das Unternehmen tätig ist:
Top-Management Beratung
Anzahl der Beschäftigten 1995: 60
Umsatz/Geschäftsvolumen 1995: keine Angaben
Voraussichtliche Einstellungszahlen Absolventen 1996/97:
1996: 15; 1997: 20
Einstiegsmöglichkeiten: Hochschulabsolventen: Junior Consultant; Doppelstudium, MBA, Doktor, Berufserfahrung: Consultant; mehrjährige Beratungserfahrung: Senior Consultant/Project Manager
Benötigte Bewerbungsunterlagen: Anschreiben, CV, Zeugnisse (Abitur, Hochschule, Praktika), Foto
Einstellungskriterien: Ausbildung, Praktische Erfahrung, Auslandserfahrung, Sprachkenntnisse, Analytische und konzeptionelle Fähigkeiten, Soziale Kompetenz, Humorvolle und natürliche Persönlichkeit, Reife
Auswahlverfahren: eintägiges Auswahlverfahren (Interviews, Gruppenübungen)
Einstiegsgehälter: Junior-Consultant: 80-90 TDM, Consultants und SC/PM Verhandlungssache
Erhältliches Informationsmaterial: Recruiting-Broschüre: How to become a Bossard Consultant

C&L Unternehmensberatung GmbH
Olof-Palme-Straße 35
60439 Frankfurt/Main
Tel.: 069/ 95 85 18 50

Personalabteilung/Kontaktperson: Der jeweilige Geschäftsstellenleiter
Branche, in der das Unternehmen tätig ist:
Unternehmensberatung
Anzahl der Beschäftigten 1995: 500
Umsatz/Geschäftsvolumen 1995: 150 Mio. DM
Voraussichtliche Einstellungszahlen Absolventen 1996/97: 75
Einstiegsmöglichkeiten: Einstieg als Assistent und Berater

möglich
Benötigte Bewerbungsunterlagen: übliche
Einstellungskriterien: berufsrelevante
Auswahlverfahren: Gespräch mit Geschäftsführer und/oder Geschäftsstellenleiter (2 Teilnehmer von C&L)
Einstiegsgehälter: marktüblich
Erhältliches Informationsmaterial: Firmenbroschüre für Bewerber

CTcon – Consulting & Training im Controlling GmbH
Weitersburger Weg 10
56179 Vallendar bei Koblenz

Personalabteilung/Kontaktperson: Dr. Christian Bungenstock, Tel.: 0261/ 96 274 - 50
Branche, in der das Unternehmen tätig ist: Unternehmensberatung und Managementschulung
Anzahl der Beschäftigten 1995: 20 Mitarbeiter und 70 freiberufliche Trainer
Umsatz/Geschäftsvolumen 1995: keine Angaben
Voraussichtliche Einstellungszahlen Absolventen 1996/97: laufende Einstellung hervorragend qualifizierter Mitarbeiter
Einstiegsmöglichkeiten: Einstieg als Berater (Training-on-the-job, auf individuelle Bedürfnisse abgestimmte externe und interne Schulungsprogramme, frühzeitige Übernahme von Projektverantwortung)
Benötigte Bewerbungsunterlagen: tabellarischer Lebenslauf, Lichtbild, Zeugnisse (inkl. Abitur und Vordiplom), Praktikumsbescheinigungen, Arbeitszeugnisse
Einstellungskriterien: sehr gute Examensnoten, gerne Promotion oder MBA, gute EDV-Kenntnisse, Mobilität, Initiative, Kreativität, Teamfähigkeit und unternehmerisches Denken; Altersgrenze: 34 Jahre
Auswahlverfahren: Einzelinterviews, Fallstudien
Einstiegsgehälter: 80.000 bis 120.000 Mark

Gemini Consulting
Du-Pont-Straße 1
61352 Bad Homburg
Tel.:06172/ 48 50

Personalabteilung/Kontaktperson: Renate Froeschke, Andrea Köhn, Recruiting
Branche, in der das Unternehmen tätig ist: Consulting
Anzahl der Beschäftigten 1995: 300 Mitarbeiter in Deutschland, 1.500 weltweit
Umsatz/Geschäftsvolumen 1995: 168 Millionen DM
Voraussichtliche Einstellungszahlen Absolventen 1996/97: 20
Einstiegsmöglichkeiten: Einstieg als Consultant zu jedem Zeitpunkt möglich für alle Fakultäten, wenn Basis-BWL-Wissen vorhanden
Benötigte Bewerbungsunterlagen: Anschreiben, Curriculum Vitae, alle Zeugnisse (einschließlich Abitur), Lichtbild
Einstellungskriterien: Abitur besser als 2,5, Vordiplom mindestens 2,5 und besser, Examen überdurchschnittlich, Praktika, Auslandsaufenthalt, Englisch fließend + eine Fremdsprache, außeruniversitäre Aktivitäten
Auswahlverfahren: Ein Bewerbungsgespräch, danach Assessment Center
Einstiegsgehälter: nach Vereinbarung
Erhältliches Informationsmaterial: Bewerberbroschüre, Firmenbroschüre

FRASER Gesellschaft für Unternehmensberatung mbH
Zindelstraße 12
45128 Essen
Tel.: 0201/ 17 55 - 0

Personalrecruiting/Kontaktperson: Dr. Holger M. Sepp
Branche, in der das Unternehmen tätig ist: Consulting

Anzahl der Beschäftigten 1995: ca. 100 Berater
Umsatz/Geschäftsvolumen 1995: 36 Mio. DM,
Ziel 1996: 40 Mio. DM
Voraussichtliche Einstellungszahlen Absolventen 1996/97:
25 - 30
Einstiegsmöglichkeiten: Junior-Consultant
Benötigte Bewerbungsunterlagen: vollständige Bewerbungsunterlagen (Lebenslauf, Zeugnisse, Nachweise)
Einstellungskriterien: Wirtschaftswissenschaftler, Ingenieure, Naturwissenschaftler (bevorzugt); Prädikats-Examen; Promotion/MBA (nach Möglichkeit); (Auslands-) Praktika; außeruniversitäre Aktivitäten; kommunikative Fähigkeiten
Auswahlverfahren: Einzelgespräche, Assessment Center
Einstiegsgehälter: keine Angaben
Erhältliches Informationsmaterial: Firmenbroschüre

IDS Prof. Scheer Gesellschaft für integrierte Datenverarbeitungssysteme mbH
Altenkesseler Straße 17
66115 Saarbrücken
Tel.: 0681/ 99 21 - 150 oder -151

Personalabteilung/Kontaktperson: Brigitte Blasius und Monika Pojonk
Branche, in der das Unternehmen tätig ist:
Software- und Beratungsunternehmen
Anzahl der Beschäftigten 1995: 400, Stand Juni 1996: 470
Umsatz/Geschäftsvolumen 1995: 60 Millionen, für 1996 wird eine Umsatzsteigerung von 60 Prozent erwartet
Voraussichtliche Einstellungszahlen Absolventen 1996/97:
nach Bedarf
Einstiegsmöglichkeiten: Direkteinstieg inklusive Integrationsprogramm
Benötigte Bewerbungsunterlagen: Lebenslauf mit Lichtbild, Zeugnisse
Einstellungskriterien: ausgezeichneter Universitäts- oder Fachhochschulabschluß als Dipl.-Kaufmann/ Dipl.-Betriebswirt, Dipl.-

Wirtschaftsingenieur, Dipl.-Wirtschaftsinformatiker oder Dipl.-Mathematiker; praktische Erfahrungen während des Studiums, engl. Sprachkenntnisse; analytisches Denkvermögen; Kundenorientierung; Mobilität; Flexibilität hinsichtlich eines eventuellen Auslandseinsatzes (insbesondere in den USA); Teamfähigkeit
Auswahlverfahren: persönliche Gespräche
Einstiegsgehälter: leistungsgerecht
Erhältliches Informationsmaterial: Image- und Produktbroschüren, Seminar- und Schulungsprogramme, „Scheer-Magazin"

McKinsey & Company, Inc.
Königsallee 60c
40027 Düsseldorf
Tel.: 0221/ 13 64 - 0

Personalabteilung/Kontaktperson:
Irene Brambach, Kerstin Herrschaft, Ulrike Hornung, Ute Linde
Branche, in der das Unternehmen tätig ist:
Top-Management Beratung
Anzahl der Beschäftigten 1995: weltweit über 6.000
Umsatz/Geschäftsvolumen 1995: keine Angaben
Einstiegsmöglichkeiten: Fellowship-Programm: (Startprogramm für Hochschulabgänger) 3-Jahres-Programm, bestehend aus Arbeit in Projektteams sowie 12 Monate Freistellung zur Erlangung einer Zusatzqualifikation (MBA bzw. Promotion). Associate Programm: Direkteinstieg als Berater (Voraussetzung: MBA, Promotion oder Praxiserfahrung)
Benötigte Bewerbungsunterlagen: Detaillierter tabellarischer Lebenslauf sowie alle bisher erlangten Zeugnisse (inkl. Abitur und Vordiplom)
Einstellungskriterien: Hervorragender Universitätsabschluß (event. Zweitqualifikation: siehe Einstiegsmöglichkeiten), exzellente analytische und kommunikative Fähigkeiten, sehr gute Englischkenntnisse. Außerdem: Kreativität, Initiative, Teamfähigkeit, außeruniversitäre Aktivitäten.
Auswahlverfahren: Einzelgespräche mit Beratern
Einstiegsgehälter: je nach Qualifikation

Erhältliches Informationsmaterial: wird auf Anfrage gerne zugesandt.

MCN Management Consulting Network GmbH
Ferdinandsplatz 18
61348 Bad Homburg v.d.H.
Tel.: 06172/ 90 30 - 0

Kontaktperson: Claudia E. Landmann, Manager
Branche, in der das Unternehmen tätig ist:
Unternehmensberatung mit Schwerpunkt Marketing und Vertrieb
Anzahl der Beschäftigten 1995: 20
Voraussichtliche Einstellungszahlen Absolventen 1996/97:
ca. 5 Hochschulabsolventen p.a.
Einstiegsmöglichkeiten: Training-on-the-job in verschiedenen Projektteams, intensive persönliche Betreuung durch erfahrene Projektmanager, individuelle Aus- und Weiterbildung
Benötigte Bewerbungsunterlagen: Überzeugende Bewerbung
Einstellungskriterien: Universitätsstudium mit hervorragendem Abschluß, ausgezeichnete analytische und kommunikative Fähigkeiten, unternehmerisches Denken, hohe Leistungsbereitschaft, Flexibilität, Eigeninitiative und Teamgeist. Überzeugende Persönlichkeit mit sympathischem Auftreten, Zusatzqualifikationen und Berufserfahrung sind von Vorteil
Auswahlverfahren: Gruppenauswahlverfahren, ausführliche persönliche Interviews mit Beratern, individuelles Feedback
Einstiegsgehälter: nach Qualifikation
Erhältliches Informationsmaterial: „Karrierestart bei MCN" wird gerne zugesandt

Mummert + Partner Unternehmensberatung AG
Hans-Henny-Jahnn-Weg 9
22085 Hamburg
Tel.: 040/ 22 70 3 - 0

Personalabteilung/Kontaktperson: Stephanie Meetz
Branche, in der das Unternehmen tätig ist:

Unternehmensberatung
Anzahl der Beschäftigten 1995: 506
Umsatz/Geschäftsvolumen 1995: 109 Mio DM
Voraussichtliche Einstellungszahlen Absolventen 1996/97:
40 - 50
Einstiegsmöglichkeiten: Einstieg als Junior-Berater, Training on the job
Benötigte Bewerbungsunterlagen: die üblichen kompletten Unterlagen
Einstellungskriterien: Praktika (in den Branchen Kreditinstitute, Versicherungen, öffentliche Verwaltung) und/oder qualifizierte Informationsverarbeitungs-Kenntnisse, Mobilität, Flexibilität, Persönlichkeit
Auswahlverfahren: individuelle Gespräche
Einstiegsgehälter: nach Qualifikation
Erhältliches Informationsmaterial: Bewerberbroschüre

OrgaTreu Unternehmensberatung GmbH
Schumannstraße 27
60325 Frankfurt/M.
Tel.: 069/ 7 56 95 - 301

Personalabteilung/Kontaktperson: Frau Löser
Branche, in der das Unternehmen tätig ist:
Unternehmensberatung/ Consulting
Anzahl der Beschäftigten 1995: inklusive Töchter: 140
Umsatz/Geschäftsvolumen 1995: inklusive Töchter: ca. 40 Mio im laufenden Geschäftsjahr
Voraussichtliche Einstellungszahlen Absolventen 1996/97:
ca. 30 - 50
Einstiegsmöglichkeiten: Beratungsassistent mit Ausrichtung auf spezifische Branche (z.B. Banken/Versicherungen) oder generelle Beratungsfelder (z.B. IT, SAP)
Benötigte Bewerbungsunterlagen: Standard
Einstellungskriterien: Entwicklungspotential, überdurchschnittliche Abschlüsse, analytische Fähigkeiten, ggf. Vorerfahrung in Branchen bzw. Beratungsansätzen, Englisch, Kenntnisse in Stan-

dardsoftware (WINDOWS, Word, Excel, PowerPoint)
Auswahlverfahren: Basierend auf Bewerbungsunterlagen, persönliche Gespräche und Kurzassessments
Einstiegsgehälter: ca. 70.000
Erhältliches Informationsmaterial: Broschüren zur Beratungsgruppe national/international (Deloitte & Touche Consulting Group), Tochterunternehmen (ICS GmbH & Co. KG - SAP-Beratung), WEDIT (Wirtschaftsprüfungsgesellschaft)

Pohl Consulting & Associates
Bonner Straße 26
80804 München
Tel.: 089/ 36 98 16

Personalabteilung/Kontaktperson: Marlies Pluschke
Branche, in der das Unternehmen tätig ist:
Regierungs- und Unternehmensberatung
Anzahl der Beschäftigten 1995: 35 + 90 freie Mitarbeiter
Umsatz/Geschäftsvolumen 1995: wächst im Durchschnitt 30 Prozent p.a.
Voraussichtliche Einstellungszahlen Absolventen 1996/97: 5 - 7
Einstiegsmöglichkeiten: Einstieg für Hochschulabsolventen als Associate Consultant
Benötigte Bewerbungsunterlagen: Anschreiben, Lebenslauf, Zeugniskopien (möglichst vollständig), Lichtbild
Einstellungskriterien: sehr guter Universitätsabschluß, Praktika, sehr gute Englisch- und möglichst Kenntnisse weiterer (ost-)europäischer Sprachen. Überdurchschnittliche analytische und konzeptionelle Fähigkeiten, kreatives unternehmerisches Denken, hohe Motivation, Flexibilität und Mobilität. Bereitschaft zu Auslandseinsätzen.
Auswahlverfahren: Einzelgespräche mit Consultants, Managern, Geschäftsleitung
Einstiegsgehälter: Je nach Erfahrung und Qualifikation
Erhältliches Informationsmaterial: Informationsbroschüre „A career with Pohl Consulting & Associates"

Price Waterhouse Unternehmensberatung GmbH
Gervinusstraße 17
60322 Frankfurt/M.
Tel.: 069/ 15 20 4 - 0

Personalabteilung/Kontaktperson: Barbara Sander
Branche, in der das Unternehmen tätig ist:
Unternehmensberatung
Anzahl der Beschäftigten 1995: z. Zt. 150
Umsatz/Geschäftsvolumen 1995: 36 Mio DM
Voraussichtliche Einstellungszahlen Absolventen 1996/97:
ca. 30
Einstiegsmöglichkeiten: als Junior Consultant mit Training-on-the-job-Programm, Methodentrainings, Personal Effectiveness Trainigs, Coaching
Benötigte Bewerbungsunterlagen: komplett: Lichtbild, tab. Lebenslauf, Uni Abschlußnoten, Praktikazeugnisse, Abiturzeugnis
Einstellungskriterien: BWL, Wiwi, WiInf., Alter bis 30, sehr guter Hochschulabschluß, sehr gute Englischkenntnisse, mindestens zwei Praktika, davon eines im Ausland oder Auslandsstudium
Auswahlverfahren: Assessment Center
Einstiegsgehälter: ca. 65.000 bis 72.000 p.a.
Erhältliches Informationsmaterial: Firmenprofil

Roland Berger & Partner GmbH
Arabellastraße 33
81925 München
Tel.: 089/ 92 23 - 0

Personalabteilung/Kontaktperson: Viola Summer
Branche, in der das Unternehmen tätig ist:
Top-Management-Beratung
Anzahl der Beschäftigten 1995: 801
Umsatz/Geschäftsvolumen 1995: 348 Mio DM
Voraussichtliche Einstellungszahlen Absolventen 1996/97:
ca. 100

Einstiegsmöglichkeiten: als Junior-/Consultant, Training-on-the-job nach persönlichem Qualifizierungsplan mit begleitendem Seminarprogramm
Benötigte Bewerbungsunterlagen: Lebenslauf, Anschreiben, Lichtbild, Zeugnisse (Abitur, Vordiplom, Diplom), Praktikumszeugnisse
Einstellungskriterien: beraterrelevante Persönlichkeitsmerkmale, überdurchschnittliche Studienleistungen, Praktika (u.a. Auslandspraktikum), außeruniversitäre Aktivitäten
Auswahlverfahren: eintägiges Auswahlverfahren mit Einzelinterviews, Fallpräsentation, Gruppendiskussion und Tests
Einstiegsgehälter: nach Vereinbarung
Erhältliches Informationsmaterial: Recruitingbroschüre „Einladung zum Dialog"

Schitag Ernst & Young Unternehmensberatung GmbH
Mittlerer Pfad 15
70499 Stuttgart
Tel.: 0711/ 98 85 - 0

Personalabteilung/Kontaktperson: Frau Vischer
Branche, in der das Unternehmen tätig ist: Unternehmensberatung
Anzahl der Beschäftigten 1995: 570, davon 532 Berater
Umsatz/Geschäftsvolumen 1994: 127 Mio. DM
Voraussichtliche Einstellungszahlen Absolventen 1996/97: ca. 60
Einstiegsmöglichkeiten: Training on the job
Benötigte Bewerbungsunterlagen: komplette Bewerbungsunterlagen
Einstellungskriterien: überdurchschnittlicher Examensabschluß, einschlägige Praktika, sehr gute Englischkenntnisse, PC-Kenntnisse wünschenswert: Zusatzqualifikation (MBA, ...) hohe Anforderungen an Persönlichkeit
Auswahlverfahren: Einzelgespräche, Assessment Center
Einstiegsgehälter: ab DM 63.000
Erhältliches Informationsmaterial: Diskette, Image-Broschüre